KB231817

바보가 그리운 시대

바보가 그리운 시대

바보가 그리운 시대

초판 1쇄 발행　　2009년 5월 20일
초판 2쇄 발행　　2018년 8월 30일

지은이　　이우근
펴낸이　　정상우
편집　　이민정
관리　　남영애

펴낸곳　　오픈하우스
출판등록　　2007년 11월 29일 (제13-237호)
주소　　(04003) 서울시 마포구 동교로 13길 34
전화　　02-333-3705
팩스　　02-333-3745
페이스북　　facebook.com/openhouse.kr

ISBN　　978-89-93824-00-1 03810

바보가 그리운 시대

이우근 지음

오픈하우스

인간다운 침묵, 부끄러운 독백

부끄러운 일이다. 알베르 카뮈는 "인간은 말할 때보다 침묵할 때가 더 인간답다"고 했는데, 나는 결국 침묵을 지키지 못했다. 몇몇 분들의 권유가 있었다고는 하지만, 그 동안 출간을 꺼려오던 내 뜻을 꺾어야 할 만큼 드세지는 않았을 것이다. 수년 동안 극동방송과 '쉐어플라자'의 온라인 칼럼으로 만족한다면서도 은연중 책을 내고 싶은 욕망이 숨어 있었는지도 모르겠다. 그래서 더 부끄럽다.

네 종류의 사람이 있다고 한다. 역사를 만드는 사람, 역사를 쓰는 사람, 역사를 읽는 사람, 역사를 모르는 사람. 나는 역사를 쓸 사람이 못 된다. 역사를 만드는 사람은 더욱 아니다. 그저 역사를 읽고, 역사를 배우고, 그렇게 역사를 알고 싶을 따름이다. 그러나 실은 모든 사람들이 역사를 만들어가고 있는 것 아닐까. 역사를 만들거나 쓰거나, 역사를 읽거나 모르거나, 어느 누구의 삶도 역사 아닌 것이 없다.

나라와 민족들의 흥망성쇠만 역사인 것은 아니다. 영웅호걸들만이 역사의 주인공은 아니다. 누구나 다 자기의 역사를 만들어가며, 또 어떤 방식으로든지 그 흔적을 남긴다. 그런 뜻에서는 나 또한 역사를 만드는 사람, 역사를 쓰는 사람일 수 있다. 그런 생각으로 수년 동안 '광야의 묵상' 칼럼을 써왔다. 이 책은 그런 정도의 의미 밖에 없다. 그렇다면 굳이 책으로 출간할 필요도 없지 않은가. 그래서 또 부끄럽다.

사람과 자동차의 물결에 뒤덮인 거리들은 해일 만난 바닷가처럼 무너져 내리고, 신전의 열주列柱인 듯 늘어선 초고층 빌딩들이 하루가 다르게 스카이라인을 바꿔가는 도시의 한복판에서 나는 지금 광야曠野의 정적靜寂을 핥고 있다. 차디찬 얼음과자처럼 달게 핥는다. 도시의 부산함이 광야의 고요보다 뜨악하다.

최첨단 인터넷 광통신망으로 촘촘히 연결된 세상은 우리 모두의 삶을 거대한 그물 속에 가두어넣고 자유를 찬양하라, 희망을 노래하라고 윽박지른다. 참혹한 일이다. 그물 속의 자유, 여백餘白이 없는 희망. 차라리 광야만 못하다.

번잡한 도시가 황량한 사막처럼 낯설게 다가올 때면 나는 저 적막한 광야가 그리워지곤 한다. 상처 입은 영혼들이 내상內傷의 헌데를 핥는 곳, 예언자들의 목쉰 외침이 울려오고, 순교자의 해골이 신들과 함께 방황하는 자리. 그 광야의 언덕에 내 묵상의 넋을 뉘고 싶다. 같은 충동에 빠진 바보들이 있다면, 그들과 함께 광야에 누우리라. 그런 바보들을 만나고 싶다.

도움을 주신 분들께 고마운 뜻을 전한다. 이 책의 초판과 개정판 기획에 도움을 주신 강옥순님, 차마 마음을 다잡지 못할 때 든든한 격려로 등을 밀어주신 세종문화회관 사장 이청승님이 아니었다면 나는 아직도 카뮈의 침묵을 즐기고 있을 터. 그래서 한편 이분들이 야속하기도 하다.

또한 칼럼의 처음부터 마지막까지 수년을 변함없이 함께 해주신 극동방송의 김장환님, 쉐어플라자의 고 정학원님, 그리고 나의 아내 김경옥님에게는 전혀 야속하지 않은 고마움을 표해야겠다. 광야처럼 투박한 고마움을, 묵상처럼 경건한 감사를.

2009년 5월

이우근

차례

Contents

6부

용서받지 못한 죄, 용서하지 못한 죄

구상은 1959년 사회평론집 『민주고발』의 필화사건에 휘몰려 반공법 위반이라는 죄명으로 8개월 동안 감옥에 갇힙니다. 북에서 공산주의의 몰매를 맞고 쫓겨난 부르주아 사상가(?)에게 남에서는 공산주의에 동조했다는 이유로 처벌을 가했습니다.

새처럼 얽매임이 없었던 그의 자유혼을 북도 남도 이해할 수 없었고, 사상의 편향성과 절대성을 단연코 거부하는 그의 저항정신을 사회주의도 자본주의도 용인하지 못했습니다. 자유혼이 순수하면 순수할수록 더 자유롭지 못한 것이 이 땅의 반세기 정신풍토였기에, 아니 시인이 '가장 사나운 짐승'이라고 묘사했던 인간들의 모듬살이에서는 언제 어디서나 진정한 자유인이 설 땅이란 찾을 수 없는 것이기에.

1부

자유롭지 못한 자유혼

“본질적인 것은 눈에 보이지 않아. 오직 마음으로 보아야만 잘 보이는 법이란다.”
어린 왕자는 갑자기 자기 별에 두고 온 한 송이의 장미가 그리워집니다. 외로운 장미는 왕자를 사랑
하기에 그에게 온갖 투정을 부려댔는데, 그것이 싫어 자기 별을 떠나온 왕자는 비로소 장미의 외로
움을 이해할 수 있게 된 것입니다.

오후 세 시의 행복

젊은 세대로부터 구닥다리 옹고집쯤의 딱한 취급을 받고 있는 이 시대 어른들의 모습이 꼭 처량한 것만은 아닙니다. 어느 시대 어느 사회든지 세대 간의 갈등은 늘 있어왔고 또 그것이 역사발전의 한 축이 되어온 사실을 부인할 수 없습니다.

신세대가 제 나름의 꿈을 꾸지 못하고 그저 구세대의 가치관을 답습하기만 하는 사회라면, 희망은 없습니다. 또한 젊은이의 꿈을 불온한 반항 정도로만 여기는 기성세대의 우려도 기우 아니면 수구의 아집으로 판명되기 일쑤였습니다. 젊은이의 아득한 꿈길을 가로막기만 하는 어른들이라면, 젊은 세대로부터 불신을 받더라도 변호해줄 마음이 썩 내키지 않는 이유입니다.

어른들에게 "창가에는 제라늄이 있고 지붕 위에는 비둘기가 날아다니는 붉은 벽돌집을 보았다"고 말하면 어른들은 그 집이 어떻게 생겼는지 상상하지 못한다. "10만 프랑 짜리 집을 보았다"고 말해야 비로소 "얼마나 훌륭한 집이냐"고 외친다. 새로 사귄 친구에 대해서도 "그 애 목소리는 어떤지, 어떤 놀이를 좋아하는지, 나비를 사랑하는지"에는 전혀 관심이 없고 그저 "나이는 몇이냐, 그 애 아버지의 수입은 얼마냐?"하고 묻는다.

생텍쥐페리의 어린 왕자가 본 어른들은 '숫자로 셀 수 있는 것'에만 관심을 가진 '계량화된 존재'입니다. 어린 왕자의 눈에 비친 어른들의 정신세계는 가히 절망적입니다. 눈에 보이는 것 밖에는 아무것도 상상할 줄 모르는 어른들은 무의미하고 무가치한 현상의 잡동사니들에 질끈 얽매어 있기에 끝 모를 상상력으로 충만한 어린이들의 꿈을 알 턱이 없습니다. 어른들에게도 분명코 어린 시절이 있었으련만……

인간과 사회가 과정의 존재임을 애써 모른 체하고 마치 완성된 존재인 것처럼 으스대는 폐쇄적 인격의 어른들에게, 서로서로 개방되고 새롭게 얽혀가는 사랑의 관계를 기대하기란 여간 어려운 일이 아닙니다.

어린 왕자는 소혹성 B612를 떠나 지구로 오는 동안 여섯 개의 별에서 여러 모양의 어른들을 만납니다. 생쥐 한 마리 밖에 없는 땅에서도 거들먹거리기를 좋아하는 얼빠진 왕, 칭찬 밖에는 아무 말도 듣지 않으려는 허풍쟁이, 술주정하는 부끄러움을 잊기 위해 또다시 술을 퍼마시는 술꾼, 우주의 모든 별이 다 자기 것이라고 우기며 별의 숫자만 세고 있는 장사꾼, 모든 것을 이론적으로 설명하면서도 정작 자기가 살고 있는 별은 단 한 번도 탐사해본 적이 없는 지리학자, 습관적으로 불을 켰다 껐다 하지만 그 행동의 의미를 모르는 등燈지기.

그 여섯 개의 별에서 만난 어른들은 오늘 우리의 모습과 조금도 다르지 않습니다. 허망한 권력욕, 덧없는 허영심, 순환되는 허무의 모순, 가치를 모르고 가격에만 몰두하는 물신숭배 , 영혼의 빛을 잃은 채 객관적 현상만을 설명하기에 바쁜 과학적 이성의 허구, 의미를 찾을 줄 모르는 현대기계문명……. 대상과의 사랑의 관계를 잃어버린 우리들의 슬픈 진실입니다. 어린 왕자는 지구에 다다르기 전에 이미 지구의 모든 어른들을 다 만난 셈입니다.

소혹성에 단 한 송이밖에 없는 장미가 늘 투정만 부리는 것이 싫어 훌쩍 제 별을 떠나온 어린 왕자는 지구에 이르자마자 뜻밖에 장미 가득한 정원을 만나 심한 충격에 휩싸입니다. 풀밭에 엎드려 우는 왕자에게 지혜로운 여우가 다가와 속삭입니다.

"본질적인 것은 눈에 보이지 않아. 오직 마음으로 보아야만 잘 보이는 법이란다."

어린 왕자는 갑자기 자기 별에 두고 온 한 송이의 장미가 그리워집니다. 외로운 장미는 왕자를 사랑하기에 그에게 온갖 투정을 부려댔는데, 그것이 싫어 자기 별을 떠나온 왕자는 비로소 장미의 외로움을 이해할 수 있게 된 것입니다.

사랑이란 같은 방향을 바라보는 것

「오후 네 시의 희망」을 노래한 시인 기형도는 "나는 당황하지 않을 것이다, 그래서 나는 당황할 것이다"라는 방황으로 나를 몹시 당황하게 만들었지만, 어린 왕자의 지혜로운 여우는 미처 예상치 못한 '오후 세 시의 행복론'으로 나를 더욱 당혹스럽게 만듭니다.

"만일 네가 오후 네 시에 온다면, 나는 세 시부터 행복해질 거야."

기다림의 한 시간은 서로에게 '길들여지기 위해' 꼭 필요한 마음의 경작기입니다. 시각의 렌즈에 잡히지 않는 상대방의 아름다움을 느낄 줄 아는 사랑의 관계는 흔치 않습니다. 진정한 소통이 끊어지고 일회용의 인스턴트식 인간관계가 저 숱한 인스턴트식품만큼이나 넘쳐나는 오늘에는 더욱 그렇습니다.

길들여지는 것이 무엇인지 묻는 왕자에게 여우는 '서로 관계를 맺는 것'이라고 대답합니다. 사람과 사람, 세대와 세대, 그리고 인간과 자연이 서로 관계를 맺지 못하고 단절된 세계에서는 어린 왕자의 꿈을 어른들이 공유하지 못하고 어른의 경험을 어린 왕자가 다 이해하지 못합니다. 사랑의 관계가 끊어졌기 때문입니다. 사랑의 관계를 맺어가는 과정은 결코 쉽지 않지만, 사랑과 책임의 교감 없이는 분리와 소외의 고독에서 벗어날 길도 없습니다. 절망의 관계입니다.

희망은 뜻밖에도 작가 자신에게서 나옵니다. 생텍쥐페리는 어렸을 적의 친구 레옹 베르트에게 책을 바치면서 이런 헌사를 썼습니다.

이 책을 어른에게 바친 데 대해 어린이들에게 용서를 빈다. 그가 모든 것, 어린이를 위한 책들까지도 다 이해할 수 있는 사람이기 때문에, 더욱이 그가 지금 굶주림과 추위에 떨며 위로받지 않으면 안 될 형편에 빠져 있기 때문에. 이 모든 이유들이 부족하다면, 옛날 어린 시절의 그에게 이 책을 바치겠다. 어른들은 누구나 다 처음엔 어린아이였다. 그래서 내 헌사를 이렇게 고쳐 쓴다. 어린 소년이었을 때의 레옹 베르트에게.

아, 어린 왕자의 작가는 제 친구를 아직도 어린 시절의 모습 그대로 바라보고 있습니다. 친구는 늙고 병들어 생명이 사위어가는 어른이 아니라, 여태껏 꿈을 꾸며 놀랍게 번득이는 상상력으로 세상을 경이롭게 만드는 어린 왕자였습니다. 서로의 불쾌한 투정들은 소외가 아니라 바로 사랑이었습니다. 단절이 아니라 관계를 맺어가는 소중한 과정이었습니다. 마치 어린 왕자와 소혹성 B612의 장미처럼.

노청老靑과 보혁保革의 편 가르기로 온 사회가 하냥 어수선합니다. 대통령 선거일이 점점 가까워지면서 세대 간 갈등의 골은 더욱 깊어질 전망입니다.

"늙은이는 집에서 쉬어라."

"네놈들은 늙지 않느냐?"

젊은이와 어른들이 서로 막말을 주고받으며 으르렁거리는 이 소외와 단절의 시대에, 나는 어린 왕자에게서 오늘의 소외된 관계가 소통의 관계로 부활할 수 있는 사랑의 가능성을 배우려 애쓰는 중입니다.

젊은이의 꿈을 단지 수상쩍은 모반謀反으로만 몰아붙이지 않는 어른들의 너그러움, 생명의 불꽃이 나날이 사위어가는 장노년의 소외 속에서 '위로받아야 할 고독한 영혼'을 찾아낼 줄 아는 젊은이의 따뜻한 눈길. 그 소통의 나들목이 필요합니다.

"사랑이란 서로 마주보고 서 있는 것이 아니라 함께 같은 방향을 바라보는 것이다. 인간은 상호관계로 묶여지는 매듭이요 거미줄이며 그물이다. 그 인간관계만이 유일한 문제다."

아, 이 깨달음이야말로 오후 세 시의 행복이 아닐까.

어머니, 아직 촛불을 켜지 말으셔요

외로운 촛불
양심의 상징

저 재를 넘어가는 저녁 해의 엷은 광선들이 섭섭해 합니다.
어머니, 아직 촛불을 켜지 말으셔요.
그리고 나의 작은 명상의 새 새끼들이
지금도 저 푸른 하늘에서 날고 있지 않습니까?
이윽고 하늘이 능금처럼 붉어질 때
그 새 새끼들은 어둠과 함께 돌아온다 합니다.

신석정 시인의 대표적 명상시 「아직 촛불을 켤 때가 아닙니다」의 첫 연입니다. 석양의 엷은 광선들이 재를 넘어가는 저녁 무렵, 어슴푸레한 빛의 퇴각 속에 사물의 형태가 흐릿해지는 시야의 불편에도 불구하고 시인은 아직 촛불을 켜지 말라고 호소합니다. 부릅뜬 눈으로 호오好惡의 대상을 찾아 나설 때가 아니라 고요히 눈을 감고 내 안의 순수를 찾아야 할 때임을 믿기 때문입니다. 그래서 아마도 시인의 노래는 이렇게 이어지는 것일 겝니다.

언덕에서는 우리의 어린 양들이 낡은 녹색 침대에 누워서
남은 햇볕을 즐기느라고 돌아오지 않고
조용한 호수 위에는 인제야 저녁 안개가
자욱이 내려오기 시작하였습니다.
그러나 어머니 아직 촛불을 켤 때가 아닙니다.
늙은 산의 고요히 명상하는 얼굴이 멀어가지 않고
머언 숲에서는 밤이 끌고 오는 그 검은 치맛자락이
발길에 스치는 발자욱 소리도 들려오지 않습니다.

스스로를 빛으로 산화하며 촛불은 자기정화의 제물로 소멸해갑니다. 어찌 보면 자기를 비움으로 진아眞我를 찾아간다는 선禪의 모습과 흡사한 듯합니다.

촛불은 안으로는 스스로를 태우며 절망을 향해 사위어가지만 밖으로는 홀로 어두움과 맞붙어 싸우는 진실에의 열정을 발산합니다. 소멸의 고독 속에서 불타오르는 소망, 진실과 허위, 꿈과 좌절, 삶과 죽음의 현실을 응축하고 있는 촛불의 미학입니다.

명저『촛불』을 쓴 가스통 바슐라르는 "곧추 서 있는 모든 것은 하나의 불꽃"이라고 정의했습니다. 그에게 곧추 타오르는 초의 불꽃은 생명이며 열정이며, 아니 인간의 정신이며 상상력이었습니다. 가벼운 입김 한 숨으로도 스러질 만큼 약하디 약하지만 곧바로 다시 우뚝 일

어서는 촛불의 강인함 속에서 바슐라르는 인간정신의 우둔하도록 강
직한 상상력을 읽어내고 있습니다. 바슐라르는 이 상상력에다 사회적
심리적 요인을 첨가하지 않습니다. 바슐라르에게 촛불의 상상력은 그
것만으로 이미 인간의 정신과 존재 그 자체였습니다.

　촛불은 욕망을 태워버리는 순수한 사랑의 열정으로 뭇 젊은이들의
영혼을 아프게 불사릅니다.

　　늦은 밤 외로운 가로등 아래
　　차가운 내 그림자 초라한데
　　정을 준 사람들은 뒤돌아서고
　　남겨진 외로움에 목이 타는데
　　그래도 가슴속에 따뜻한 촛불 하나
　　당신만 당신만 보고 사네

「촛불 하나」라는 가요의 노랫말입니다. 외롭고 고단한 삶의 길목에
서 절절히 사무쳐오는 연인을 향한 그리움을 촛불 하나로 태우고 있
습니다. 사랑의 촛불은 다시금 희망으로 타오르고, 절망의 어두움 속
에 비치는 한 줄기 광명으로 연인들의 쓰라린 마음을 위무慰撫합니다.
　기껏해야 동물의 지방이나 석유의 결정체인 파라핀에다 실 심지를
꼬아 박은 전근대적 조명도구에 불과한 촛불이 고금에 걸쳐 뭇 연인
들의 마음을 녹이는 사랑의 심지로 훨훨 타올랐습니다. 상처 입은 젊
은 영혼들에게 생명과 소망의 등불이 된 셈입니다. 생일 케이크마다
어김없이 꽂히는 촛불에도 생명과 희망을 축원하는 사랑의 뜻이 소곳
이 담겨 있습니다.

촛불은 홀로 외로이 켜져 있을 때 그 진실과 평화의 상징성이 두드러집니다. 거대한 무리를 이루어 광장을 가득 메운 촛불의 군단은 밤의 어두움, 드넓은 광장, 군중, 불꽃 등의 강렬한 이미지와 어울려, 자칫 군중의 돌발적 행태에 따라서는 본의 아니게 섬뜩한 광기의 충동으로 변질될 우려도 없지 않습니다.

세계적 양심수 석방운동단체인 국제사면위원회의 로고 마크는 '가시철망에 갇혀 있는 외로운 촛불'입니다. 양심을 '촛불 하나'로 상징한 것입니다. 양심을 나타내는 데에 굳이 수천 수만 개의 촛불이 필요할 리 없습니다. 양심과 진실은 숫자로 표현될 수 있는 것이 아닙니다.

촛불의 산화
그 고독한 진실

솔로몬 왕과 시바 여왕 사이에서 태어났다는 전설적인 메넬리크 1세의 계통을 이어받은 에티오피아의 225대 황제 하일레 셀라시에는 에티오피아 정교회의 수장首長이었고 일부 국민들로부터는 신으로까지 추앙받던 명군名君이었습니다. 황제는 제1, 2차 세계대전으로 혼란스럽기 짝이 없던 시대에 제국주의와 나치즘에 굴복하지 않고 2천 년 에티오피아의 역사를 외롭게 그러나 꿋꿋이 지켜낸 아프리카의 자존심이었습니다. 케네디 대통령은 미국을 방문한 황제에게 이런 찬사를 바쳤습니다.

"황제는 어두운 시대를 밝힌 한 줄기 불꽃이었습니다."

한 줄기 불꽃, 한 자루의 촛불. 이것이 '고독한 진실'의 모습이 아닐까?

나룻배에 촛불을 켜고 책 읽기를 즐기던 명상의 시인 타고르는 어느 날 밤의 신비한 경험을 일기에 이렇게 적었습니다.

촛불을 꺼버리자 신성한 아름다움이 나를 온통 둘러싸고 있었다. 작은 촛불의 빛이 사라지는 순간, 창문으로부터 달빛이 춤추며 흘러들어와 나룻배 안을 가득 채우는 것이었다. 그럼에도 불구하고 나는 그것을 외면한 채 아름다움에 대한 책에 파묻혀 있었다. 내가 켜놓은 작은 촛불이 그 아름다움을 가로막고 있었다. 촛불의 빛 때문에 달빛이 내 안으로 들어올 수 없었던 것이다.

타고르는 꺼진 촛불에서 신성한 아름다움을 보았습니다.

다시 신석정 시인으로 돌아옵니다. 시인은 왜 아직 촛불을 켤 때가 아니라고 그렇게도 애타게 호소했을까? 촛불이 지닌 양심과 평화의 이미지를 모르거나 싫어해서는 결코 아닐 것입니다. '석양의 엷은 광선'을 촛불과 대비시키고 있는 시인은 "지금도 저 푸른 하늘을 나는 명상의 작은 새 새끼들"과 "고요히 명상하는 늙은 산의 얼굴"이 촛불의 빛과 온도 때문에 하마 소멸되어버리지 않을까 걱정하고 있음이 분명합니다.

멀리 있는 기인 둑을 거쳐서 들려오던 물결 소리도 차츰 멀어갑니다.
그것은 늦은 가을부터 우리 전원을 방문하는 까마귀들이
바람을 데리고 멀리 가버린 까닭이겠습니다.
시방 어머니의 등에서는 어머니의 콧노래 섞인
자장가를 듣고 싶어하는 애기의 잠덧이 있습니다.

어머니 아직 촛불을 켜지 말으셔요
인제야 저 숲 너머 하늘에 작은 별이 하나 나오지 않았습니까?

촛불은 시인의 명상을 거스르는 작위적인 조명기구에 불과합니다. 나지막한 마음결의 고동을 무참히 흩뜨리는 불꽃의 흥분제, 쇠락해가는 낮의 광채와 보일 듯 말 듯 다가오는 저녁 어두움의 신비한 조화를 파괴하는 빛의 마지막 반란. 그것은 시인에게 "어머니의 콧노래 섞인 자장가를 듣고 싶어하는 애기의 잠덧"을 날려버리는 반존재反存在의 폭력이며 "인제야 저 숲 너머 하늘에 하나 나온 작은 별"을 모독하는 반자연의 횡포입니다. 촛불의 이글거리는 불꽃은 명상의 저녁노을을 뭉개버리기 일쑤입니다. 하물며 광장을 뒤덮은 수천 수만의 촛불임에랴.
저 시인처럼 나 또한 하늘로 가신 내 어머니에게 호소하렵니다.
"어머니, 아직 촛불을 켜지 말으셔요. 지금 내 안에 희미하게나마 남아 있는 명상의 빛을 날려버릴 촛불을."

가서, 아름다웠다고 말하리라

아름다운 이 세상의
소풍을 끝내고

나 하늘로 돌아가리라.
새벽빛 와 닿으면 스러지는
이슬 더불어 손에 손을 잡고

나 하늘로 돌아가리라.
노을빛 함께 단 둘이서
기슭에서 놀다가 구름 손짓하면은

나 하늘로 돌아가리라.
아름다운 이 세상 소풍 끝내는 날
가서, 아름다웠더라고 말하리라.

고 천상병에게 '천상시인'天上詩人이라는 아득히 높은 이름을 안겨 준 시 「귀천」歸天입니다. 외무고시에 합격한 후 외신기자로 일하던 중 술김에 내뱉은 말 한 마디 때문에 엉뚱하게 동베를린 간첩사건에 연루되어, 독재의 하수인들에 의해 모진 고문을 당한 후 그 자신의 말마따나 '시를 쓰는 가슴만 남고 바보가 되어버린' 천상병 시인.

6개월 남짓 옥고를 치르고 난 뒤 고문 후유증으로 길거리에 쓰러져 행려병자로 정신병원에 강제 입원된 이래, 간경화의 병치레로 오랫동안 병상을 떠나지 못했던 시인이 온갖 시련과 고통의 어두운 세월을 뒤로하고 천상으로 떠난 봄날, 이 땅에서의 삶을 소풍에 비유했던 시인의 달관이 봄꽃처럼 새롭게 피어오릅니다.

유달리 봄을 그리워했고 이 땅의 꽃과 나무와 시내들을 사랑했던 시인은 오랜 투병 끝에 1993년 산수유꽃 흐드러진 봄날, 이 세상에서의 아름다운 소풍을 마치고 하늘로 돌아갔습니다.

생전에 가까이 지내던 이들이 한 목소리로 증언하는 천상병은 '맑디맑은 영혼을 지닌 마지막 순수시인'이었습니다. 봄날의 어린이 같은 천진무구함을 밑바닥 가득 깔고 있는 그의 시심詩心에는 이 세상에 살다 가는 것을 소풍에 비유할 만큼 넉넉한 초월이 짙게 배어 있습니다. 온갖 욕망과 번뇌로부터의 자유로움, 삶에 대한 고요한 관조, 죽음을 향한 엄숙한 순명順命을 그의 '소풍'만큼 모두 함축해내고 있는 단 하나의 단어를 나는 알지 못합니다.

천상병의 관조는 어둡고 축축한 체관諦觀이 아닙니다. 밝고 따뜻한 지혜입니다. 그의 순명 역시 운명론적인 허무의 굴종이 아니라 자신이 비롯된 근원을 향하여 내딛는 적극적인 지향의 발걸음입니다. 그러기에 그는 죽음을 향해서도 환하게 웃으며 "돌아가리라"는 밝은 노

가서, 아름다웠다고 말하리라

래를 부를 수 있습니다. 떠나야 할 때가 다가왔음을 알리는 저녁노을
조차 그에게는 싱그러운 새벽이슬과 조금도 다르지 않습니다. 세상
에, 이런 초월이 없습니다.

어느 평론가의 분석처럼, 천상병이 돌아가려는 하늘은 "죽는 날까
지 한 점 부끄럼이 없기를"윤동주 「서시」 우러러 기원하는 엄숙한 윤리
체계의 하늘도 아니요 "샤갈의 마을에 수천 수만의 눈을 내리는"김춘
수 「샤갈의 마을에 내리는 눈」 아득한 신비의 하늘도 아니며 "찬찬히 깨어진
금들이 보이는"황동규 「조그만 사랑 노래」 암울한 시대의 저녁 하늘도 아
닙니다.

천상병의 하늘은 힘겨운 소풍을 마친 한 영혼이 지향하는 새로운 현
실이며, 그 평생에 붙잡고 있던 소망의 내세이자 하나님과 더불어 오
늘을 사는 영원에의 믿음입니다. 그는 아마도 이 땅의 소풍 길에서 이
미 하늘을 살고 있었는지도 모릅니다.

옴처럼 달라붙은 끈덕진 가난, 정신과 육신의 곳곳을 찔러대는 질
병의 고통. 누구도 짊어지기 어려운 삶의 아픔을 천의무봉天衣無縫한
자유로움으로 한껏 끌어안을 수 있었던 천상병의 초월은 이같은 신앙
의 기초가 튼실했기에 가능했을 것입니다. 가진 자들의 불의, 힘있는
자들의 부정에 대한 증오의 목소리가 커져가던 그 '의로운' 시절에도
부유한 자, 건강한 자, 심지어 자신을 고문한 자들에 대한 미움이나 적
개심의 편린조차 찾아볼 수 없었던 그의 굳은 평상심은 그야말로 '이
세상이 주는 평안' 이 아니었습니다.요한복음 14:27 이 세상의 소풍 끝에
서 기다리는 저 '하늘의 평화'Pax Divina가 아니고는 설명되지 않는 신
비로운 평안입니다. 그래서 자기의 직업을 '가난' 이라고 썼던 시인은
그 가난 속에서도 마냥 행복하기만 했습니다.

나는 세계에서
제일 행복한 사나이다.
아내가 찻집을 경영해서
생활의 걱정이 없고
대학을 다녔으니
배움의 부족도 없고
시인이니
명예욕도 충분하고
이쁜 아내니
여자 생각도 없고
아이가 없으니
뒤를 걱정할 필요도 없고
집도 있으니
얼마나 편안한가.
막걸리를 좋아하는데
아내가 다 사주니
무슨 불평이 있겠는가.
더구나
하느님을 굳게 믿으니
이 우주에서
가장 강력한 분이
나의 빽이시니
무슨 불행이 온단 말인가.

「행복」

아무것도 가지지 못했던 그는 모든 것을 가진 하나님 안에서 나비처럼 자유로웠습니다. 평생 가난과 슬픔을 반려로 했지만, 시인의 가난은 결코 옹색하지 않았고 비루하지도 않았습니다. 가난과 병고의 모진 삶을 통해서 시인은 마침내 가난과 화해하는 방법을 터득했고 고통을 끌어안는 지혜를 깨쳤습니다. 그의 가난은 왕처럼 당당했으며, 그의 고통은 성자처럼 거룩했습니다.

아버지 어머니는
고향 산소에 있고
외톨배기 나는
서울에 있고
형과 누이들은
부산에 있는데,
여비가 없으니
가지 못한다.
저승 가는 데도
여비가 든다면
나는 영영
가지도 못하나?
생각하느니, 아,
인생은 얼마나 깊은 것인가?

「주막에서」

가난 때문에 자신뿐 아니라 어린 자식의 목숨까지 스스럼없이 끊어버리는 오늘의 각박한 현실은 "저승 가는 데도 여비가 들어 영영 가지 못하나?"라고 묻는 시인의 아이러니컬한 야유를 도무지 이해하지 못할 것입니다. 여비조차 없는 가난이라면 차라리 저승 가는 마음이 퍽 홀가분할 텐데도 시인은 도리어 "여비가 없어 저승 가지 못하나?"라고 읊고 있으니.

얼핏 세련되어 보이지 않는 그의 시어들이 높은 문학적 품격을 유지하고 있는 것은 이같이 상식을 깨는 반전을 통해서 "아, 인생은 얼마나 깊은 것인가?"라는 묵직한 깨달음을 토해내고 있기 때문입니다.

시인이 평생 입에 달고 산 말은 "괜찮다"였다고 합니다. "괜찮다, 괜찮아." 이 경이롭기까지 한 일체무용의 한 마디 말 앞에서 모든 아픔과 간고艱苦들은 도망을 칠 수밖에 없었습니다.

가난과 고통과 슬픔을 삶의 길동무로 여겼던 시인은 「푸른 것만이 아니다」「나의 가난」「하늘 위의 일기초」「어머니 변주곡」「허상」「난 어린애가 좋다」「산소의 어버이께」 등 우주의 근원을 묻고 죽음과 피안을 마치 일상처럼 넘나드는 간결하면서도 날카로운 시상들을 우리 곁에 듬뿍 남겨두고 떠났습니다.

경남 산청군 지리산 중산관광지 안에 서 있는 천상병 시비詩碑는 아름다웠던 그의 소풍 길을 기념하여 시 「귀천」을 새겨 안고 있습니다.

나 하늘로 돌아가리라
새벽빛 와 닿으면 스러지는
이슬 더불어 손에 손을 잡고

나 하늘로 돌아가리라
노을빛 함께 단 둘이서
기슭에서 놀다가 구름 손짓하면은

나 하늘로 돌아가리라
아름다운 이 세상 소풍 끝내는 날
가서, 아름다웠더라고 말하리라

　시대는 같은 시대련만 저마다 외쳐대는 시대정신은 극과 극으로 나뉘어, 마치 대결과 투쟁만이 시대적 사명인 듯 곳곳에서 편을 갈라 서로 삿대질해대기에 여념이 없어 보이는 오늘, 세상 속으로 자연 속으로 아름다운 소풍의 삶을 누리다 떠난 천상시인의 훌쩍 높은 영혼이 이 시절 이 땅의 '정신나간(?) 시대정신'들과 너무도 선명히 대비되어 옵니다.

　이 세상 나그네 길 마치는 날, 아! 나 또한 저 천상시인처럼 "아름다웠더라"고 말할 수 있을는지. 그 아름다운 소풍의 발걸음으로 오늘을 내딛고 있는지.

주여, 이틀만 더 남국의 햇살을

지난 여름은
위대했습니다

"주여, 때가 되었습니다. 지난 여름은 참으로 위대했습니다"라는 유명한 구절로 시작되는 릴케의 시 「가을날」은 결실의 때를 묵상하는 깊은 영혼의 기도문입니다.

주여, 때가 되었습니다.
지난 여름은 참으로 위대했습니다.
해시계 위에 주의 그림자를 드리우시고
들판 위에 바람을 놓아주십시오.

마지막 열매들이 영글도록 명하시고
이틀만 더 남국의 햇살을 베푸시어
열매들로 넉넉한 결실에 이르도록 이끄시며

무거운 포도송이에도 마지막 단맛을 넣어주십시오.

들녘을 그득히 채운 풍성한 결실이 릴케의 시만큼이나 우리의 마음을 넉넉하게 만드는 중추절이 다가옵니다.

그러나 릴케가 노래하는 결실은 비단 곡식과 포도의 열매만은 아닐 것입니다. 신과 대면하고 있는 이 시인은 아마 삶의 아름다운 결실을 기구祈求하고 있는지도 모릅니다. 시인의 기구는 이렇게 이어집니다.

지금 집이 없는 사람은 더는 집을 짓지 않습니다.
지금 외로운 사람은 오래도록 홀로 남아서
잠을 못 이룬 채 글을 읽고 긴 편지를 쓸 것입니다.
그러다가 나뭇잎 떨어져 뒹굴면
가로수 우거진 길을
이리저리 불안스레 헤맬 것입니다.

명상의 시인이 삶의 결실을 앞두고 결단한 것은 안락한 집과 사람들의 울타리로부터 벗어나서 낙엽 수북이 쌓인 거리를 홀로 걷는 일입니다.

갈고 뿌리는 것은 봄의 일이요, 가꾸고 키우는 일은 여름의 몫입니다. 집을 짓고 늘리며 사람들과 어울려 삶의 외연을 넓혀 나가는 것은 모두 봄과 여름의 일이요 청년의 때에 마땅히 해야 할 일들입니다. 그러다 장년의 계절이 다가오면, 낙엽 쌓인 거리를 홀로 걷는 내면의 성찰이 절실히 요청됩니다.

결실의 때를 바로 보지 못하고 아직도 여름의 정열에 마냥 취해서 그저 집이나 크게 늘리고 제 영역을 확장하는 데에만 여념이 없는 사람이라면, 그는 "주여, 때가 되었습니다"라는 명상의 기도를 알지 못하는 초라한 인격에 불과할 것입니다.

40에 불혹不惑이요 50에 지천명知天命이라, 개인이든 공동체든 장년의 원숙함에 이르면 저 분주했던 여름의 열기에 들뜨지 않고 오롯이 성숙한 묵상의 가을을 맞이해야 하는 법입니다. 남국의 햇살은 그 묵상의 깊이를 위해 단지 이틀만 더 필요할 따름입니다.

신임 헌법재판소장 지명절차의 위헌성 시비가 한창인 가운데, 난데없이 법원 쪽에서 검찰과 변호사에 대한 비하성(?) 발언이 터져나와 이 나라 법조계 전체를 크게 뒤흔들고 있습니다. 앞의 정쟁政爭에는 정실인사 논란이, 뒤의 소동에는 공판절차의 주도적 역할이 각기 그 핵심 내용인 듯한데, 갈등의 이면에는 정파적 이해가 숨어 있거나 혹은 서로 자기네 직역職域의 위상을 높이려는 욕망이 감춰져 있는 게 아닌가 하는 의혹이 엿보여 관전觀戰의 느낌이 퍽 착잡합니다.

오기니 코드인사니 하는 비난이나 후보자의 자진사퇴 요구는 그래도 점잖은 편이고, 정당 대변인이라는 사람들의 입에서 창녀, 악덕포주 따위의 막말이 튀어나오는 지경입니다. 일부 판사들이 싫어하는 표현이라는 '법조3륜'法曹三輪은 과연 법률가들답게 탄핵, 고소, 명예훼손, 손해배상 운운의 법률적 주먹질(?)도 마다하지 않는 데까지 이르렀습니다. 뒤늦게나마 대법원이 해명을 내놓아 다행이지만 "크게 한 건 했다"는 사족이 붙어 있어 뒷맛이 개운치 않다는 논평이 뒤따랐습니다.

공판중심주의는 오늘 갑자기 생겨난 제도가 아닙니다. 근대 형사소송 절차의 기본원칙입니다. 그것이 제대로 지켜지지 못한 것은 법조3

륜 전체의 공동책임이지 어느 한 쪽만의 잘못이 아닙니다. 무엇을 던져버리지 않아서도 아니고, 무슨 거짓말에 속아 넘어가서도 아닙니다. 법치의 책임을 맡은 주체들이 헌법과 법의 정신 앞에 겸허하지 않았기 때문입니다. 높은 곳으로 치솟지 않고 낮은 데로 낮은 데로 끝없이 내려앉는 물길(氵, 去) 같은 '겸손한 자기성찰'이 부족했기 때문입니다. 문제는 '제도'가 아니라 '인격'입니다. 인격은 입술의 말에 있지 않고 마음의 성찰에 있는 것을…….

이스라엘은 가을의 풍성한 수확을 기화로 집을 짓거나 늘리지 않았습니다. 도리어 안락한 집을 나와 광야에다 초라한 장막을 치고 들어앉아 고난의 옛 시절을 회상하곤 했습니다.레위기 23:39~ 풍요와 번영에 들뜨기 쉬운 수확의 들판을 뒤로 한 채 광야에다 옹색한 천막을 펴고 누운 저들의 삶의 자리는 지나간 고난의 역사를 통해서 오늘의 삶을 깊이 성찰하는 성숙한 인격의 자리입니다. 마치 어버이의 무덤 앞에 깊숙이 머리 숙인 '장년의 가을' 같은 모습입니다.

가을열매처럼
싱그러운 인격

예수님의 말씀에는 '때'라는 말이 유달리 많습니다.요한복음 2:4 4:21, 35 7:6,8 9:4 12:27 13:19 15:26 16:2,4 16:32 21:22 예수님이 십여 차례나 언급한 '나의 때'는 오병이어五餅二魚의 기적요한복음 6:9으로 풍요로웠던 날도, 호산나의 환호로 뒤덮인 영광의 시절마가복음 11:9~도 아니었습니다.

'메시야의 때'는 활기찬 영광의 여름이 아니라 뜻밖에도 쓸쓸한 가을, 십자가의 고통을 결실로 거두는 수난의 계절이었습니다. "너희가 다 각기 제 갈 곳으로 흩어지고 나를 혼자 둘 때가 올 것이다. 보라, 그 때가 벌써 왔다."요한복음 16:32

잠을 이루지 못한 채 홀로 글을 읽고 긴 편지를 쓰는 릴케의 가을은 번영과 풍요를 좇던 여름날의 혼곤한 잠에서 깨어나, 내 인격을 성실히 읽고 내 삶의 궤적을 진솔하게 추적하는 묵상의 때입니다.

가을은 더 이상 집을 크게 늘리고 자기 영역을 확장하며 명예와 성취를 추구하는 들뜬 계절이 아닙니다. 내 삶 속에, 내가 속한 공동체 속에 지금 과연 무슨 결실이 움트고 있는지를 깊이 묵상하는 영혼의 때가 바로 이 계절, 가을입니다.

미움과 열등감의 한恨, 그리고 오만과 자긍심의 굴레를 훌훌 벗어던지고 가을 열매처럼 싱그러운 인격을 맺어가고 있는지, 아니면 장년의 연륜에도 불구하고 아직껏 증오와 자존의 사슬에 동여매인 채 성숙을 향해 한 발짝도 더 나아가지 못하는 치기稚氣에 머물러 있지 않은지. 이틀만으로 족한 남국의 햇살을 마냥 붙들어두려는 어리석음 탓에 스스로를 이기적 폐쇄회로 안에 단단히 가둬두고 있지 않은지.

추석명절을 맞으면 많은 사람들이 조상의 무덤을 찾아가 이제껏 걸어온 삶의 길을 고요히 반추하며, 풍성한 가을 들판에 홀로 서서 자신의 가난한 마음을 번민하고 빈곤한 인격을 회오悔悟할 것입니다. 그리고 그 번민과 회오 탓에 종내 집 안에 편히 앉아 있지 못하고, 게으른 영혼을 급히 깨워 일으켜 저 낙엽 뒹구는 길을 홀로 걸을 것입니다.

그러나 주여, 아직은 내 명상이 나의 가난한 마음을 번민하며 빈곤한 삶을 반추할 만큼 성숙하지 못했습니다. 주여, 이틀만 더 남국의 햇살을 …….

Herr, es ist Zeit!

Der Sommer war sehr gross.

Leg deinen Schatten auf die Sonnenuhren,

Und auf den Fluren lass die Winde los.

Befiel den letzen Fruchten, voll zu sein,

Gib ihnen noch zwei suedlichere Tage,

Draenge sie nur Vollendung hin und jage

Die letzte Suesse in den schweren Wein.

Wer jetzt kein Haus hat, bant sich keines mehr.

Wer jetzt allein ist, wird es lange bleiben,

Wird wachen, lesen, lange Briefe schreiben

Und wird in den Alleen hin und her

Unruhig wandern, wenn Blaetter treiben.

Rainer Maria Rilke, 「Herbsttag」

그곳이 차마 꿈엔들
잊힐 리야

넓은 벌 동쪽 끝으로
옛 이야기 지줄대는 실개천이 휘돌아 나가고
얼룩백이 황소가
해설피 금빛 게으른 울음을 우는 곳
질화로에 재가 식어지면
비인 밭에 밤바람 소리 말을 달리고
엷은 졸음에 겨운 늙으신 아버지가
짚베개를 돋아 고이시는 곳

전설 바다에 춤추는 밤 물결 같은
검은 귀밑머리 날리는 어린 누이와

아무렇지도 않고 예쁠 것도 없는
사철 발 벗은 아내가
따가운 햇살을 등에 지고 이삭 줍던 곳

하늘에는 성근 별
알 수도 없는 모래성으로 발을 옮기고
서리 까마귀 우지짖고 지나가는 초라한 지붕
흐릿한 불빛에 돌아앉아 도란도란거리는 곳
그곳이 차마 꿈엔들 잊힐 리야

정지용, 「향수」

우리 땅 어디서나 만날 수 있는 시골의 정경, 한국인이면 누구든지 강렬한 감화력感化力으로 이끌리는 애환哀歡의 기억들, 어느 누구라도 거부할 수 없는 보편적 삶의 원형질……. 투박하면서도 살가운 정지용의 향토어가 그려낸 고향의 정서입니다.

"친일도 배일排日도 못한 채 산수山水에 숨지 못하고 호미도 잡지 못하고, 버릴 수 없어 시를 썼다"는 고백으로 일제에 저항하지 못한 자신을 한스러워했던 정지용이 친일잡지 『국민문학』에 「이토」異土라는 시 때문에 수십 년이 지난 지금, 친일파라는 혐의를 받고 있습니다.

"탄환 찔리고 화약 싸아한 충성과 피로 싸움은 이겨야만 법이요 씨를 뿌림은 오랜 믿음이라."「이토」

일제의 대동아전쟁이 한창이던 시절에 '충성과 피, 싸움은 이겨야' 따위의 단어를 읊조린 입술이 민족정기에 거슬리는 것은 틀림없습니다. 그러나 한일합방 전인 1909년, 순종황제는 침략원흉 이토 히로부

미에 이끌려 조선 전역을 순시하면서 백성들의 배일감정을 다독거려
야 했습니다. 합방 전의 군주가 그러했거늘, 하물며 합방 후의 강요된
'황국신민' 들이랴.

"고향에 고향에 돌아와도 그리던 고향은 아니려뇨." 「고향」

일제의 군마에 짓밟힌 고향이 꿈에도 그리던 고향은 아니라며 시인
은 고개를 절레절레 흔들었습니다. '충성 피 싸움' 등과는 크게 모순
되는 민족애의 절규입니다.

광복 후 좌익계열의 조선문학가동맹에도 가입했고 우익의 보도연
맹에도 참여했다가 납북된 뒤 사망한 정지용은 일생이 방황과 고뇌
그 자체였을 뿐, 무슨 주의의 신봉자와는 거리가 멀었습니다. 제국주
의의 앞잡이였을 리는 더욱 만무합니다.

무욕의 순수가 빚어내는 그윽한 달관, 흙내음 물씬한 토속어들 속에
깊숙이 배인 겨레의 혼. 그 '초월의 서정'을 정지용에 버금하리만치
읊어낸 다른 어떤 글이 있는지 나는 알지 못합니다.

시 「이토」 속에 몇 마디 꺼림칙한 '모순'의 어휘가 끼어 있다 한들,
나로서는 차마 그의 금쪽 같은 시어들 모두를 몽땅 싸잡아 훼절하지
는 못하겠습니다.

거짓의 시대를
모순의 몸짓으로

"물도 마르기 전에 어미를 여읜
송아지는 움매움매 울었다. 우리
새끼들도 모색毛色이 다른 어미한테 맡길 것을 나는 울었다." 「백록담」

일제의 손에 내맡겨진 겨레의 운명을 어미 잃은 송아지처럼 슬퍼했

던 정지용. 그가 자발적 적극적으로, 또 지속적 악질적으로 친일행각을 벌였다고 단정할 만한 근거는 거의 없습니다. 단지 몇 낱 '모순의 모습'만 간간 엿보일 뿐. 국가國歌라든가 또는 어느 특정한 사회적 테마를 다룬 작품이 아닌 한, 우리는 노래를 듣고 부를 때 작곡자와 작사자의 민족관, 역사관을 꼼꼼히 따져보고 그 인격과 행적을 세밀히 분석해본 다음에 비로소 감동할 것인지 아닌지를 결정하지는 않습니다. 노래의 감동은 그 선율과 노랫말 자체에서 우러나오게 마련입니다.

지용의 시도 그럴 것입니다. 그를 황국신민의 자리로 내몬다면, 그 짙은 향토어들 속에 켜켜이 틀어박힌 겨레의 얼은 어찌한단 말인가?

민족적 저항과 반민족적 부역附逆 사이에서, 장렬한 순국과 비굴한 생존 사이에서 고뇌하고 갈등하기는 지식인이든 평범한 사람이든 다를 바 없습니다. 물론 역사의식을 지닌 지식인들의 책임이 더 크다고 보아야 하겠지만.

자발적 적극적 지속적으로 반민족행위를 저지른 악질분자가 아닌 한 "차라리 죽고 말 것이지, 왜 굴종했느냐"고 다그치는 것이야말로 무정지책無情之責이 아닐까? 더욱이 동시대를 살아보지도 못한 후세인들이라면…….

친일도 배일도 못한 채 역사의 회색지대를 방황하던 나약한 시인. 역사를 살리고 민족정기를 바로잡되, 저 서러웠던 시혼詩魂도 함께 살리고 그 부끄러웠던 모순의 발걸음마저 너그러이 끌어안는 관용의 품이 아쉽습니다.

적절한 인용이 될지 모르겠지만 "진실은 추악하다. 진실에 의해 파괴되지 않기 위해서 우리는 예술을 사랑한다"는 니체의 말처럼, 저 불행했던 시인의 추악한(?) 진실을 그 고단한 예술혼과 함께 넉넉히 감싸

줄 수 있는 푸근한 이념은 정녕 없을까?

십자가 처형의 위기에 직면한 스승을 한 번도 아니고 세 번씩이나 배신한 수제자首弟子를 스승은 심판하지 않았습니다. 그에게 맡겼던 천국의 열쇠를 도로 회수하지도 않았습니다.마태복음 16:19 도무지 믿음직스럽지 못한 그 엉터리⑦ 수제자를 스승은 도리어 "내 양을 먹이라"는 감동의 위탁으로 용서합니다.요한복음 21:17

그러나 용서는 심판보다 더 무서운 응징이었는지도 모릅니다. 용서를 받은 제자는 고난으로 이어진 선교역정 끝에 결국 십자가에 거꾸로 못박힙니다. 스승은 그렇게 제자를 살려내고 또 응징했습니다. 용서로, 그 슬픈 사랑으로.

조선인들이 조선 땅에서 왜인의 말과 글을 쓰며 제 이름마저 '억지 신민'으로 애매히 위장한 채 살아가던 '거짓의 시대'는 민족의 혼을 노래하던 입술로 전쟁 송가를 읊어대는 '모순의 몸짓'을 만들어냈습니다. 그 모순을 피할 수 있는 길은 필시 감옥행이거나 죽음뿐이었을 터. 감옥에도 가지 않고 죽지도 못했다는 이유로 정지용을 꾸짖을 수 있을 만큼 높은 법도가 있다면 그것이 '도덕적 독선' 혹은 '위선' 외에 다른 무엇일지 나는 모르겠습니다.

예언의 신 프로테우스는 예언을 갈구하는 사람들을 피하여 물, 불, 짐승 따위의 모습으로 위장하고 이곳저곳을 떠돌아다녔습니다.

불행한 시혼을 예언처럼 가슴 깊숙이 품고 '거짓의 시대를 모순의 몸짓으로' 방랑했던 정지용. 독립군에 들어가 영웅 같은 무용담을 남기고 죽지 못해 한스러웠던 시인의 삶은 얼마나 욕된지. 그 절절한 고뇌의 인격, 그 '슬픈 모순'의 정서를 과감히 꾸짖는 우리의 메마른 입술은 또 얼마나 욕된지.

잊혀지지 않는 하나의 의미를 위하여

나는 시방
위험한 짐승

또 걱정거리가 하나 생겼습니다. 작고한 미당未堂에게 운보雲甫에게 그랬던 것처럼, 걸출한 예술인들의 부끄러운 과거사를 헤집고 다니며 단죄斷罪의 칼을 들이대곤 했던 싸늘한 손길들이 엊그제 세상을 떠난 시인 김춘수를 향해서 또 시퍼렇게 칼날을 갈아대지 않을까 하는 걱정이 추모의 상념에 앞서 회색 안개처럼 피어오릅니다.

80년대 신군부와 가까웠던 미당에게는 '초월이라는 개념으로 사회 현실을 외면한 무책임'에 대하여, 일본군 격려 포스터에 삽화 몇 점 그려준 운보에게는 '일제 때는 왜색 화풍을, 광복 후엔 구미歐美의 경향을 좇은 정치성'에 대하여 준엄한 파문 선고가 내려졌듯, 군사정권의 국회의원과 방송위원장으로 수치스런 징발(?)을 당했던 김춘수에게는 또 무슨 죄목의 논고가 뒤따를지, 추념追念보다 근심이 앞섭니다.

박인환의 목마와 미당의 국화가 주름잡던 시절, 「꽃을 위한 서시」

「부다페스트에서의 소녀의 죽음」 같은 실존의 언어들로 관념시의 새 지평을 연 김춘수는 뒤에 관념과 사상에 대한 회의에 빠져 「샤갈의 마을에 내리는 눈」「처용단장」 등의 무의미시들로 현실의 일탈, 그 탈역사적 초월을 추구했습니다. 존재에 선험적으로 깃들어 있는 관념이나 사상을 시어에서 제거해야 한다고 믿었던 김춘수는 "의미와 무의미의 언어적 투망질을 통하여 일체의 구속을 벗어난 탈의미, 탈역사의 자유를 추구한 거장"이라는 찬사와 함께, 참여비평 쪽으로부터는 "객관적 세계와 단절된 몽환가"라는 야유를 들어야 했습니다.

"바람보다도 더 빨리 눕고 바람보다도 더 빨리 울고 바람보다 먼저 일어나는" 끈질긴 민중의 생명력을 '풀'로 형상화한 김수영 시인과 곧잘 대비되곤 하면서 김춘수는 '군사독재의 협력자'라는 안쓰러운 별칭을 얻고 여간 괴로워하지 않았습니다.

일제 때 만석꾼의 맏아들로 태어나 남달리 유복한 성장기를 보낸 그는, 하필이면 지금 한창 '교육기득권층'으로 욕을 먹는 어떤 명문 중학교를 졸업한데다 일본에 유학한 경력마저 지니고 있습니다. 사후의 명예가 꽤나 위태로워 보이는 이유입니다.

일본 유학시절, 우연히 천황과 총독을 비판한 발언으로 7개월 간의 옥살이 끝에 퇴학을 맞기도 했던 불령선인不逞鮮人 김춘수는 고문이 두려워 순순히 잘못(?)을 시인해버린 자신에게 크게 좌절하고, 스스로 투사가 아님을 확인했습니다.

"일제하의 옥살이처럼, 군사정권의 국회의원 역시 내 의지가 아닌 인생의 아이러니였다. 시가 최선의 윤리요 의지라면, 정치는 차선의 현실참여였다"는 옹색한 해명(?)을 내놓았지만, 미당과 운보의 목을 내리친 칼날을 피할 수 있을지 자못 의문입니다.

나는 시방 위험한 짐승이다.
나의 손이 닿으면 너는
未知의 까마득한 어둠이 된다.
눈시울에 젖어드는 이 無明의 어둠에
추억의 한 접시 불을 밝히고
나는 한밤내 운다. 얼굴을 가리운 나의 신부여.

얼굴 가린 신부처럼 까마득한 무명의 꽃 앞에서 한밤내 불 밝히며 우는 위험한 짐승은, 포착되지 않는 사물의 의미를 찾기 위해 고뇌하는 슬픈 실존일 겝니다.

본의 아닌 출세 길에 잠시 몸담았던 수치의 행적도 실은 역사의 부조리를 번민하는 '역설적인 의미해체'의 한 과정이 아니었을까. 내 나름의 초라한 변론을 내밀어보지만 '역사의식의 결핍'이라는 논고를 설득할 수 있을지는 글쎄, 자신이 없습니다.

역사의 갈피마다
드러나는 푸른 멍

내가 그의 이름을 불러주기 전에는
그는 다만
하나의 몸짓에 지나지 않았다.
내가 그의 이름을 불러주었을 때

그는 나에게로 와서
꽃이 되었다.
내가 그의 이름을 불러준 것처럼 나의 이 빛깔과 향기에 알맞은
누가 나의 이름을 불러다오.
그에게로 가서 나도
그의 꽃이 되고 싶다.
우리들은 모두
무엇이 되고 싶다.
너는 나에게 나는 너에게
잊혀지지 않는 하나의 의미가 (눈짓이) 되고 싶다.

젊은이들이 즐겨 읊조리는 「꽃」이 연가戀歌로 분류되는 것을 시인은 몹시 싫어했습니다. 꽃은 이름과 몸짓으로 존재의 본질을, 그 의미를 묻는 관념의 화두입니다. 몸짓은 아직 이름을 얻지 못한 정체 모를 무의미이기에, 신이 태초의 인간에게 그랬던 것처럼 명명命名이라는 인식작용을 통해 비로소 의미 있는 존재로 다가옵니다.

그러나 뭇사람의 마음을 사로잡은 마지막 구절 "잊혀지지 않는 하나의 의미가 되고 싶다"의 '의미'를 시인은 훗날 '눈짓'으로 바꿨습니다. 의미의 해체를 위하여.

부다페스트의 소녀여
내던진 네 죽음은
죽음에 떠는 동포의 치욕에서 역으로 싹튼 것일까.
싹은 비정의 수목들에서보다

치욕의 푸른 멍으로부터
자유를 찾는 네 뜨거운 핏속에서 움튼다.

소련군의 탱크 앞에 비굴하게 움츠러든 헝가리인들의 치욕은 도리
어 열세 살 소녀에게서 죽음의 두려움을 지워버렸습니다. 역사의 갈
피마다 푸른 멍처럼 선명하게 드러나는 인간성의 비굴함에 슬퍼하면
서도 그 치욕의 토양 위에 움터올 자유의 싹을 기다리는 만가輓歌는,
어쩌면 장차 부끄러운 징발에 더럽혀질지도 모를 자신의 삶을 미리
채찍질하면서 '권력에 의해 내던져진, 그러나 자유의 싹으로 부활할
이 땅의 어린 죽음들'에게 먼저 용서를 구해두는 예언적 자성의 목소
리가 아니었을까?

"역사는 나를 비켜가거라 아니 맷돌처럼 단숨에 으깨고 가라"는 절
규로써 모순과 폭력의 역사 앞에 자멸적인 참회를 토해낸 시인은, 의
미와 무의미의 기나긴 터널을 지나온 끝에 마침내 자신만의 절대자를
만납니다.

사랑하는 나의 하나님, 당신은
늙은 悲哀다.
푸줏간에 걸린 커다란 살점이다.
시인 릴케가 만난
슬라브 여자의 마음 속에 갈앉은
놋쇠 항아리다.
손바닥에 못을 박아 죽일 수도 없고 죽지도 않는

사랑하는 나의 하나님

「처용」

선화두禪話頭 같은 놋쇠 항아리의 무게로 가라앉는 차디찬 번뇌, 십자가에 달린 메시아처럼 푸줏간에 내걸린 살점. 속 깊이 내상內傷을 입은 슬픈 영혼은 "삼월의 느릅나무 젊고 여린 연두빛 순결" 같은 불멸의 사랑을 향하여 날아오릅니다.

늙음과 젊음, 비애와 순결, 하강과 상승의 서로 어긋나는 이미지들이 각각의 고정된 틀을 깨고 태초의 순수를 향해 합일되어가는 모습은 정작 처용이 아니라 시인 자신의 염원일 터.

김춘수가 떠난 지금 현실과 초월, 역사와 탈역사, 의미와 무의미 사이의 장벽들은 모두 허물어지고, 부끄러웠던 현실참여와 찬란한 현실일탈의 경계마저 해체되어 일체의 분별이 사라지고 없습니다. 무구無垢 가득한 활자유活自由, 오직 그것뿐.

누가 나의 이름을 불러다오.
그에게로 가서 나도
그의 꽃이 되고 싶다.
잊혀지지 않는 하나의 의미가 되고 싶다.

아아, 이 절절한 호소를 어찌하려는가? 서늘한 손길들이여, 이제는 거두어다오, 단죄의 목을 찾아 헤매는 그 비정의 칼날을.

자유롭지 못한 자유혼

고요한 명상
존재의 충만

구상具常이 갔습니다. 우리 곁 어딘가에서 그 정갈한 심호흡으로 이 땅의 혼탁한 정신세계를 정화해주던 청량한 영혼은 이제 우리 곁을 떠났습니다. 모두들 시인이라고 불렀지만 그는 그냥 시인이 아니었습니다. 어른이 없는 이 시대의 큰 어른이었고, 스승이 드문 이 사회의 믿음직한 스승이었으며, 깊이가 없는 세태를 샘물처럼 맑은 정신으로 채워주던 깊은 샘이었습니다.

예술적 자긍심이 오만에 가까울 만큼 드센 프랑스 문단은 '세계 200대 문인'의 반열에 단 한 명의 한국인, 구상의 이름을 새겨넣었습니다. 프랑스어 영어 독일어 일본어 스페인어 이탈리아어 등 세계 각국의 언어로 번역된 그의 시들은 참을 수 없는 가벼움으로 가득 찬 현대의 문학사조를 날카롭게 꾸짖고 타이르던 무거운 회초리였습니다.

구상은 리리시즘의 나른한 서정抒情이라든가 한 시대를 풍미했던

모더니즘의 일탈 또는 쉬르레알리즘의 반이성적인 현실초월을 모두
거부하고, "현존에서 영원을 살아야 한다"는 가톨릭 실존철학자 가브
리엘 마르셀의 믿음대로 오로지 실존에 대한 종교적 형이상학의 깊은
인식을 통과해 나온 명징한 성찰의 시어詩語들로만 그의 문학세계를
지어 올렸습니다.

"신앙이란 고요한 명상 속에서 존재의 충만을 깨닫는 것"이라는 마
르셀의 신념에 깊이 공감했던 구상의 눈에는 열광적인 이벤트들이 점
령해버린 오늘 이 땅의 들뜬 기독교신앙이야말로 가장 반신앙적일 수
밖에 없었습니다. 그래서인지 세례명이 요한인 그는 교회의 어떤 현
실 문제를 놓고 영악스런 어느 가톨릭 신부와 오랜 갈등을 겪으면서
마음에 큰 상처를 입기도 했습니다.

"하이데거가 말했듯이 언어는 존재의 집입니다. 존재와 언어는 서
로 분리될 수 없는 것임에도 불구하고 요즘 사람들은 삶의 존재론적
인 면에서 벗어나 있습니다. 표현주의자들은 사실 자체는 생각지 않
고 표현만 노립니다. 말과 소는 모든 사람이 익숙히 보기 때문에 그리
기가 어렵지만, 도깨비는 아무도 모르기 때문에 그리기가 쉽지요. 오
늘날 미술에서 추상을 노리는 사람들의 경우도 마찬가지입니다. 생명
감이 없는 도깨비들을 그리는 것이지요. 우리 시에서도 표현주의자들
이 그런 오류를 범해요. 도깨비가 많다는 이야기입니다. 관입실재貫入
實在하지 않고 시를 언어의 화장술로 알고 있는 것입니다."

관입실재. 투철한 역사의식과 진솔한 성찰의 눈으로 자신과 시대의
본질을 깊이 천착해온 구상의 입에서만 나올 수 있는 말입니다. 추상
의 짙은 화장기가 그럴 듯하게 구체적 실재를 속이는 이 허위의 시대
에, 그는 자기 이름처럼 '실재의 구상具象'을 향해서만 돌진한 실존의

돈키호테였습니다. 그의 시들을 가리켜 기독교적 존재론의 바탕 위에 서 있다고들 말하지만, 그의 명상 속에는 동양적 초월의 지혜가 묵직하게 녹아 있습니다. 가톨릭 신자인 그는 불교 사원의 연못가에 앉아 "신은 죽었다!"고 외친 무신론자 니체를 꿈꾸곤 했습니다.

> 하숙방 다다미에 누워
> 나는 神의 葬禮式을 날마다 지냈으며
> 吉祥寺 연못가에 앉아
> 〈짜라투스트라〉가 超人의 城에 오르는
> 그 황홀을 꿈꿨다.
>
> 「목아옹두리에도 사연이」

가난한 삶
비운 마음

그의 존재론적 깊이를 알려야 알 수 없었던 동시대인들로부터 구상은 심한 배척을 받았습니다. 광복 후 북한에서 북선매일北鮮每日의 신문기자로 활동하던 중 1946년 동인지 『응향』凝香에 기고한 시 「밤」 「여명도」 「길」 등이 북조선문예총중앙위원회로부터 사상적 비판을 받으면서 그의 가시밭길은 시작되었습니다.

"일제 악정에서 벗어나 전 인민이 진보적 민주주의에 힘쓰는 시점에 공상적이고 퇴폐적인 현실도피의 절망적 경향으로 부르주아의 사상을 퍼뜨리고 있다"는 것이 구상에 대한 북조선문예총중앙위원회의 준엄한(?) 단죄였습니다.

사상의 변태적 광기에 치를 떨던 구상은 그네들의 말마따나 '현실을 도피하듯' 남으로 내려와 이번에는 자유당 독재에 대한 항거 때문에 고난을 맞습니다. 지금 그의 문학관이 세워져 있는 경북 왜관과 대구 등지에서 영남일보 주필로 활동하던 구상은 1959년 사회평론집 『민주고발』의 필화사건에 휘몰려 반공법 위반이라는 죄명으로 8개월 동안 감옥에 갇힙니다. 북에서 공산주의의 몰매를 맞고 쫓겨난 부르주아 사상가(?)에게 남에서는 공산주의에 동조했다는 이유로 처벌을 가했습니다.

새처럼 얽매임이 없었던 그의 자유혼을 북도 남도 이해할 수 없었고, 사상의 편향성과 절대성을 단연코 거부하는 그의 저항정신을 사회주의도 자본주의도 용인하지 못했습니다. 자유혼이 순수하면 순수할수록 더 자유롭지 못한 것이 이 땅의 반세기 정신풍토였기에, 아니 시인이 '가장 사나운 짐승'이라고 묘사했던 인간들의 모듬살이에서는 언제 어디서나 진정한 자유인이 설 땅이란 찾을 수 없는 것이기에.

1965년 희곡 「수치」를 연극무대에 올리려던 구상은 등장인물인 빨치산 군관이 "우리의 영웅이신 김일성 장군께서"라고 읊는 대사를 불순하게 본 정보당국에 의해 공연보류 조치를 당합니다. 빨갱이 군관이 김일성을 '빨갱이 독재자'라고 부를 리 없는 엄연한 현실을 부정해야 했던 그 시절의 아픔이지만, 북의 체제적 모순을 몸소 겪고 북을 탈출해 나온 시인이 작품의 사실성에 충실하기 위해 써넣었던 상투적인 대사 한 마디가 북을 찬양했다는 식으로 매도당해야 했던 사상적 경직성을 단순히 이념의 문제로만 치부할 수는 없습니다. 혹시 인간성의 문제가 아닐까? 오늘의 이른바 '시대정신'에도 이어지고 있는 저 끈질긴 경직성은.

자유롭지 못한 자유혼

오호, 여기 줄지어 누웠는 넋들은
눈도 감지 못하였겠구나.
어제까지 너희의 목숨을 겨눠
방아쇠를 당기던 우리의 그 손으로
썩어 문드러진 살덩이와 뼈를 추려
그래도 양지 바른 두메를 골라
고이 파묻어 떼마저 입혔거니
죽음은 이렇듯 미움보다 사랑보다도
더욱 신비스러운 것이로다.

손에 닿을 듯한 봄 하늘에
구름은 무심히도 북으로 흘러가고

어디서 울려오는 포성 몇 발
나는 그만 이 은원恩怨의 무덤 앞에
목놓아버린다.

연작 「초토의 시」 15편 중 8번째 「적군묘지」

　그 잘난 '이념'의 갈등이 몰고온 동족상잔의 소용돌이 끝에 동그맣
게 솟아난 적군묘지는 시인에게 조국의 슬픈 현실이자 화해와 구원을
향한 새로운 염원의 상징으로 다가와 있습니다. 이념의 벽이 버티고
선 남과 북의 경계를 저 하늘의 구름은 아무 제약 없이 넘나들며 흘러
가듯, 이데올로기의 허상이 빚어낸 미움도, 적군의 시신을 양지 바른
곳에 묻어주는 따뜻한 인간애도 '미움보다 사랑보다 더욱 신비스러

운' 죽음 앞에서는 온갖 은원을 다 벗어버렸습니다.

나의 오늘은 영원 속에 이어져
바로 시방 나는 그 영원을 살고 있다.
마음이 가난한 삶을 살아야 한다.
마음을 비운 삶을 살아야 한다.
「오늘」

세상을 떠나기 반년쯤 전, 병상 위에서 시 「오늘」을 유언처럼 읊었던 시인은 허깨비 같은 이념의 변태들이 설쳐대는 이 시대가 안타까웠는지, 자신이 한평생 신뢰해온 하나님을 향해 이런 기도를 드린 적이 있습니다.

땅이 꺼지는 이 요란 속에서도
언제나 당신의 속삭임에
귀 기울이게 하옵소서
내 눈을 스쳐가는 허깨비와 무지개가
당신 빛으로 스러지게 하옵소서
「기도」

아, 그러나 허깨비 같은, 무지개 같은 요설饒舌의 잡동사니들을 잔뜩 남겨둔 채 '가난한 삶, 마음을 비운 삶'을 살던 맑은 영혼만 우리 곁을 훌쩍 떠나고 만 것은 아닌지. 시인 구상의 부음과 더불어 시대의 뇌 한쪽이 쑥 빠져버린 듯한 허전함에 하루가 온종일 우울합니다.

가을에는 호올로 있게 하소서

홀연히 다가오는
진실의 시간

봄을 노래한 시인도 많고 여름의 정열과 겨울의 스산한 아픔을 토해낸 노래도 적지 않지만, 순환하는 계절의 길목을 서성이며 건너온 10월의 새벽바람만큼 시인의 넋을 홀리는 유혹도 없습니다. 가을은 영혼의 계절이기 때문일까? 풍족한 영혼이 아니라 가난한 영혼, 그 고독한 넋의.

가난하기에 내적 충만을 갈구하고 고독하기에 절대자와의 만남을 그리워합니다. 그 갈구와 그리움은 이렇게 터져 나옵니다.

가을에는
기도하게 하소서
낙엽들이 지는 때를 기다려 내게 주신
겸허한 모국어로 나를 채우소서

가을에는
사랑하게 하소서
오직 한 사람을 택하게 하소서
가장 아름다운 열매를 위하여 이 비옥한
시간을 가꾸게 하소서

가을에는
호올로 있게 하소서
나의 영혼
굽이치는 바다와
백합의 골짜기를 지나,
마른 나뭇가지 위에 다다른 까마귀같이

김현승, 「가을의 기도」

낙엽이 지는 때를 기다려 홀연히 진실의 시간이 다가옵니다.

"새가 죽을 때에 이르면 지저귀는 소리가 슬프고, 사람이 죽을 때가 되면 그 말이 착하다."鳥之將死其鳴哀 人之將死其言善

삶의 종말에 이르면 진실을 외면하기 어려운 것이 보편적인 인간성인가 봅니다. 소송법의 운용에서 죽음에 임박한 사람의 진술에 높은 증명력을 부여하는 것은 이런 보편적 인성人性에 기초를 둔 원리일 것입니다.

파릇한 봄의 희망과 여름의 싯푸른 절정을 다 보내고 생명의 끝을 알리는 낙엽의 때에 이르면, 누구나 마음 속 깊이 묻어두었던 '겸허한 모국어'를 끄집어내 모처럼의 기원祈願을 쌓아올리게 마련입니다.

겸허한 모국어. 오래도록 잃어버렸던 태胎의 소리, 익숙한 듯하지만 낯선 언어, 가득한 듯하면서도 허전한 음성. 거짓이 끼어들 자리도, 오만이 비집고 들어올 틈도 없는 절절한 생명의 고백. 아, 사랑 말고 또 무슨 생명의 고백이 있을까.

"가을에는 사랑하게 하소서."

겸허하기에 오히려 넉넉해진 시간들을 성찰의 쟁기로 묵묵히 경작耕作하는 가을은 삶의 너른 뜨락을 아름다운 열매로 채워가는 사랑의 계절입니다. 무엇이든지 사랑하지 않고는 가꾸고 키울 수 없는 법이기에.

중국산 상어지느러미, 이란산 캐비어, 덴마크산 새끼돼지고기, 동남아의 파파야, 일본 생선, 프랑스 와인, 체코 맥주……. '지도자 동무' 한 사람의 미식 취미를 위한 메뉴입니다.

이미 수백만이 굶어죽었다는 그곳에서, 싸늘한 가족의 시신을 누이기 위해 언 땅을 파야 했던 '인민'들의 쓰린 마음을 무엇으로 다 위로할까?

단지 사랑뿐입니다. 전 세계의 경고를 무시한 채 핵실험을 강행한 대가로 치르는 국제적 제재 속에서도 지도자 동무의 식탁 메뉴는 약간 달라지는 정도에 불과하겠지만, 인민들은 당장 곡기를 끊어야 할 판입니다. 언제든지 무기로 바뀔 수 있는 현금과 물자의 지원은 막더라도, 인민들의 빈약하기 짝이 없는 식탁마저 깡그리 비우게 할 수는 없습니다. 비록 경제적 효과는 없을지라도……. 사랑은 본디 비경제적인 것이 아니던가. 미친 듯 눈멀어 제 모든 것을 그 앞에 내던지는 사랑은.

절대고독,
신 앞에 선 단독자

"오직 한 사람을 택하게 하소서."

오직 한 사람을 택하는 까닭은, 그 한 사람이 모든 것을 배척하기 때문이 아닙니다. 그 한 사람 속에서 모든 것을 보고 깨닫는 통찰, 그 혜안이 있기 때문입니다.

"나는 결코 온 대중을 구원하려 하지 않습니다. 나는 단지 '한 사람'만을 바라볼 뿐입니다. 나는 한 번에 오직 '한 사람'만을 사랑할 수 있을 뿐입니다."

뭇사람을 위해 평생을 헌신한 테레사 수녀의 고백입니다.

오직 '위대한 지도자 동무' 한 사람만을 우러르면서 힘에도 겨운 핵무장을 위해 온 인민의 부자유와 굶주림을 외면하는 '선군'先軍의 사시斜視는 오직 한 사람을 택하고자 기원하는 시인의 눈길이 아닙니다.

시인의 눈은 위대한 지도자 동무 한 사람이 아니라 오히려 저 낮은 자리에 소외되어 서성이는 인민들, 남쪽의 아이들보다 평균치로 키가 26센티미터나 작고 몸무게도 10킬로그램이나 가볍다는 북녘의 여윈 어린이들, 그 가운데 작은 이 하나를 찾고 있습니다.

모든 사람을 사랑하라? 말은 쉬워도 현실적으로 모든 사람을 사랑할 수는 없습니다. 사랑의 고백이 절실하려면 그 대상이 구체성을 지니지 않으면 안 됩니다. 구체적 관계성이 모호한 '민족애' 혹은 '보편적 인류애'란 한낱 입에 발린 구호에 불과할는지도 모릅니다. 아니면, 위선의 슬로건이거나.

만인을 사랑한 예수님은 이렇게 말씀했습니다.

"네 형제 중 지극히 작은 사람 하나에게 한 것이 곧 내게 한 것이요, 지극히 작은 사람 하나에게 하지 않은 것이 곧 내게 하지 않은 것이

다.”_{마태복음 25:40,45}

한 사람의 인격을 통해서 각자는 비로소 '신 앞에 홀로 선 단독자' 키에르케고르 가 될 수 있으며, 그 단독자는 이제 신과 더불어 모든 것을 사랑할 수 있는 보편자가 됩니다. 단독자는 보편성을 부정하거나 그와 대립하는 존재가 아닙니다. 도리어 보편자들 속에서 솟아난 자유혼이며, 그 자유를 통하여 다시금 보편자와 새롭게 합일되어가는 살아 있는 정신입니다.

오직 한 사람을 사랑하기 위하여, 그러나 그 한 사람 안에서 모든 이들을 사랑할 수 있기 위하여,

불안의 파도 굽이치고 고뇌의 격랑 일렁이는 카오스chaos의 바다를 건너,

순수한 향기 아득히 피어오르는 영혼의 골짜기를 지나

드디어 궁극의 시간, 어둑한 카이로스kairos의 광야에 다다른 시인은 그 절체절명의 마지막 기원을 토해냅니다.

"가을에는 호올로 있게 하소서."

호올로 있는 가을. 시간에서 영원으로 돌아가는 회로이며 온갖 은원 恩怨과 삶의 회한들을 삼켜버리는 생명의 블랙홀. 그 영혼의 늪 앞에서, 비록 내 미숙한 넋일망정 감히 돈오 頓悟의 지평을 흘낏거리며 나직이 속삭여봅니다. 저 마른 나뭇가지 위의 까마귀처럼.

가을에는 기도하게 하소서
사랑하게 하소서
나의 영혼, 호올로 있게 하소서

차 한 잔 기울이니
겨드랑에 바람 일고

옥화차 한 잔 기울이니 겨드랑에 바람 일고

몸 가벼워 어느새 맑은 경지에 오르네

밝은 달빛 등불삼아 벗으로 사귀니

흰 구름 자리 펴고 병풍을 둘러치네

 一傾玉花風生腋　身輕已涉上淸境

 明月爲燭兼爲友　白雲鋪席因作屛

초의 장의순草衣 張意恂,1786~1866이 읊은 동다송東茶頌 중 열여섯
번째 노래 「신상청경」身上淸境입니다.

내 견문이 엷은 탓일까? 서양의 커피나 홍차에서 이처럼 문향文香 그
윽한 다송茶頌이 흘러나왔다는 말을 나는 아직껏 듣지 못했습니다.

초의는 한국의 차문화를 완성했다고 일컬어지는 조선 후기의 불승인데, '풀옷'이라는 뜻의 아호에서도 짐작할 수 있듯이 초의는 이 땅에서 나고 자라는 풀들로 이 땅의 얼과 넋이 배어나는 차를 끓이고 마시며 왕조 말기의 하 어수선한 세월을 안타까이 살아냈습니다. 명청明淸과 일본의 각축 속에서 나라 운명이 바람 앞의 촛불 같던 그 시절에 한가하게 웬 차타령이었을까?

초의의 차사랑은 소박한 기호도, 귀족적인 취미도 아니었고 엄혹한 현실에서 벗어나려는 도피수단은 더욱 아니었습니다. 그의 차사랑은 그대로 나라사랑이요 겨레사랑이었습니다. 당시는 중화사상의 세례를 받은 사대주의자들이 지배계층을 이루고 있던 시절로, 중국이 세계의 중심이요 조선이나 다른 나라들은 그 주변의 오랑캐에 지나지 않는다는 얼토당토않은 화이론華夷論에 푹 빠져 있던 때였습니다.

오랜 당파싸움과 해마다 거듭되는 기근으로 나라의 기틀이 무너지고 민생은 도탄에 빠져 있는데, 조정은 무능하고 지식인들은 성리학의 공허한 관념론으로 밤낮없이 논쟁만 벌일 뿐, 나라의 앞길은 캄캄하기만 했습니다. 훌쩍 앞서가는 서양은 아무 근거 없이 양이洋夷로 폄하하면서도 중국 앞에서는 기도 펴지 못한 채, 심지어 차마저도 중국차가 진짜 차요 조선의 차는 양반이 마실 수 없는 천한 것으로 여길 만큼 사대주의에 흠뻑 찌들어 있었습니다.

김부식은 『삼국사기』三國史記에서 "통일신라의 사신 대렴大廉이 828년 왕명으로 당나라에서 차나무 씨를 들여와 지리산에 심은 것이 우리 차의 기원"이라고 써서 신라 이전의 우리 차문화를 깡그리 부정했습니다. 『삼국유사』三國遺事에는 이미 1세기 때인 가락국 시대에 김수로왕의 왕비 허황옥許黃玉이 인도의 아유타국에서 차 종자를 가져와

김해에 심었다는 기록이 시퍼렇게 남아 있는데도 말입니다.

초의는 동다송의 열 번째 노래 「미약겸량」味藥兼兩 에서 우리 고유의 차문화를 이렇게 읊었습니다.

우리 차는 원래 중국차와 같아서

색깔 향기 맛이 한가지라 말하네

육안 차는 맛, 몽산 차는 약효라 하지만

예부터 우리 차는 둘 다 겸했다 칭송했네

東國所産元相同　色香氣味論一功

陸安之味蒙山藥　古人高判兼兩宗

맑고 찬 기운,
마음을 일깨우네

초의와 절친했던 다산 정약용茶山 丁若鏞도 「동다기」東茶記에서 "어떤 사람들은 우리 차의 효능이 중국 차에 미치지 못한다고 의심하지만, 내가 보기에는 색향기미色香氣味에서 별 차이가 없다. 다서茶書에 중국의 육안 차는 맛으로 뛰어나고 몽산 차는 약효가 높다 하였으나, 우리 차는 이 두 가지를 모두 겸하고 있다"고 썼습니다.

심지어 다산은 "차를 알고 마시는 민족은 흥하지만, 차를 모르거나 마시지 않는 민족은 망한다"고까지 말했습니다. 차례茶禮를 지낼 때조차 차가 아니라 술을 부어 제사상에 올렸을 만큼 사대부나 민초들이나 모두 술에 절어 살았던 그 시절, 초의와 다산은 우리 차의 맛과 멋과 향으로 이 땅의 정신세계를 정화하고자 애썼습니다.

인간의 영혼과 정신을 다루는 종교세계에서 가장 오랜 전통을 가지고 있는 것이 제사와 음식에 관한 규례들입니다. 거의 모든 종교들이 음식에 관한 엄격한 규율을 두고 있습니다. 유대교와 이슬람교의 돼지고기 금기, 힌두교의 암소고기 금기, 불교의 육식 금기 등 각각의 종교적 음식규례를 통해서 그 종교의 신념과 가치체계를 사회학적 생태학적으로 해석해낼 수 있습니다.

성서는 그리스도의 피를 영적인 음료에 은유했습니다.고린도전서 10:3 "내 살은 참된 양식이요 내 피는 참된 음료다."요한복음 6:55

이렇듯 음식과 정신은 따로따로가 아닙니다. 한 사회의 음식문화는 그 공동체의 정신문화와 직결되어 있습니다. 나쁜 음식습관은 건강한 정신을 좀먹습니다.

수렵과 육식을 즐기는 종족들이 약소국을 침략하는 식민제국이 되었고, 술과 마약에 취한 시대가 광기의 역사를 만들어냈습니다. 채식을 주로 하는 민족의 품성이 대체로 어질고, 독주보다 차를 사랑하는 사람들이 정갈한 문화를 창조해 왔습니다. 초의와 다산이 본 것은 바로 이것이었습니다. 반상班常이 모두 술에 절어 있었던 조선조 말기에.

모든 음식은 주재료와 부재료를 섞어서 만듭니다. 쌀 보리 밀 고기 생선 나물 등은 주재료이고 고추 간장 소금 설탕 식초 등은 부재료입니다. 그런데 우리 차는 오직 물과 찻잎 하나만으로 완성됩니다. 설탕으로 단맛을 우려내야 하는 서양 차와는 차원이 다릅니다. 찻잎 하나 속에 차의 모든 것이 오롯이 녹아 있습니다. 개체와 전체, 주관과 객관을 구별하지 않는 불도佛道에서 차를 소중히 여겨온 것은 결코 우연이 아니라는 생각이 듭니다.

차는 중생衆生이요 선禪은 부처의 마음이니 차와 선은 곧 하나라는 초의의 다선일미사상茶禪一味思想은 모든 것은 모든 것과 관계를 맺고 있다는 상생연기相生緣起의 화엄사상과 맥이 깊이 닿아 있다는 평을 듣습니다.

천주교 신자인 다산이 불승인 초의와 차원 높은 교우를 나눌 수 있었던 것도 우리 차 속에 담긴 정신의 깊이 때문이었겠습니다.

초의는 조선 후기의 대표적 학승인 연담유일蓮潭有一에게서 차를 배웠고, 다산은 강진에 유배되었을 때 백련사에서 연담유일의 제자인 혜장惠藏을 만나 차를 배웠으니, 결국 두 사람의 차사랑은 뿌리가 같습니다. 두 사람이 함께 마시고 즐긴 것은 차와 향기였지만 서로 나눈 것은 인격이요 정신이며, 우리의 전래문화 속에 진득이 녹아 있는 겨레의 얼이요 넋이기도 했습니다. 성리학의 관념론과 사대주의의 미망에 사로잡힌 완고한 유생들이 불교와 천주교를 혹독하게 핍박하던 시절에 절간의 중과 천주학쟁이가 만나 감히 동다송을 짓고 동다기를 써서 중국문화를 우습게 보려 하다니.

동북공정으로 고구려와 발해의 역사를 가로채고 나아가 백두산과 이어도까지 집어삼키려는 중국에 대해서는 변변한 항의 한번 제대로 내놓지 못하면서, 그저 안에서만 개혁이니 개헌이니 보수니 진보니 하며 서로 집어삼킬 듯이 싸우고 있는 오늘 우리의 처지를 초의와 다산이라면 어떤 목소리로 꾸짖을까?

지금 내 탁자 위에 놓인 차 한 잔 속에, 중화론에 얽매여 문화적 정신적 주체의식을 상실한 그 시대를 꾸짖고 절망과 좌절의 늪에서 헤어나지 못하는 백성들을 일깨우던 초의와 다산의 열정이 아릿하게 녹아 흐르는 듯합니다. "대숲 소리, 솔잎 물결 모두 다 소슬하니 맑고 찬 기운, 뼈에 스미어 마음을 일깨우네"라는 동다송 맑은 가락과 함께.

『사상계』『창비』『문지』
내 젊은날의 숨결

그대들이 퍼먹고 놀다 잠든 한밤에도 하수도는 흐른다

꼬르륵거리는 배를 잡고 하수도는 흐른다

씨벌씨벌하며 기어이 하수도는 흐른다

이 악물고 눈물 머금고 닦지도 않고 하수도는 흐른다

똥오줌물 데리고 하수도는 흐른다

고관의 저택에도 하수도는 흐른다

아파트 층과 층 사이로도 하수도는 흐른다

손에 손을 잡고 하수도는 흐른다

땅 밑에도 길이 있다고 하수도는 흐른다

이 썩은 세상을 뒤집어쓰고 하수도는 흐른다

흐르다가 숨이 막히면 거꾸로 하수도는 흐른다

그대들의 주방으로 침실로 하수도는 흐른다

계간지 『창작과 비평』창비을 내는 창작과비평사에서 1989년에 펴낸 안도현 시집 『모닥불』에 수록된 이 시는 질식할 듯 썩어 흐르는 하수도의 물길에서 '이를 악문' 민중의 삶을 읽어내는가 하면, 감히 거꾸로 흐르려는 불온한(?) 꿈마저 꾸고 있습니다.

1966년에 창간된 창비는 1970~80년대를 거치는 동안 이렇듯 역류의 꿈을 해몽하며 민족문학과 저항적 민중문학의 산실 노릇을 톡톡히 해냈습니다.

하버드 대학에서 영문학석사와 철학박사 학위를 받고 귀국한 약관 28세의 백낙청 교수가 주도하여 창간한 창비는 김지하의 『타는 목마름으로』, 황석영의 『객지』, 조태일의 『국토』, 신경림의 『농무』, 양성우의 『북치는 앉은뱅이』 등을 지식인과 청년사회에 소개해오면서 군사정권으로부터 등록취소, 판매금지, 폐간, 주간의 구속 등 숱한 고초를 당했고, 백 교수는 대학에서 해직되기도 했습니다.

그러나 그 혹독한 수난을 통해서 창비는 도리어 진보성향의 대표적 지성지로 자리잡으며 장준하, 부완혁의 『사상계』에 버금가는 문화권력을 거머쥐었습니다. 『풀』의 김수영, 『금강』의 신동엽, 『오적』의 김지하, 『남한강』의 신경림, 『그해 겨울은 따뜻했네』의 박완서, 『서울은 만원이다』의 이호철, 『서른, 잔치는 끝났다』의 최영미 등이 창비를 제 집 안방처럼 여기며 창작활동에 몰두했습니다.

창비는 창간호 권두평론에서 이렇게 천명했습니다.

"문학은 현실의 감춰진 진실을 드러내야 하며 현실 구성원이 처한 위기를 반영하고 그 구성원 대다수의 복지를 위한 전망을 제시해야 한다.”

리얼리즘과 참여문학을 지향하는 진보좌파의 방향성을 뚜렷이 설정하고, 왜곡된 정치현실과 순치馴致된 문화현장에 겁 없이⑦ 도전을 선언한 창비는 이후 순수문학과의 치열한 논쟁을 불러일으켰습니다.

창비는 군사독재를 거부하는 비판적 지식인 문인 학자들이 거센 저항담론을 토해낸, 몇 안 되는 양심의 목소리 중 하나였습니다.

10월유신과 5·18의 광주를 거치는 동안, 나는 20~30대의 세월을 사상계에서 민권정신을, 창비에서 민주 평등을, 그리고 조금 늦게 태어난 문학과지성에서 자유혼의 내음을 게걸스레 핥으며 정의로운 시대의 도래를 신앙처럼 대망했습니다.

특히 『문지』는 내가 자그맣게나마 그 힘겨운 인권투쟁을 돕고 배우며 사형師兄으로 가까이 모시던 고 황인철 변호사가 김병익 김현 김주연 등의 발행진을 음양으로 성원해온 인연이 있을 뿐 아니라 최인훈의 『광장』, 조세희의 『난장이가 쏘아올린 작은 공』 등 걸출한 작품들을 잇달아 펴내면서 희박한 자유의 대기에 산소 같은 향기를 듬뿍 뿌렸기에 문지에 대한 내 애착은 창비나 사상계에 못지않았습니다.

그렇게 내 젊은날의 숨결을 이뤘던 세 지성지 가운데 창비가 창간 40년을 맞았습니다. 그러나 오늘의 창비는 예전 같은 문화권력을 누리지 못하고 있습니다. 창간을 주도한 백 교수는 이렇게 회고합니다.

“지금 생각하면 탄압받았을 때가 덜 힘들었다. 그땐 전선戰線이 분명했기 때문이다. 가장 힘들었던 때라면, 물질적 기반을 갖추고 훌륭한 인재도 모였는데 과거와 같은 활력이 떨어진 최근이었다.”

활력이 떨어졌다는 것은 권력에 대한 저항성을 상실했다는 뜻으로 들립니다. 소련과 동구 공산권의 몰락, 군사독재정권의 붕괴, 남북체제 경쟁의 종결 등을 두루 경험한 민주화 이후의 시대정신은 저항의 목표와 열정을 잃었을 뿐 아니라, 마르크시즘이 물러난 빈자리를 포스트모더니즘과 해체주의가 새로이 점령하면서 종래의 좌파담론에 대한 갈증을 상당 부분 해소시켰기 때문입니다.

그러나 창비의 무기력이 반드시 그런 외부적 요인 때문만은 아닙니다. 창비를 움직여온 주요 문인들이 제도정치권에 몸담아 정권의 일부에 편입되어 있는 지금, 창비는 저항이 아니라 경륜을 펼쳐야 할 처지가 된 셈이니 저항성에서 키워온 활력이 예전 같을 리 없습니다.

심지어 '권력비판'의 참여가 '권력변호'의 참여로 변질되었다고 꼬집으며 참여문학의 정체성을 의심하는 눈길마저 있습니다.

"이미 주류문화의 일부가 된 창비 편집진부터 타성을 떨쳐버리겠다. 뚜렷한 시대인식과 사명감을 갖고 아카데믹한 틀에서 벗어나 실천적이고 논쟁적인 잡지로 다시 태어나겠다."

창간 40년을 맞는 백 교수의 각오는 그래서 정직한 자기진단이요 올바른 처방이며, 또 신뢰할 만한 자성의 목소리로 울려옵니다.

불혹의 창비여,
새로운 광야의 외침으로

가난하다고 해서 외로움을 모르겠는가
너와 헤어져 돌아오는
눈 쌓인 골목길에 새파랗게 달빛이 쏟아지는데.

가난하다고 해서 두려움이 없겠는가
두 점을 치는 소리
방범대원의 호각소리 메밀묵 사려 소리에
눈을 뜨면 멀리 육중한 기계 굴러가는 소리.

가난하다고 해서 그리움을 버렸겠는가
어머님 보고 싶소 수없이 뇌어보지만
집 뒤 감나무에 까치밥으로 하나 남았을
새빨간 감 바람소리도 그려보지만.

가난하다고 해서 사랑을 모르겠는가
내 볼에 와 닿던 네 입술의 뜨거움
사랑한다고 사랑한다고 속삭이던 네 숨결
돌아서는 내 등 뒤에 터지던 네 울음.

가난하다고 해서 왜 모르겠는가.
가난하기 때문에 이것들을
이 모든 것들을 버려야 한다는 것을.

신경림, 「이웃의 한 젊은이를 위하여」

　　가난 때문에 외로움도 두려움도 또 그리움도, 아니 사랑마저도 버려
야 했던 농어촌 출신의 도시변두리 근로자들은 그러나 바로 그 가난
속에서, 그 소외된 자리에서 두려움과 외로움을, 사랑과 그리움의 아
픔을 더 깊숙이 알아갔습니다.

그리고 그 아픔들을 차마 떨쳐버리지 못하는 가난한 영혼, 그 소외된 자리야말로 민초民草들의 삶 속에 진실의 씨앗을 심어가는 순수한 열정이었습니다.

이제 불혹에 접어들어 지천명의 역사를 지향하는 창비에 바라건대, 제도권에 포섭된 주류의식의 몽환에서 깨어나 저 탄압받던 시절의 가난한 영혼을, 그 소외된 삶의 자리를 회복하기를.

좌우의 옛 틀, 민족 유일의 비좁은 울타리, 그 옛적의 도그마들을 훌쩍 뛰어넘어, 보다 고양된 인문정신으로 자유와 민족애의 의미를 재해석하고 실천하는 새로운 광야의 외침을 울려주기를.

창비 40년의 회상

나에게는 꿈이 있습니다.

모든 산골짜기가 솟아오르고, 언덕과 산들이 주저앉으며, 굽어진 곳이 곧게 펴지고,

신의 영광을 모든 인간이 함께 볼 수 있는 날이 오는 꿈입니다.

나는 꿈을 꾸고 있습니다.

인간이 모두 형제가 되는 꿈을 꾸고 있습니다. 하나님의 아이들이 흑인이건 백인이

건, 유대인이건 비유대인이건, 개신교도이건 가톨릭신자이건, 모두 손을 잡고 "자유

가 왔다! 자유가 왔다! 신이여, 감사합니다!"하고 영가를 부를 수 있는 날. 나는 지금

그 날을 꿈꾸고 있습니다.

• 마틴 루터 킹, 「나에게는 꿈이 있습니다」

2부

간디의 물레

"그는 마치 휘몰아치는 바람 같았다. 우리는 가슴을 펴고 그 바람의 숨을 깊이깊이 들이마셨다. 그는 회오리바람처럼 수많은 것들을 뒤집어엎었고, 특히 민중의 마음을 일신시켰다."
한가로이 돌아가는 간디의 물레를 회오리바람에 비유했던 네루의 회상처럼, 간디의 비폭력만큼 위력적인 것은 없었고 그의 무저항보다 더 큰 혁명도 없었습니다.

간디의 물레

흙의 삶
땅의 정신

"간디의 가슴에 총알이 박히는 순간, 인류의 가슴 속에는 간디의 사상이 들이박혔다."

역시 암살의 총탄에 쓰러진 마르틴 루터 킹 목사가 남긴 말입니다. 노벨문학상을 받은 인도의 시인 타고르는 간디에게 마하트마, 곧 '위대한 영혼'이라는 칭호를 헌정했는데, 그 위대한 영혼은 인류에게 이런 제안을 한 적이 있습니다.

"아무리 풍족한 생활을 하고 있는 사람이라도 하루 한 시간은 가난한 사람들을 위하여 차르카 물레를 돌리십시오. 인도인들이여, 자기 손으로 자기 옷을 지어 입으십시오."

비단 20세기 초의 인도인들만 들어야 했을 말이 아닙니다. 21세기 최첨단 과학문명시대의 현대인들이 더욱 깊이 새겨들어야 할 불멸의 지혜입니다.

"만약 세계가 진정한 자유에 도달하려면, 우리는 궁전이 아니라 오두막에 들어가 살아야 한다고 나는 믿습니다. 우리는 소박한 마을생활의 단순함에서만 진실과 비폭력의 희망을 가질 수 있습니다."

이렇게 호소했던 간디는 1931년 가을, 제2차 원탁회의에 참석하기 위해 런던으로 가던 도중 마르세이유 세관원이 소지품을 검사하려 하자 이렇게 말했습니다.

"나는 가난한 탁발승입니다. 내가 가진 것이라고는 물레와 감옥에서 쓰던 밥그릇과 염소젖 한 깡통, 낡은 담요 여섯 장, 수건, 그리고 별로 대단치 않은 평판, 이것뿐입니다."

"나는 점점 더 간디의 방식에 대해 생각하게 된다. 간디의 방식은 근대적 기술보다 못할지 모르지만, 우리는 그의 방식을 따르지 않으면 안 된다."

인도의 수상이었던 네루는 이렇게 회상했습니다.

간디의 방식. 그것은 한 마디로 말해서 '인간으로 하여금 인간답게, 자연으로 하여금 자연답게' 하고자 하는 자생적 민간운동이며 '가난한 문화'를 사랑할 줄 아는 흙의 삶이요 땅의 정신입니다. 간디의 물레는 그 상징이랄 수 있습니다.

물레는 기계이면서 자연입니다. 객체이자 동시에 주체입니다. 자동 컨베이어 시스템으로 움직이는 거대한 공장의 첨단기계와는 달리, 물레는 인간을 지배하지 않고 도리어 인간의 손 안에 편안하게 들어와 있습니다. 물레 앞에서 인간은 생산도구에 종속되지 않습니다. 기계적 생산 시스템이나 거대조직의 상하관계에 억압당할 이유도 없습니다. 기계를 제공하는 자본에 의해 위축되거나 착취당할 일은 더욱 없습니다. 물레는 생산의 '도구'라기보다 생산활동의 '동반자'라는 느낌이 더 강합니다. 물레 앞에서 인간은 인간성을 잃지 않아서 좋습니다.

　단순하면서도 창조적인 경제활동의 동반자인 물레는 현대산업사회의 공장근로자들이 필연적으로 겪게 되는 좌절감, 즉 '노동의 객관적 활동과 노동자의 주체적 심성의 분리'라는 비인간적 소외의식과는 거리가 먼, 자연 그대로의 성품을 고즈넉이 지니고 있습니다.

　최첨단의 방직기계들을 때려부수고 다시금 저 옛적의 물레 곁으로 돌아가자는 치기稚氣어린 낭만주의자의 잠꼬대가 아닙니다. 물레가 지닌 '가난한 그러나 사람다운 문화' 그것을 회복하고 싶은 꿈을 꾸고 있는 것입니다.

　유전자조작과 인터넷통신의 BT, IT로 요약되는 과학기술과 산업문명의 절제 없는 질주는 자연의 생명적 기반을 유린하고 인간정신의 황폐화마저 초래하는 위험한 상황에까지 이르렀습니다. 간디의 가난한 문화가 절실히 요구되는 것은 자연주의적 문화관의 사치도 아니고 금욕주의의 복고적 감성도 아닙니다. 그것은 인류의 소망이 간디라는 한 위대한 영혼이 사랑해 마지않았던 '민중과 대자연의 생생한 소통' 속에 오붓이 담겨 있다고 믿기 때문입니다.

간디의 물레는
회오리바람

근대사회의 우상으로 등장한 '성장과 발전'도 간디에게는 별다른 것이 아니었습니다. "진정한 발전은 삶의 단순화에 있다"는 것이 그의 믿음이었습니다. 소박하지만 신앙처럼 확고하고 이념처럼 투철한 소신이었습니다.

필요하지 않은 것들을 굳이 소유하려는 욕망으로부터 훌쩍 해방된 삶, 이것이 물레를 돌리는 간디의 자유로운 인격이었습니다. 단순하기 짝이 없는 그의 경제사상은 전쟁판 같은 오늘날의 시장경제체제 속에서 유일하게 희망적인 인간의 길, 자유에의 길이 아닐까 합니다. 헬레나 노르베리 호지 여사가 티베트의 라다크에서 발견한 '오래된 미래'는 간디의 물레 속에 이미 고스란히 담겨 있었던가 봅니다.

간디는 "가난한 사람들에게 경제는 영적인 것"이라고 믿었습니다. 느릿느릿 돌아가는 간디의 물레는 경제적 생산수단으로서는 매우 비효율적일는지 몰라도, 물레를 돌리는 농부의 모습이야말로 자연 앞에 겸손히 선 윤리적 작업인Homo Faber의 아름다운 영혼을 보여줍니다. 그리고 그 겸손한 영혼 앞에 자애로운 신의 섭리가 은총처럼 다가올 것입니다. 예수가 '하늘을 나는 새 한 마리, 들에 핀 한 송이 백합화'에서 보았던 하나님의 저 사랑 가득한 손길이.

사람의 욕심이 어찌 경제에만 국한될까. 재물뿐 아니라 권력과 명예와 심지어 남의 역사, 과거의 역사마저도 제 손에 잔뜩 거머쥐고 싶은 것이 인간의 본성인가 봅니다. 엉뚱하게도 고구려의 웅혼雄魂을 향해 침을 흘리는 중국의 엽기적인 탐욕이라든지 또는 과거사 문제를 둘러싼 정파들 간의 느닷없는 격돌은 역설적으로 간디의 물레가 지닌 겸허하고도 엄숙한 영혼의 빛을 한층 더 돋보이게 만들어주고 있습니다.

"그는 마치 휘몰아치는 바람 같았다. 우리는 가슴을 펴고 그 바람의 숨을 깊이깊이 들이마셨다. 그는 회오리바람처럼 수많은 것들을 뒤집어엎었고, 특히 민중의 마음을 일신시켰다."

한가로이 돌아가는 간디의 물레를 회오리바람에 비유했던 네루의 회상처럼, 간디의 비폭력만큼 위력적인 것은 없었고 그의 무저항보다 더 큰 혁명도 없었습니다. 간디 자신의 믿음대로, 비폭력 무저항은 사람으로서 할 수 있는 가장 완벽한 자기정화일지도 모릅니다. 자기정화 속에 무슨 욕심이나 한恨 따위가 남아 있을 리 없기 때문입니다.

온갖 탐욕과 별스런 다툼으로 서로 으르렁거리기만 하는 이즈음, 삐거덕거리며 불꽃 같은 영혼의 실을 뽑아내던 간디의 낡은 물레가 세기의 세월을 뛰어넘어 청량한 소망의 새 바람을 휘몰아오는 듯합니다.

간디의 물레

위대한 멈춤, 암스트롱과 울리히

매년 6월말이 되면 유럽과 미국의 1,500만 스포츠팬들은 대륙의 무더운 날씨만큼이나 후끈 달아오르곤 합니다. 파리를 출발한 수백의 은륜銀輪들이 알프스 산록을 돌아 프랑스 전역을 질주한 뒤 다시 파리의 샹젤리제로 돌아오는 장장 4,000여 킬로미터의 뚜르 드 프랑스 Tour de France가 열리는 계절이기 때문입니다.

뚜르 드 프랑스는 6월과 7월에 걸쳐 24일 동안 펼쳐지는 1만리 대장정의 유서 깊은 사이클 경기인데, 세계에서 가장 낭만적이고 열정적인 스포츠 경기로 알려져 있습니다. 알프스의 푸르고 울창한 숲길, 피레네 산맥의 깎아지른 듯한 바윗길, 수평선을 따라 아늑하게 펼쳐진 프랑스 해변의 시골길, 그리고 드디어 샹젤리제의 개선문으로 이어지는 영광의 종착점. 스포츠팬이 아니더라도 가슴이 절로 두근거려지는 환상의 코스입니다. 수많은 팬들과 스포츠 기자들이 사이클 선수들을 따라 자전거와 자동차로 이동하면서 약 한 달 간의 열정으로 한여름의 더위를 잊곤 합니다.

뚜르 드 프랑스에서 우승한 선수는 챔피언의 상징인 노란 셔츠를 입고 유럽과 미국 등지에서 융숭한 영웅 대접을 받습니다. 찌는 불볕과 쏟아지는 빗줄기 속에서 인내의 한계에 다다르기까지 체력을 소진시켜가며 24일 동안 산길을 오르고 언덕을 내달려 기어이 결승점에 도달한 선수들은 꼭 우승자가 아니더라도 대단한 투지의 스포츠맨들임에 틀림없습니다.

2003년 뚜르 드 프랑스의 영웅은 역시 미국의 랜스 암스트롱 선수였습니다. 암스트롱은 1999년부터 내리 5년을 연속 우승하는 5연패를 달성했습니다. 고환암이라는 무서운 병을 얻어 2년 간 생과 사를 넘나드는 투병생활을 해야 했던 암스트롱의 5연패는 그에게 '역사상 최고의 사이클리스트' 라는 명예에다 '인간승리의 신화' 라는 찬사까지 안겨주었고, 미국인들에게는 묵직한 감동과 자존심을 선물로 가져다주었습니다.

그러나 2003년 뚜르 드 프랑스의 진정한 영웅은 챔피언인 암스트롱이 아니라 2위에 머문 독일의 얀 울리히 선수라는 것이 많은 사람들의 생각인 듯합니다. 울리히 선수는 암스트롱이 처음 우승했던 1999년부터 줄곧 2위에만 머물러온 암스트롱의 숙적입니다. 암스트롱과 다섯 번째 대결을 벌이던 울리히는 제15구간이 시작되는 7월 22일까지 불과 15초의 차이로 숨막히는 승부를 겨루고 있었습니다.

그런데, 15구간을 줄곧 앞서 달려가던 암스트롱이 어이없게도 구경을 나온 어린아이의 가방에 걸려 그만 자전거와 함께 넘어지고 말았습니다. 암스트롱에게는 절망적인 순간이었지만, 바로 뒤를 따르던 울리히에게는 지난 4년 간의 좌절을 설욕할 수 있는 절호의 기회였습니다. 밟고 있던 페달을 그냥 돌리기만 하면 4년 연속 우승자인 암스트롱을 훨씬 앞지를 수 있었고, 그것은 곧장 챔피언으로 이어지는 기막힌 찬스가 아닐 수 없었습니다. 많은 사람들이 울리히의 역전과 우승을 확신했습니다.

그런데 뜻밖에도 울리히는 넘어진 암스트롱의 자전거 곁에 사이클을 세우고는 암스트롱이 일어나기를 조용히 기다렸습니다. 몇 초 뒤 암스트롱이 일어나 다시 페달을 밟기 시작하자 울리히는 그제야 페달을 밟고 그의 뒤를 따랐습니다. 이렇게 해서 울리히는 불과 61초 차이로 또다시 암스트롱에게 우승의 영광을 내주었고, 자신은 만년 2위의 자리를 감수하게 되었습니다.

참 바보 같은 짓이지만, 누구도 울리히를 바보라고 생각하지 않습니다. 넘어진 암스트롱이 일어나기를 기다려준 울리히의 침착한 행동을 세계인들은 '위대한 멈춤' 또는 '신성한 양보' 라고 극찬했습니다.

울리히는 암스트롱이 거머쥔 뚜르 드 프랑스의 우승컵보다 훨씬 더 값진 영광을 얻었습니다. 울리히는 한 사람의 멋진 스포츠맨의 모습을 넘어 원숙한 인간미를 지닌 한 인격의 모습을 보여준 것입니다.

진득한 기다림은
신의 거룩한 성품

성취를 향해 모두들 끝 모르게 치달리면서 앞선 사람의 발을 걸어 넘어뜨려서라도 영광의 자리를 차지하고야 말려는 각박한 현대 경쟁사회에서, 넘어진 사람이 일어서기를 넉넉히 기다려준 울리히의 위대한 멈춤은 오랜 가뭄 끝의 단비 같은 상쾌함이요, 설탕이 듬뿍 가미된 탄산음료에 길들여진 혀끝이 오랜만에 깊은 숲 속 이름 모를 샘에서 솟아나는 맑디맑은 물맛을 음미하는 듯한 경이로운 기쁨이었습니다.

상대방의 기다림을 디딤돌로 해서 우승컵을 거머쥔 미국의 암스트롱과 경쟁자에게 넉넉한 양보를 베푼 독일의 울리히를 두고 어느 유럽인은 앵글로 색슨의 가벼운 승부욕과 게르만의 두툼한 교양을 비교하기도 했지만, 울리히의 양보를 그런 인종적 편견에서 바라보는 것은 그의 '위대한 멈춤'을 또 하나의 인종적 경쟁의식에서 파악하려는 얄팍한 승부근성에 지나지 않겠습니다.

21세기의 한국인들처럼 숨가쁘게 살아가는 사람들도 없습니다. 일과 사업은 물론이고 골프나 휴가마저도 너나없이 챔피언 경쟁하듯 조급히 치러내야만 직성이 풀리는 부박한 시대입니다. 그 조급함 때문에 이만큼 먹고살게 되기는 했지만, 인간미 넘치는 '세상 살맛'은 눈을 씻고 찾아보아도 만나기 어렵게 되었습니다.

우리네 어버이들의 삶은 하냥 오랜 기다림의 일생이었습니다. 숙명처럼 단단히 달라붙은 찌든 가난 속에서 그래도 언젠가 허리 펼 날 오기를 기다리며 묵묵히 등짐을 지시던 할아버지들, 어린 자식이 철들어 험한 한 세상 꿋꿋이 살아내기를 진득이 기다려주시던 할머니들, 밤새 집에 들어오지 않는 아들을 기다리며 하얗게 날밤을 지새던 어머니들, 일제에 나라를 잃고 전쟁에 가족을 잃고 독재에 자유와 인권을 잃고 나서도 이를 악물고 그 서러운 나날들을 기다림 하나로 버텨낸 우리 아버지들. 아! 기다림은 우리의 고향 같은 그리움의 기억들입니다.

아니, 기다림은 신의 거룩한 품성이기도 합니다. 하나님은 죄성에 깊이 물든 인간들이 신의 성품으로 찾아오기를 마치 집을 나간 아들이 돌아오기를 기다리는 아버지처럼누가복음 15:11~32 끝도 없이 기다리며 길이 참으시는 분입니다.로마서 2:4 만일 하나님이 우리처럼 조급하셨다면, 이 세상은 벌써 어떻게든 끝장을 보고야 말았을 것입니다. 하나님의 기다림은 그래서 우리에게 크나큰 은총이 아닐 수 없습니다.

기다림이 없다면, 가을은 무척 황량할 것입니다. 봄의 파종이 금방 수확의 결실로 이어지지는 않습니다. 비바람과 뙤약볕과 긴 장마의 시련을 참아내는 오랜 기다림 끝에야 비로소 우리의 들녘은 풍성해집니다.

기다림이 없다면, 우리의 삶 또한 매우 황폐해질 것이 틀림없습니다. 기다림은 곧 소망일 터인데, 소망 없는 삶처럼 삭막한 것도 또 없을 것이기 때문입니다.

멈춤과 기다림이 마치 전설 속의 옛 이야기처럼 녹슬어버린 오늘날, 스포츠의 역사는 랜스 암스트롱을 사이클의 전무후무한 챔피언으로 기록하겠지만, 나는 얀 울리히의 이름을 뚜르 드 프랑스의 전통과 함께 더 오래도록 기억하려고 합니다. 만년 2위 울리히의 저 '위대한 멈춤' 을.

운보, 그 순수의 침묵

두루마기에
고무신 신은 예수

운보雲甫 김기창 화백이 간 지 1년이 지났습니다. 화단에서뿐 아니라 전 문화계에서 선생을 기리는 행사들이 줄을 잇는 것을 지켜보며, 운보의 빈자리가 그토록 넓고 깊었음을 새삼 확인합니다.

그림에 대하여 전문적 식견을 갖추지 못한 나로서는 그저 운보의 솔직하고 격식 없는 듯한 화필이 마음에 들어 좋아하고 있는 수준을 넘지 못하지만, 전문가들의 견해에 따르면 운보의 예술세계는 '구상과 추상을 자유로이 넘나드는 현대적 해학'으로 가득 차 있으며 '동양화와 서양화의 기법을 혼합한 치열한 실험정신'으로 20세기 화단에서 독보적인 자리를 차지하고 있다는 데 거의 이론이 없는 듯합니다.

일곱 살 때 장티푸스로 후천성 귀머거리가 된 운보는, 귀에 들리지 않는 소리를 혼으로 잡아내려는 듯 늘 새로운 소재와 화풍으로 화단에 신선한 바람을 뿜어냈습니다. 한국화의 전통적 흐름을 현대적 감각으로 재해석하여 일상적 풍경 속에 감추어진 한국적인 아름다움을 한껏 드러내주고 있는 운보의 작품세계는 이 땅의 화단에 큰 축복이었다는 것이 운보 1주기를 맞는 한결같은 회고담입니다.

운보는 종래 산수화나 인물화, 꽃이나 새 등에 국한되어왔던 한국화의 소재를 혁명적으로 바꾸어, 농촌과 도시의 일상적인 삶 속에 녹아 있는 친숙한 소재들을 숨은 그림 찾아내듯 꼭꼭 집어내곤 했습니다.

농악, 탈춤, 보리타작, 청산도, 군마도 등의 작품에서 보여주는 농어촌 주변의 풍경은 물론이고 복덕방, 구멍가게, 군밤장수 등 도시서민의 애환이 짙게 서린 정겨운 삶의 자리들을 운보는 감동적으로 화폭에 옮겨 담았습니다. 대걸레에 먹물을 묻혀 그림 그리듯 글씨를 휘갈겨 쓴 「점과 선」은 상상하기 어려운 일탈과 파격의 미를 창조해낸 말년의 역작으로 평가되고 있습니다.

그가 그린 「성당과 수녀와 비둘기」는 지금 로마 교황청 안에 걸려 있고, 파리 유네스코본부에는 운보의 200호 짜리 「무락도」舞樂圖가 피카소, 헨리 무어, 살바도르 달리 등 당대 최고 걸작들과 나란히 상설 전시되고 있을 만큼 운보의 예술세계는 가히 세계적입니다.

무엇보다도 운보의 그림에는 얄팍한 기교가 보이지 않습니다. 운보처럼 과장과 변형을 즐긴 화가도 드물지만, 그의 과장과 왜곡 속에서 나는 도리어 동화童畵처럼 맑디맑은 순수함을 읽습니다.

1950년대 초 한국전쟁의 혼란기에 그린 「예수의 생애」는 수태고지受胎告知, 예수 탄생, 최후의 만찬, 부활 등으로 이어지는 30점의 연작인데, 전통적인 동양화의 수법을 따랐을 뿐 아니라 인물과 의상 풍속 문물 등을 몽땅 조선시대의 모습으로 바꿔놓아 화단과 신앙계에 큰 충격을 던져주었습니다.

흰 살결에 푸른 눈과 암갈색의 머릿결을 지닌 예수상을 늘 마뜩찮게 여겨온 운보는 예수님에게 고무신을 신기고 두루마기를 척 걸쳐놓은 다음에야 빙긋이 미소지었다고 합니다. 외국의 수상쩍은 신학교들이 단기 코스로 헤프게 찍어대는 무슨 학위증서라는 것을 받기 위해 신도들의 피땀어린 헌금을 축내면서 입으로만 신앙의 토착화를 소리높이 부르짖는 어떤 사람들의 낯간지러운 구호보다는, 예수님의 머리에 갓을 씌워놓은 운보의 한 폭 그림이 내게는 훨씬 더 매력적인 토착화의 시도로 다가옵니다.

운보는 「예수의 생애」를 그린 동기에 대해서, 동족상잔이라는 민족의 비극이 예수님의 생애와 비슷하다는 영감을 얻었기 때문이라고 설명했습니다. 알프레도 발렌테라는 평론가는 운보의 성화聖畵들을 이렇게 평했습니다.

"운보는 그리스도를 슬픈 신으로 보고 있다. 희생의 시간이 다가왔지만, 그를 이해하는 사람은 아무도 없었다. 그리스도는 인간의 모든 슬픔을 안은 채 홀로 남겨져 기도를 드리고 있다. 운보의 그림은 기도하는 사람의 침묵을 깨뜨리지 않으려는 듯 낮은 목소리로 속삭이고 있다."

고요한 침묵
순수한 진실의 빛

이 시끄러운 세상을 '짙은 침묵의 신비' 속에서 살아야 했던 귀머거리에 반벙어리 운보만큼 침묵의 가치를 잘 알고 있었던 화가는 달리 없었으리라 생각합니다.

나는 10여 년 전에 청원군 내수면에 있는 운보의 집을 방문해서 황송하게도 저녁 식사를 한 끼 얻어먹은 적이 있습니다. 우리 일행에게 냉면을 대접한 운보는 무척이나 어눌한 말씨(?)로 자기는 고기 국물을 좋아하지 않는다면서 물만 마셨습니다. 아내인 우향 박래현이 먼저 세상을 뜨자 우향이 자기에게 어머니와 같았다고 회고하던 운보는, 제 작품은 젖혀두고 굳이 우향의 그림을 소개하느라 잘 움직여지지 않는 혀를 힘들게 움직였습니다. 팔순 가까운 나이에 어찌 저토록 순진무구할 수 있단 말인가. 운보를 대했던 나의 첫인상입니다.

작년에 그의 부음을 접하고 나서야 나는 퍼뜩 운보가 평생 순수할 수 있었던 비결을 깨달을 수 있었습니다. 귀머거리 운보는 그 숱한 거짓말을 듣지 않아서 좋았고, 반벙어리 운보는 굳이 앞에 나서서 거짓말을 하기도 어려웠을 터. 그렇다면 운보는 거짓의 유혹과 욕망으로부터 자유로울 수 있는 은총을 다 누리고 간 셈이 아닐까?

전신마비 장애자인 스티븐 호킹 박사가 얼마 전 회갑을 맞아 자신의 삶을 회상하면서 "루게릭병 때문에 골프에 미치지 않고 연구에 몰두할 수 있어서 좋았다"는 의미심장한 말을 던졌습니다. 청각과 언어의 장애로 그 흔한 거짓말 한 번 듣지도 하지도 않을 수 있었던 운보가 아마 그런 심정이었을지 모르겠습니다. 청각장애자들뿐 아니라 모든 예술인, 모든 신앙인들의 마음속에 진실과 순수의 이미지를 깊이 아로새겨 놓고 간 운보의 영전에 발렌테는 "손과 영혼으로 그릴 수 있는 최고의 그림을 그린 화가"라는 조사를 바쳤습니다.

이제 운보는 그림이 아니라 맑은 인격으로 우리에게 남아 있습니다. 시끄러운 세상 속에 고요한 침묵으로, 거짓으로 뒤덮인 어두운 시대 속에 한 가닥 순수한 진실의 빛으로.

소로, 아름다운 영혼의 노래

해마다 새봄이 되면 푸른 숲처럼 맑고 투명한 한 사람의 영혼이 내 마음을 사로잡습니다. 헨리 데이비드 소로1817~1862. 『월든』*Walden*이라는 경이로운 책을 쓴 초월주의 명상가입니다.

소를 몰고 가는 농부가 내게 이렇게 말했다.
"야채만 먹고는 살아갈 수가 없지요. 풀에는 뼈를 만드는 영양소가 전혀 없다니까요."
그 농부는, 풀만 뜯고도 무거운 쟁기를 가뿐히 끌고 가는 소의 뒤를 따라가면서 그렇게 지껄이고 있었다.

온갖 것을 게걸스럽게 먹어치우는 돼지는 두터운 삼겹살과 비계 밖에는 아무것도 내어놓는 것이 없지만, 오직 풀만 씹어 되새김질하는 소는 우유와 고기와 뼈와 가죽, 그 밖에 모든 값진 것을 다 내어줍니다. 식품영양학자들에 의하면 우유는 모든 식품 중에서 가장 영양가가 높은 식품이라고 합니다.

풀을 뜯는 소의 입에다 동물성 사료를 마구 집어넣어 성장과 발육을 인위적으로 조작한 결과는 광우병狂牛病이라는 희대의 질병으로 나타나고 있습니다.

예부터 우리 조상들은 "소에게 고기를 먹이면 소가 미친다"며 허구한 날 짚으로 여물을 쑤어 먹였습니다. 이처럼 오래된 자연친화적인 삶의 지혜를 21세기의 과학문명이 놓쳐버리고 있다는 것은 퍽이나 슬픈 아이러니가 아닐 수 없습니다.

남쪽 어느 지방에서는 해마다 막대한 액수의 판돈이 걸린 투우 경기가 열리곤 하는데, 거기에 출전하는 싸움소들에게 보신탕과 산 뱀까지 억지로 먹이는 투기꾼들도 있다고 합니다. 내 생각에는 이 싸움소들이 뱀이나 보신탕을 먹어서 싸움을 잘 하는 것이 아니라 미쳐서 날뛰느라 마치 싸움을 잘 하는 것처럼 보이는 것이 아닌가 여겨집니다. 이쯤 되면 소가 미친 것이 아니라, 돈 몇 푼 더 따내기 위해 소의 입에다 강제로 산 뱀이나 개고기 따위를 마구 쑤셔넣는 사람들이 미친 것인지도 모르겠습니다. '미친 소'들의 싸움이 아니라 '미친 사람들'의 싸움판인 셈입니다.

『월든』을 쓴 소로는 하버드 대학을 졸업한 수재였습니다. 어느 날 그는 현실의 모든 생활을 뒤로한 채 홀연히 월든이라는 숲 속으로 들어갔습니다. 그는 그때 이런 결심을 했다고 합니다.

'내가 죽음의 문턱에 이르렀을 때, 이제까지 살아온 삶이 참된 삶이 아니었음을 깨닫는 슬픔을 경험하고 싶지 않다. 강인한 스파르타 사

람들처럼, 참된 삶에 속하지 않는 것은 모조리 때려엎어야겠다.'

소로는 월든 숲 속에 손수 통나무집을 짓고 살면서 수년 간의 은둔과 명상을 통하여 인간과 자연에 대한 깊은 통찰을 얻었습니다. 그리고 그 여생을 투철한 윤리의식의 바탕 위에서 올바른 인성과 자연의 생명력 회복을 외치는 비폭력 무저항 시민운동에 몸 바쳤습니다.

20세기의 위인 간디는 소로의 비폭력운동에 깊이 공감한 나머지 그를 평생 정신적 스승으로 여겼다고 합니다. 소로야말로 병들고 황폐해진 현대의 문명사회에 깊은 충격과 윤리적 도전을 던지는 영혼의 메시지 그 자체라고 생각했기 때문일 것입니다. 간디가 주도한 사티아그라하 행진 같은 대영對英 무저항 비폭력운동은 실로 소로의 사상에 힘입은 바 컸습니다.

풀을 뜯는
소의 삶

소로의 월든 숲 속과 지금 우리들의 삶의 자리는 과연 얼마나 멀리 떨어져 있는가?

7천만 명이 모여 사는 비좁은 한반도의 남쪽 절반에서
한 치의 틈도 아까운 땅을 개인적인 치부와 이재의 수단으로 삼고
산자락을 허물고 푸른 초원을 마구 뜯어내서
법규도, 공공의 윤리도 모두 무시한 채 각종 탈법적 투기를
일삼으며 이름 모를 들풀과 가녀린 꽃들을 짓밟으면서,
먹이를 찾아 눈 덮인 숲을 헤매는 연약한 동물을
총으로 올무로 닥치는 대로 마구 잡아 죽이는가 하면,

산 속마다 숯불갈비요 계곡마다 뱀탕, 보신탕이며

강마다 호반마다 노래방, 러브호텔로 그득그득 채워서

식수원인 시내와 강을 탐욕의 구정물로 더럽히는 따위의 일들이라니.

이것은 모두 소로의 월든 숲 속과는 너무도 멀리 떨어져 있는 모습들입니다.

"너를 더럽게 하는 것은, 네 입으로 들어가는 것이 아니라 네 입에서 나오는 것이다." 예수님의 말씀입니다.마태복음 15:11

편안할 편便자는 '사람 인人'에 '고칠 경更'을 덧붙인 글자입니다. 사람을 고쳐야 모든 것이 편안해진다는 뜻이겠습니다. 객관적 여건을 뜯어고치기 전에, 먼저 우리의 주체적 심성心性을 뜯어고쳐야 합니다.

환경문제의 출발점은 자연환경 그 자체에 있지 않습니다. 우리의 인격을 쇄신하고 우리의 마음을 정화하는 일이 그 출발점이 되어야 합니다.

따스한 햇볕 아래, 버터는 부드럽게 녹아 흐르지만 진흙은 더 굳어집니다.

상큼한 봄비에, 새싹은 무럭무럭 자라지만 시체는 더욱 부패합니다.

늪이 지저분할수록, 연꽃은 싱그럽고 피라미는 쉬 죽습니다.

물고기들의 낙원인 바다는 수영할 줄 모르는 사람에게는 생지옥일 뿐입니다.

객관적 환경을 탓할 일이 아닙니다. 먼저 우리들 자아의 모습을 성찰할 일입니다.

거짓 위僞자는 '사람 인人'과 '할 위爲'를 합친 글자입니다. "사람의 하는 일에 거짓이 많다"는 깊은 뜻을 품고 있습니다. 자연을 자연 그대로, 생명을 생명 그대로 사랑하지 못하고, 거기에다 인위적인 조작을 덧칠하는 욕심이 위僞, 곧 거짓이라고 나는 풀이합니다.

지금 우리 앞에 두 동물의 모습이 있습니다.

무엇이든 가리지 않고 다 먹어치우면서도 탐욕스런 비계와 삼겹살 밖에는 아무것도 내어놓지 못하는 돼지의 모습,

풀 밖에는 아무것도 씹는 것이 없지만 가장 귀하고 값진 것들을 만들어내는 소의 모습.

소로의 월든은 황폐할 대로 황폐해진 우리의 영혼을 향하여 "풀을 뜯는 소의 삶을 배우라"고 간곡히 권면하고 있습니다.

소로, 아름다운 영혼의 노래

무덤 없는 모차르트

모차르트는
기적이다

"나는 모차르트를 가장 좋아한다. 바흐의 음악은 신의 음성처럼 경건하고 베토벤의 음악은 고뇌 속에서 처절히 부르짖는 인간의 목소리이기에 모두 가까이 하기 어렵지만, 모차르트의 음악은 천사의 노래처럼 밝고 순수무구하다."

신학의 칸트로 불리는 카를 바르트의 말입니다.

모차르트만큼 온 인류의 사랑을 받는 음악가도 없습니다. 바르트는 그 이유를 밝고 순수함에서 찾았지만, 모차르트의 음악이 꼭 밝은 것만은 아닙니다.

모차르트의 밝음 속에는 어두운 상흔傷痕이 박혀 있고 그 순수한 선율 밑으로는 깊은 페이소스가 녹아 흐릅니다.

괴테는 "모차르트는 기적이다!"라고 외쳤습니다. 그러나 그 기적은 기적처럼 날아온 것이 아닙니다. 그 기적 뒤에는 애끓는 아픔과 피눈물어린 페이소스가 짙게 깔려 있습니다. 바로 이것, 밝고 순수한 아름다움과 어두운 페이소스의 공존, 그 은은한 명암의 대조가 모차르트 음악의 진수가 아닐까?

모차르트는 35년의 짧은 생애에 무려 625개의 주옥 같은 곡을 썼습니다. 바흐는 칸타타와 코랄 프렐류드에서, 헨델은 오라토리오에서, 하이든은 교향곡에서, 그리고 베토벤과 브람스는 교향곡이나 소나타 등 실내악에서 독보적인 재능을 드러냈지만, 모차르트는 교향곡 오페라 가곡 실내악 협주곡 미사곡 등 음악의 모든 장르에 걸쳐 천재성을 발휘했습니다.

아직껏 작품의 질과 양에서 모차르트를 따를 만한 천재는 달리 찾아보기 어렵습니다. 모차르트는 당시 무시되다시피 하던 관악기와 타악기의 비중을 크게 높였는데, 플루트과 클라리넷은 모차르트에 의해 비로소 그 향기를 내뿜기 시작했습니다. 특히 그의 클라리넷 협주곡 K.622은 '최고 최상의 음악' 이라는 찬사를 얻고 있습니다.

당대의 권력자였던 대주교와 다투고 고향 잘츠부르크를 떠난 모차르트는 이후 빈에 머무르면서 왕성한 작곡활동에 들어갑니다. 그러나 탐미적이면서도 경쾌하고 자유분방한 듯한 모차르트의 음악은 바로크의 영향으로 과도한 엄숙주의에 물들어 있던 당시 음악계의 주류에 쉽사리 진입할 수 없었습니다. 궁정악장 살리에리와의 갈등은 유명합니다.

모차르트의 음악은 바흐나 베토벤처럼 옷깃을 여미고 들어야 할 만큼 엄숙하지 않습니다. 그가 현대에 살았더라면 아마 재즈나 경음악 영역에도 자유로이 크로스오버했을지도 모를 일입니다. 그러나 음악의 품격을 잃는 일은 결코 없으리라 믿습니다.

다소 괴팍스런 모차르트의 성격은 자신의 소외를 더 깊게 만들었습니다. 엉뚱하게도 그는 프리메이슨에 가입하여 「프리메이슨 찬가」라는 칸타타 K.623를 작곡하기도 했습니다.

1791년 여름 어느 날, 팔팔한 나이 35세의 모차르트는 잿빛 망토를 걸친 정체 모를 사나이의 방문을 받고 나서부터 심신이 쇠약해져갑니다. 미지의 사나이는 자신의 신분을 알려고 해서는 안 된다는 조건으로 모차르트에게 레퀴엠 작곡을 의뢰합니다. 괴이한 조건이었지만 작곡료가 꽤 많았고 또 스스로도 진혼 미사곡을 쓰고 싶었던 모차르트는 그 작곡 의뢰를 받아들였는데, 그 뒤부터 누군가 자신을 독살하려 한다는 망상으로 고달픈 나날을 보냈습니다.

모차르트의 병이 매독이었다는 소문은 근거가 박약합니다. 그는 병상에 누워 자신의 죽음을 준비하는 심정으로 레퀴엠을 써나가다가 그해 12월 병세가 악화되어 세상을 떠나고 맙니다. 레퀴엠은 제자인 쥐스마이어가 보완하여 완성했는데, 그 뒤로도 많은 작곡가들이 가필정정을 거듭했습니다.

모차르트를 약간은 경망스럽고 재승박덕才勝薄德한 재주꾼으로 그린 영화 「아마데우스」는 잿빛 망토를 걸친 정체불명의 사나이가 모차르트의 재능을 시기한 궁정악장 살리에리였다는 풍설을 바탕으로 했지만, 사실은 프란츠 폰 발체그 백작이었다는 견해가 대체적입니다. 아마추어 작곡가였던 백작은 죽은 아내를 위한 진혼곡을 모차르트에게 부탁했는데, 아마도 그 레퀴엠을 자신의 곡으로 발표하기 위해서 신분을 숨겼고 모차르트도 그런 사정을 알았던 것으로 추측됩니다.

발체그 백작이 모차르트의 레퀴엠을 자신의 작품으로 발표하기 위해서는 모차르트가 입을 다물어주거나 아예 이 세상에서 사라져버려야 합니다. 여기서 모차르트는 작곡을 의뢰한 사나이가 자신을 독살할지도 모른다는 두려움을 갖게 된 것이 아닐까?

당신의 눈물,
라크리모사의 탄식

죽기 며칠 전, 모차르트는 제자들과 함께 레퀴엠의 제3부 세티아 중 제6곡인 「라크리모사」눈물과 탄식의 날를 부르다가 스스로 감동한 나머지 곡의 제목처럼 눈물을 흘리며 악보를 접었다고 합니다.

모차르트의 묘는 빈에 있습니다. 그러나 그 묘 안에는 모차르트의 유골이 없습니다. 장례식 때 유해의 안장에까지 참석한 사람이 없었기 때문에 실제로 어디에 묻혔는지는 아무도 모른다고 합니다.

무덤 없는 모짜르트. 아, 250년을 이렇듯 시퍼렇게 살아 있는 모차르트에게 무슨 무덤이 필요하랴! 레퀴엠의 라크리모사가 아직도 눈물을 철철 흘리고 있는 터에 무덤 따위가 있을 턱이 없습니다. 빈의 묘지는 말 그대로 빈무덤일 뿐.

모차르트가 쓴 625개의 곡은 어느 곡이든지 처음 들어도 그의 곡임을 금방 알 수 있습니다. 놀라운 통일성이요 어떤 작곡가도 갖추지 못한 일관성입니다. 그러나 또 한편 그 625곡 하나하나가 모두 독특한 개성을 내뿜고 있습니다. 통일성보다 더 놀라운 다양성입니다. 통일성 안의 다양성, 다양성 안의 통일성. 이것이야말로 모차르트의 진면목이리라!

하나이면서 다르고, 다르면서도 하나인 것. 서로 다른 인격체가 하나의 운명으로 만나는 것. 그것은 사랑 밖에 없습니다.

모차르트는 곧 사랑입니다. 바흐가 경건한 믿음을, 베토벤이 절망 속에서 소망을 노래했다면, 모차르트의 노래는 사랑입니다. 물론 믿음 소망 사랑 중에서 으뜸은 사랑입니다. 고린도전서 13:13

서로의 다름과 차이를 갈등과 분열의 동기로 삼지 않고 도리어 사랑의 동기로 승화시킨 모차르트, 그 경이로운 '통일성과 다양성의 공존'을 새로이 발견하는 것은 대결과 투쟁의 시대병을 앓고 있는 우리에게 여간 큰 기쁨이 아닙니다.

만해 한용운은 '사랑하는 까닭'을 이렇게 읊었습니다.

내가 당신을 그리워하는 것은 까닭이 없는 것은 아닙니다.
다른 사람들은 나의 미소만을 사랑하지만
당신은 나의 눈물도 사랑하는 까닭입니다.

모차르트 탄생 250년이 되는 아침, 내가 모차르트를 사랑하는 까닭을 이렇게 읊어봅니다.

내가 당신을 그리워하는 것은 까닭이 없는 것은 아닙니다.
다른 사람들은 당신의 밝고 아름다운 미소만을 사랑하지만
나는 당신의 눈물,
레퀴엠의 라크리모사를 더욱 사랑하는 까닭입니다.
그리고 당신의 무덤 속에 당신이 없기 때문입니다.
250년의 세월을 뛰어넘어 당신은 아직껏 내 가슴 속에
펄펄 살아 숨 쉬며 노래하기 때문입니다.

무엇이 우선이고
무엇이 나중인가

충무공 이순신 장군의 『난중일기』亂中日記를 다시 읽습니다. 조선왕조의 가장 어려웠던 시기에 가장 헌신적인 충성으로 나라를 누란累卵의 위기에서 구해낸 충무공의 필적은 수백 년이 지난 오늘에도 새로운 깨달음을 던지며 내 앞에 다가옵니다.

그런데 충무공 앞에 더욱 머리가 숙여지는 것은, 그가 나라의 위기에서 뿐만이 아니라 자기 자신의 삶의 위기에서도 빛나는 승리를 거두고 있다는 점입니다.

잘 알려져 있다시피, 충무공은 혁혁한 역전歷戰의 승리에도 불구하고 많은 모함과 음해를 당했습니다. 심지어 화살이 날고 포성이 울리는 전장의 지휘대에서 곧장 감옥으로 끌려갔다는 말도 있습니다. 약간의 이설異說이 있기는 하지만, 충무공이 나라에 가장 필요한 때에 가장 억울한 죄목으로 감옥에 갇혔다는 것은 거의 정설이 되어 있는 듯합니다.

　신기하게도, 난중일기에는 충무공 자신의 억울함에 대한 호소나 자기를 모함한 자들에 대한 원한의 기록이 단 한 줄도 나타나 있지 않습니다. 거기에는 다만 '어떻게 하면 저 막강한 왜적을 물리칠 수 있을까, 어떻게 하면 조선의 장병들로 하여금 사기를 잃지 않고 승리를 확신케 할 수 있을까' 하는 염려로 가득 차 있습니다.

　국가의 명운을 짊어진 수군사령관으로서의 엄격하고도 절제 있는 진중陣中 생활, 유비무환有備無患의 마음가짐, 부하를 사랑하고 백성을 아끼는 마음, 공정하고 사심 없는 상벌의 원칙, 임금에 대한 솔직담백한 간언諫言, 수많은 전투상황의 정확한 기록 등이 상세히 기록되어 있는 반면, 자신을 모함하는 간신모리배들에 대한 비난이나 원통함의 표현들은 눈을 씻고 보아도 찾아볼 수 없습니다. 충무공에게는, 모함당한 자신의 처지보다 왜적의 침입을 당한 나라의 처지가 더 긴박한 일이었기 때문임에 틀림없습니다. 나라를 잃고 나면 자신의 억울함이 풀린들 무슨 소용이 있을까?

　충무공이 위대한 애국의 길을 걸을 수 있었던 것은 '오늘 나에게 절실히 요구되는 일이 무엇인가'를 투철하게 인식한 데에 있었다는 확신이 듭니다. 무엇이 우선이고 무엇이 나중인가를 분명하게 알고 있었던 것입니다.

　충무공은 자신을 둘러싼 더러운 인간행태들을 비난하는 데 마음 쓰지 않았습니다. 그는 자신의 작은 일을 접어두고, 다만 자기에게 맡겨진 큰 일만을 생각했던 것입니다. 이 점이 충무공의 가장 뛰어난 인격이 아닐까 합니다.

하찮은 일에 민감하고
막중한 일에 둔감하면

『난중일기』는 꾸밈없는 충효의신 忠孝義信으로 엮인, 위대한 무인 武人의 진심 어린 기록이라는 점에서 오고 오는 세대 앞에 큰 빛을 던져주고 있으며, 영웅의 인품에 걸맞은 웅혼雄渾한 필치 또한 뛰어난 문학적 예술성을 지니고 있다고 평가됩니다.

모함과 음해로 억울함을 당했을 때 그것과 맞붙어 이전투구의 싸움을 벌인다면, 오늘 진정으로 나에게 필요한 일을 할 수 없을지도 모릅니다. 모함과 음해는 그것 자체와 맞붙어 싸울 만한 가치가 전혀 없는 일입니다. 그것은 오늘 내가 해야 할 일을 흔들림 없이 당당하게 해나갈 때 저절로 소멸되고 마는, 그런 덧없는 일입니다.

모함과 음해로 어리석은 사람들 몇몇을 잠시 속일 수는 있겠습니다. 그런 어리석은 사람들의 손가락질에 마음 쓸 일이 아닙니다. 현명한 사람들은 속지 않습니다. 속더라도 곧 진실을 알고 돌이키게 됩니다. "모든 사람을 영원히 속일 수는 없다"는 말이 있듯이, 당장은 아니더라도 거짓은 언제고 그 추한 모습을 드러내고 말 것입니다. 그래서 진실 또한 그 감추어진 빛을 환히 비추게 될 것이라 믿습니다.

모함이 성공하는가 실패하는가는 모함하는 자들에게 달려 있지 않습니다. 그것은 오히려 내 인격 내 성품에 달려 있을 것입니다. 내 평소의 삶이 어떠한가, 내 인격이 다른 사람에게 어떤 감화를 주고 있는가에 따라서, 모함과 음해는 성공할 수도 있고 실패할 수도 있습니다. 그러니 억울한 일에 마음 쓸 것이 아니라 오히려 내 인격과 내 삶에 더욱 마음 쓸 일입니다.

예수님은 종교권력을 거머쥔 사제들의 교활한 음해와 우매한 민중의 오해로 죽음을 맞으면서 하나님께 이렇게 기도했습니다.

"아버지여, 저들을 용서해주십시오. 저들이 자기의 하는 일을 알지 못하고 있습니다." 누가복음 23:34

초대교회 최초의 순교자인 스데반도 같은 기도를 했습니다. 사도행전 7:60

명상의 철인 파스칼은 이렇게 탄식했습니다.

"하찮은 일에는 지극히 민감하면서도 막중한 일에는 너무도 둔감한 사람들, 이런 사람들이 나를 놀라게 한다."

나를 헐뜯고 거짓으로 모함하는 사람, 또 그것에 가볍게 귀를 기울이며 쉽사리 맞장구를 쳐대는 경박한 무리들 때문에 속상해 할 일이 아닙니다. 오히려 그처럼 속상해 하는 나의 보잘것없는 인격을 스스로 나무라며 오직 내가 지금 해야 할 일을 찾아서 전력투구할 따름입니다. 그것이 보다 성숙한 삶의 자세일 것입니다.

이 험한 난세에 충무공의 『난중일기』를 새롭게 읽어보는 하나의 소회입니다.

두 개의 초상화, 마오쩌둥과 윤동주

만리장성은
1,400,000명의 무덤

중국 북경에 있는 자금성紫禁城은 하나의 거대한 도시입니다. 수백 년 전에 과연 무슨 장비와 인력으로 이렇듯 웅장한 도성을 쌓을 수 있었는지, 그 턱없이 큰 스케일에 혀를 내두르지 않을 수 없습니다. 이 큰 도성을 쌓기 위해 또 얼마나 많은 인명이 희생되어야 했을까? 그에 비하면 우리네 임금님들의 스케일이 중국 황제들의 그것보다 작았던 것은 우리 백성들에게 얼마나 다행스런 일인가?

그러나 자금성 끝자락에 있는 후원後苑은 뜻밖에도 초라합니다. 화려하고 거대한 황궁에 도무지 어울리지 않게 작고 비좁은 뒤뜰은 그 규모나 미적 완성도에서 우리의 비원秘苑에 도저히 비할 바가 아닙니다. 크기는 몰라도 문화적 심미안이 서린 정원에서야 어찌 우리네를 따를 수 있으랴!

만리장성의 천하제일웅관에 이르러, 총 길이의 수만 분의 일도 안

되는 짧은 거리를 오르는데도 비지땀을 흠뻑 흘려야 했습니다. 이것이 정말 사람의 손으로 쌓은 성벽이란 말인가? 평지도 아니고, 높고 낮은 산등성이를 줄곧 타고 오르내리면서 너비 4미터가 넘는 석벽을 만 리에 걸쳐 빈틈없이 쌓아나간다는 발상이 어떻게 가능했을까? 장성을 쌓는 동안 100미터당 평균 35명 가량의 인명이 죽어갔다고 합니다. 만리라면 4,000킬로미터, 자그만치 1,400,000명의 시체가 성벽 밑에 묻혀 있는 셈입니다. 무엇이 위대하다는 것인지. 저 옛날의 또 다른 아우슈비츠가 아니었을까?

망진자호亡秦者胡라, 진시황은 북방의 오랑캐인 호족胡族이 진나라를 멸망시킨다는 요설饒舌에 불안해 한 나머지 평생토록 이 장성을 쌓아갔습니다. 호족이라면 동이東夷라고 불렸던 고구려를 지칭한 것이 아닌가 하는 의문도 없지 않지만, 정작 진나라를 멸망시킨 것은 북방의 호족이 아니라 시황의 아들인 호해胡亥였습니다. 호해의 부패와 무능이 항우와 유방으로 하여금 반기를 들게 했으니, 망진자호의 호는 오랑캐 호가 아니고 뜻밖에도 시황 자신의 아들 호였던 셈입니다.

장성 쌓기의 대역사는 만주족이 일으킨 청조淸朝에 이르러 중단되었는데, 아이러니컬하게도 북방의 만주족은 바로 이 장성을 타고 넘어와서 중원을 함락했습니다. 장성이 북방의 외적을 막아내는 데 아무런 효과가 없다는 사실이 확인된 마당에 굳이 더 쌓을 필요가 없었을 터이니, 부질없이 허다한 인명만 훼손된 셈입니다.

외적의 침입을 막기 위해 쌓은 장성이 오늘날 수많은 외국 관광객들을 불러들여 짭짤한 외화를 획득하는 중국 제일의 관광자원이 되고 있습니다. 그렇다면 장성 밑에 묻힌 1,400,000명의 백성들은 그런대로 조국에 목숨을 바칠 만한 가치가 있었다고 할 수 있을지 모르겠습니다. 자본보다 인민을 더욱 아낀다는 저 사회주의국가에서 말입니다.

악명 높은 서태후의 여름 궁전 겸 별장으로 쓰이던 드넓은 인공호수 정원 이화원頤和園은 290만 평방미터의 평지를 파고 또 파서 만든 거대한 곤명호昆明湖인데 그 파낸 흙으로 호수 옆에 만수산萬壽山 하나를 우뚝 쌓아 올렸습니다.

서태후는 8충신을 주살하고 동태후의 사지를 잘라 소금 항아리에 처넣은 표독한 여인입니다. 이 유례없이 악독한 여인의 짧은 쾌락을 위해서 또 얼마나 많은 가난한 민초民草들이 사랑하는 가족을 뒤로한 채 끌려와 강제노역에 시달리다가 끝내 그 야윈 몸을 저 곤명호 바닥에 뉘어야 했을지를 생각하면, 수백 년이 지난 지금에도 속가슴이 축축이 젖어옵니다.

중국만이 아닙니다. 모양이 금金자와 비슷하다고 해서 금자탑金子塔이라고 번역되는 이집트의 피라미드는 일찍이 세계문화유산으로 지정된 7대 불가사의 중의 하나입니다. 가장 유명한 쿠푸 왕의 대 피라미드는 무게 1톤이 넘는 돌 260만 개를 쌓아 올린 것인데, 바닥 면적이 230.5평방미터, 높이가 146.60미터, 경사각은 50도 20분 25초이며, 건축에 20년 이상이 소요된 것으로 알려져 있습니다. 놀랍게도 이집트인들은 피라미드를 건설할 때 원주율 파이π를 비교적 정확하게 적용한 것으로 보입니다. 그리스의 역사가 헤로도투스는 피라미드 건설에 약 10만 명의 노동력이 동원되었을 것으로 추측했고, 오늘날 이집트 학자들은 동원인력이 적어도 약 2만 명 정도일 것으로 추정합니다.

"하나의 유령이 유럽을 배회하고 있다"A spectre is haunting on Europe

는 유명한 서두로 시작하는 「공산당선언」Manifesto of the Communist Party에 "부르주아지는 복고주의자들이 그토록 경애해 마지않는 중세 시대의 야수 같은 힘의 과시가 어떻게 하여 가장 게으른 나태로써 훌륭히 보완될 수 있는지를 보여주었다. 부르주아지는 이집트 피라미드나 로마의 수도, 고딕 성당을 훨씬 능가하는 기적을 이룩했다 "는 대목이 있는데, 피라미드 건설을 프롤레타리아 계급에 대한 부르주아지의 부도덕한 착취의 예로 보고 있는 듯합니다.

절대왕정의 절대권력이 자신의 치적을 과시하기 위해 이룩해놓은 역사적 유물들을 곧바로 부르주아지의 계급의식과 연결시키는 것은 논리의 비약이 심하지만, 어두컴컴한 지하에서 혹독하게 착취당했던 백성들의 고통을 피라미드와 고딕 성당의 위용으로 덮어버릴 수 없다는 역사의식만은 이념의 향방과는 관계없이 올바른 것이라고 해야겠습니다.

천안문의 마오쩌둥과
용정의 윤동주

자금성이나 만리장성, 피라미드 같은 독재자들의 역사적 모뉴먼트를 지어 올리기 위해서 백성들은 허다한 인명과 무거운 세금을 내어놓아야 했을 것입니다. 그 희생의 대가가 엄청난 관광자원으로 돌아와 후손들의 손에 달러 뭉치를 듬뿍 쥐어주고 있으니 절대권력의 독재자들에게 고마움(?)이라도 표해야 할 지경입니다. 국가적 모뉴먼트의 역사가 그리 길지 않은 우리네의 경우는 도리어 섭섭하다고 해야 할지도 모를 일입니다.

가톨릭의 총본산인 바티칸 시티의 베드로성당은 1506년에 건축을 시작해서 110년 만인 1615년에야 완성한 대표적인 바실리카입니다. 면죄부 파동과 종교개혁의 태풍을 거치면서 허다한 인명과 수많은 신앙인들의 희생 위에 세워진 세계 최고의 걸작품입니다. 그 속에 끔찍하리만치 슬픈 역사가 또아리를 틀고 앉아 있는 성 베드로 성당은 바티칸의 가장 자랑스러운 관광자원으로 전 세계인들의 발길이 그치지 않고 있는 명소입니다.

그러나 바로 그 지척에 아무 자랑할 것도 없이 땅 속에 자그맣게 몸을 감춘 지하 무덤 카타콤이야말로 진정 '자랑거리가 없어 자랑스러운' 역사의 현장이 아닐는지.

큰 나라들이 세계에 자랑스럽게 내놓은 관광자원들은 모두가 피와 눈물의 유물들이요 몸서리쳐지는 잔혹의 사적지들입니다. 대장정을 거쳐 사회주의의 새로운 이념으로 중국 천하를 통일한 20세기의 황제 마오쩌둥은 오늘도 천안문 위의 초대형 초상화 속에서 세계의 인민들을 굽어보고 있습니다.

그 초상화 속의 얼굴은 장성을 시찰하는 득의만만한 진시황의 얼굴로, 곤명호반에 주연을 베풀고 있는 서태후의 취한 얼굴로, 그리고 조선의 사신들을 거만스레 내려다보는 명·청의 여러 황제들의 얼굴로 겹쳐져 클로즈업되어옵니다.

다시 수천 리를 달려와, 연변 용정의 대성중학교 2층 복도에서 일제의 어두운 감옥에 갇혀 철창 밖을 내다보는 29세 윤동주 시인의 초상화를 대하는 순간, 숨막혀오는 전율과 차마 마음껏 터뜨리지 못하는 통곡의 눈물을 감추기 위해 잠시 문 밖으로 몸을 피해야 했습니다.

두 개의 초상화, 마오쩌둥과 윤동주

죽는 날까지
하늘을 우러러 한 점 부끄러움이 없기를
잎새에 이는 바람에도 괴로워했다
「서시」

불사장생의 불로초도 알지 못하고, 호반의 멋진 정취도 기꺼이 누리
지 못했으며, 새로운 이념의 열정도, 천하통일의 큰 포부도 가지지 못
했던 식민지의 이 젊고 불행한 시인은, 일제의 감옥 속에서 이름 모를
생체실험용 주사를 맞은 직후 스물아홉 해의 짧고 어두운 삶을 마감
했습니다.

천안문 광장의 대형 초상화는 숱하게 죽어간 백성들의 한을 딛고 자
금성 높은 문루에 앉아 천하인민을 굽어보고 있지만, 두 손으로 철창
을 잡은 용정골 젊은 시인의 야윈 초상화는 그 시리도록 영롱한 영혼
을 안고 "별을 노래하는 마음으로 모든 죽어가는 것들을 사랑해야지"
라고 속삭이는 듯했습니다.

자금성과 이화원과 만리장성을 거쳐 연변 용정에 이르는 동안, 나는
그따위 대단한 자랑거리들을 별로 가지지 못한 내 조국이 오히려 무
척 자랑스럽게 여겨졌습니다. 마오쩌둥의 늠름한 초상화보다 애잔하
기 그지없는 윤동주의 초상화가 훨씬 더 기품있게 다가왔듯이.

나에게는 꿈이 있습니다

**자유와 평화,
위대한 영혼의 꿈**

나에게는 꿈이 있습니다.

어느 날, 조지아에서 미시시피와 앨라버마에 이르기까지 옛 노예의 아들들이 옛 주인의 아들들과 함께 형제처럼 살게 되는 꿈입니다.

나는 꿈을 꾸고 있습니다. 백인 어린이가 흑인 어린이와 형제자매처럼 손을 잡고, 피부 색깔 대신에 인격을 기준으로 평가를 하며 평가를 받게 되는 꿈입니다.

나는 꿈을 지니고 있습니다. 이 땅에서 아모스의 예언이 실현되고, 정의가 강물처럼 흘러내리며, 진리가 거대한 분류처럼 흐르게 되는 꿈입니다.

어느 날, 모든 사람이 평등하게 태어났고 창조주로부터 생명 자유 행복 추구의 양도할 수없는 권리를 부여받았다는 제퍼슨의 말을 인정하게 되는 꿈입니다.

나에게는 꿈이 있습니다. 모든 산골짜기가 솟아오르고, 언덕과 산들이 주저앉으며, 굽어진 곳이 곧게 펴지고, 신의 영광을 모든 인간이 함께 볼 수 있는 날이 오는 꿈입니다.

나는 꿈을 꾸고 있습니다. 인간이 모두 형제가 되는 꿈을 꾸고 있습니다. 하나님의 모든 아이들이 흑인이건 백인이건, 유대인이건 비유대인이건, 개신교도이건 가톨릭신자이건, 모두 손을 잡고 "자유가 왔다! 자유가 왔다! 신이여, 감사합니다!"하고 영가를 부를 수 있는 날. 나는 지금 그 날을 꿈꾸고 있습니다.

1963년 8월 23일 마틴 루터 킹 목사의 나지막히 잠긴, 그러나 힘있는 목소리로 울려 퍼진 「나에게는 꿈이 있습니다」라는 연설문의 일부입니다. 나는 이 연설문을 늘 가슴 깊이 품고 있습니다.

킹 목사의 꿈은 1960년대 미국 흑인들의 비참한 삶과 밝은 희망을, 오늘의 좌절과 내일의 꿈을, 그 어두움과 빛을 가슴 저미도록 절절히 대변해주고 있습니다. 백인 중심의 사회 속에서 흑인으로 태어났다는, 스스로는 책임질 수 없는 출생의 조건이 어린 시절부터 씻을 수 없는 영혼의 상처로 깊이 아로새겨진 흑인들에게 킹 목사의 꿈은 곧 그들 자신의 꿈이기도 했을 것입니다.

마루를 구르며 노는 어린 것
세상을 모르고 놀지만
곧 어려운 시절이 닥쳐오리니

포스터가 작곡한 「켄터키 옛집」이라는 민요의 2절 가사 중 일부입니다. 철모르고 뛰노는 어린 자녀를 바라보는 흑인 노예의 이 탄식만큼 가슴 켜켜이 비집고 스며드는 슬픔의 노래를 나는 달리 알지 못합니다.

일곱 살 난 흑인 소녀가 제 검은 얼굴을 뻣뻣한 수세미로 긁어대며 날마다 울었다는 글을 읽고 나 또한 어린 시절 목 메인 밤을 하얗게 지샌 적이 있습니다. 그 어린 흑인소녀의 손에 들린 수세미처럼, 킹 목사님의 꿈은 흑인들의 삶 속에 운명인 듯 달라붙은 상처를 긁어내는 영혼의 세척제였을 것으로 나는 짐작합니다.

정의가 강물처럼
진리가 분류처럼

그러나 킹 목사의 꿈은 비단 40년 전 미국 흑인들의 꿈만은 아닙니다. 인종분규와 종교적 갈등으로 사상 유례없는 테러의 참사와 전쟁의 피해를 빚어낸 21세기에, 킹 목사의 꿈은 온 세계인들이 다 함께 꾸어야 할 전 인류의 꿈으로 승화되어야 하리라고 믿습니다.

킹 목사는 백인들을 향한 분노에 찬 보복도, 응징과 한풀이의 정의도 꿈꾸지 않았습니다. 그는 온 인류가 인종이나 피부 색깔이나 종교에 관계없이 서로의 손을 맞잡고 자유와 감사의 영가를 부르는 날을 꿈꾸었던 것입니다.

말콤 X는 킹 목사의 꿈을 가리켜 "패배주의자의 몽상"이라고 극렬히 비난하기도 했습니다. 그러나 나는 킹 목사의 꿈에서, 백인정권에 의해 27년 간 로빈 섬에 유폐되었다가 마침내 대통령이 된 뒤 보복과 응징의 칼을 휘두르는 대신 '진실과 화해위원회' 라는 특별기구를 설

치하고 지난날의 과오를 진실로 참회하는 백인들에게 용서와 관용의 사면조치를 내렸던 또 한 사람의 흑인, 넬슨 만델라의 저 위대한 결단을 읽습니다. 이것이 진정한 지도자의 꿈이요 참다운 리더십의 비전이겠습니다.

그들은 연단을 차지하고 마이크를 움켜잡은 기회를 이용하여 자신의 한풀이나 세몰이를 꾀하지 않았으며, 그들이 누리는 지도자의 위치를 '권력화' 하지도 않았습니다. 도리어 자신들의 지도력을 사랑의 꿈을 일구는 쟁기로, 평화의 이상을 가꾸는 호미로 사용했습니다.

킹 목사는 마침내 미친 백인의 총탄 앞에 평화의 희생제물이 되었고 만델라는 최고 권력자의 자리에서 스스로 물러나는 평화의 모범을 실천했습니다. 편을 가르고 사람의 울타리를 쳐서 몽매한 포퓰리즘의 그물 속에 위선의 자리를 근근히 연명해가는 사이비 지도자들은 그야말로 꿈도 꾸지 못할 아득히 높은 인격입니다.

이 꿈은 킹 목사와 만델라의 꿈만이 아닙니다. 이 꿈은 기독교문명이 지배하는 세계 속에서 이슬람인들이 꾸는 꿈이요, 아라비아 사막 위에서 유대인들이 꾸는 꿈이며, 팔레스타인 땅에서 아랍인들이 꾸는 꿈이기도 합니다.

그 꿈은 또한 서울 변두리 어두운 공장 안에서 부르튼 손으로 기계를 돌리며 서툰 한국말로 "제발 때리지 마세요"라고 호소하는 외국인 노동자들의 퀭한 눈망울 속에 깃든 한 맺힌 꿈이며, 우아한 몸짓으로 필드의 잔디를 밟아나가는 귀부인네들의 골프백을 받아 메고 뙤약볕 아래 가녀린 발걸음을 터벅터벅 옮기는 우리네 누이들의 한숨 섞인 꿈이기도 합니다.

'보복과 응징' 이라는 단어가 홍수처럼 넘쳐나는 세태를 바라보며,

나는 문득 킹 목사님이 꿈꾸었던 '자유와 감사'라는 단어에 유난히도 타는 목마름을 느낍니다.

이 목마름은 엄숙하고 단호한 정의의 여신을 향한 목마름이 아닙니다. 삶에 지쳐 돌아온 아들을 향해 말없이 팔을 내밀어 끌어안는 늙은 어머니의 초라한 가슴 같은 그리움입니다. 분노의 목마름이 아니라 피폐한 인성人性의 안타까움이요, 정의라는 이름의 거센 폭풍에 지칠 대로 지친 여리디여린 들풀의 애잔한 갈증 같은 꿈입니다.

깊은 산골짜기가 솟아오르고 굽어진 곳이 곧게 펴지며 정의가 강물처럼 흐르고 진리가 거대한 분류처럼 솟아나는 꿈, 모든 사람들이 손에 손을 맞잡고 다함께 자유와 감사의 영가를 힘차게 부르는 날을 기다리는 꿈. 나는 늘 이러한 꿈을 꾸기를 간절히 소망하고 있습니다.

사랑과 정의의 방정식

넬슨 만델라,
그 위대한 용서

분단 55년 만에 감격적으로 이루어진 남북정상회담과 그에 뒤이어 활발하게 추진되고 있는 이산가족들의 상봉이 온 겨레에게 큰 감동을 안겨주고 있습니다. 앞으로 금강산 관광과 대북민간투자가 줄을 이을 것으로 기대됩니다. 경의선 철도가 복원되고, 자유로가 임진각을 뚫고 도라산역을 거쳐 저 개성으로 평양으로 치달리는 날을 상상하는 것만으로도 벌써부터 가슴이 두근거려옵니다.

그런데 이런 급격한 변화의 흐름 한편에서 섬뜩한 가치관의 혼란이 나타나고 있습니다. 남과 북 사이에는 과거 6·25 전쟁과 아웅산 폭발, 그리고 KAL기 폭파 같은 테러 행위들로 수많은 이산가족과 피해자들이 양산되었고, 그 갈등의 뿌리가 아직도 깊이 남아 있습니다. 그런 터에 일부 대학가에 인공기가 나부낀다거나 비전향 장기수를 신념 있는 양심범으로 성급히 치켜세우는 일들은 우리의 현실인식과 역사

112

의식에 매우 혼란스런 현상으로 다가오고 있습니다.

지난 300년 동안 남아프리카공화국의 흑인들은 아파르트헤이트라고 불리는 악명 높은 백인정권의 흑백분리정책으로 극심한 탄압을 받아왔습니다. 흑인들의 정신적 지주로서 아파르트헤이트 반대투쟁을 주도해오던 넬슨 만델라는 종신형을 선고받고 장장 27년이라는 혹독한 세월을 로빈 섬 감옥에 유폐되어야 했습니다. 다리를 뻗기조차 어려울 만큼 비좁은 지하 독방에 갇힌 한이 어찌 깊지 않겠으며, 그 원통함이 어찌 절치부심 정도에 머물렀을까?

그러나 후에 대통령이 된 만델라는 뜻밖에도 백인들에 대한 보복정책 대신에 '진실과 화해위원회'라는 사상 유례 없는 국가기구를 만들어, 과거 이루 말할 수 없는 만행을 저질렀던 백인들에게 참회의 기회를 주는 한편, 진정으로 뉘우치는 백인들에게 처벌이 아니라 용서와 관용의 사면을 선포했습니다.

당연히 만델라는 노벨평화상 수상이라는 영광을 안게 됩니다. 그러나 나는 노벨평화상이 만델라에게 영광을 안겨주었다고 생각하지 않습니다. 노벨평화상이 만델라에게 주어짐으로써 오히려 노벨상의 가치만 한층 더 높아졌을 뿐입니다.

그것은 말 그대로 상이 아니라, 한 경이로운 관용의 인격 앞에 바쳐진 인류의 겸손한 보답이요 존경의 표시였습니다. 마치 예수가 세례자 요한으로부터 세례를 받아서 영광스러워진 것이 아니라 예수에게 세례를 베푼 요한 자신이 영광스러워진 것과 같은 모양입니다.

나는 확신합니다. 지나간 시대, 북아메리카에 아브라함 링컨이 있었고 인도에 마하트마 간디가 있었다면, 이 시대에는 저 남아프리카에 넬슨 만델라라는 한 위대한 영혼이 숨쉬고 있음을.

참회와 용서는 곧 하나님의 공의와 사랑, 바로 그것입니다. 내 생각에 하나님의 공의는 복수와 형벌이 아닙니다. 한풀이 식의 정의가 아닙니다. 공의는 궁극적으로 참회와 갱신에 그 뜻이 있는 것이 아닐까 합니다.

같은 맥락에서, 사랑은 죄의 망각이나 턱없이 헤픈 관용이 아닐 것입니다. 진정한 사랑은 진정한 참회의 인격에게 화해와 용서를 선포하는 관용입니다. 그 참회와 용서로써 비로소 '새로운 관계'가 가능해집니다.

참회가 '죄의 돌이킴'이라면 용서는 '정죄의 돌이킴'입니다. 참회가 죄인의 회개라면, 용서는 심판자의 회개입니다. 그리고 그 회개와 용서는 결국 양심의 회복일 것입니다. 죄인과 심판자의 양심이 모두 회복되는 것이야말로 참 공의요 참 사랑이라고 말해야 합니다. 그래서 공의와 사랑은 에밀 브루너가 말하는 '회복된 양심' 안에서만 하나로 만날 수 있습니다. 이것이 사랑과 정의의 유일한 방정식이라고 나는 늘 외워두기로 하고 있습니다.

심판자의 참회, 용서의 준비

우리는 민족사의 비극 속에서 희생된 수많은 순국선열들과 그 가족들이 겪어온 평생의 슬픔을 결코 망각할 수 없으며, 또 그것을 망각할 권리도 없습니다. 지난날의, 아니 오늘날까지도 지속되고 있는 민족적 비극과 역사의 교훈들을 우리의 마음 깊이 새겨두는 것은 이 시대 이 땅을 살아가는 우리의 의무입니다. 단언컨대, 망각은 경박한 짓입니다.

그러나 또한 단언컨대, 용서는 위대한 것입니다. 진정한 용서는 진정한 신앙인이 아니면 할 수 없는 일입니다. "용서는 가장 무서운 형벌"이라는 말이 있습니다. 용서를 받는 자는 죄를 지어서 한 번, 용서를 받아서 또 한 번, 이렇게 두 번 빚을 지는 것이기 때문입니다. 마찬가지로, 용서를 하는 사람은 상처를 입어서 한 번, 그리고 용서를 해서 또 한 번, 이렇게 두 번 하나님의 은총을 입게 됩니다.

물론 용서는 참회를 필수적인 전제로 합니다. 참회 없이는 용서 또한 없습니다. 공의의 하나님은 회개 없이 용서만을 선포하신 적이 결코 없습니다. 참회 없는 용서는 공의도 아닐뿐더러 사랑도 될 수 없습니다. 헤픈 용서의 끝에는 죄지은 자의 새로운 출발은 없고 다만 용서하는 자의 '관용의 미덕'만이 제 자랑으로 빛날 뿐입니다. 용서의 문은 회개라는 열쇠 없이는 결코 열리는 법이 없습니다.

그러나 나는 회개보다 더 앞서는 것이 있다고 믿습니다. 그것은 바로 심판자 쪽의 참회인 '용서의 준비' 즉 용서할 수 있는 마음의 경작입니다. 참회의 결실을 얻어내기 위해 땀을 흘리며 묵묵히 용서의 밭을 가는 영혼의 수고입니다. 마치 하나님께서 우리가 아직 이 세상에 태어나지도 않은 2천 년 전 저 골고다 언덕 위의 십자가로 우리에 대한 당신의 용서를 미리 준비하셨던 것처럼.

27년에 걸친 만델라의 감옥생활은 증오의 한을 불태우며 복수의 칼을 가는 피맺힌 세월이 아니었습니다. 그것은 오히려 화해와 용서의 마음을 경작하는 오랜 화해의 준비기간이었으리라 믿습니다. 만델라는 로빈 섬 감옥의 독방에서 응징의 날카로운 칼을 가는 대신, 용서와 평화의 무딘 쟁기를 갈았습니다. 감옥에서 곧장 대통령 관저로 들어간 만델라는 자신이 쥐게 된 대권을 무시무시한 보복의 칼이 아니라 위대한 관용의 가슴으로 바꿨습니다.

이것은 그가 불의에 대한 비판정신을 잃어버려서가 아닙니다. 다른 사람은 몰라도, 억울한 종신수 만델라만은 백인들의 죄와 불의를 결코 잊을 수 없었을 것입니다.

만델라가 백인들을 향하여 복수의 칼 대신에 화해의 손을 내밀 수 있었던 것은, 불의에 대한 비판정신을 훌쩍 뛰어넘어 오직 참회와 용서만이 아프리카에 참평화를 심는 길이요 또한 하나님의 공의와 사랑을 실현하는 유일한 길임을 깊이 터득했기 때문일 것입니다. 이것은 참 신앙인이 아니면 결코 이루어낼 수 없는 일입니다.

우리의 분단 55년, 그 눈물과 슬픔의 역사도 이제는 참회와 용서의 마음을 경작하는 평화의 준비기간으로 바뀌어야 합니다. 참회할 자가 마땅히 참회하며, 용서할 자가 미리 용서의 마음을 준비할 수 있도록 평화의 쟁기를 가는 일, 이것이 오늘의 혼란스런 가치관에 대하여 신앙인들이 제시해야 할 대답일 것이라고 스스로 다짐해봅니다. 회개와 용서는 마음 속 깊은 곳의 일이요, 마음은 오직 신앙의 빛으로만 온전히 다스릴 수 있기 때문입니다.

참회 그리고 용서, 그 정의와 사랑의 방정식은 남북정상회담 이전에도 그대로이고 그 후에도 그대로입니다. 역사의 진실 쪽에서는 아무것도 달라진 것이 없습니다. 달라져야 하는 것은 오직 우리의 인격이며 마음일 뿐입니다.

만델라는 노벨평화상 수상이라는 영광을 안게 됩니다. 그러나 나는 노벨평화상이 만델라에게 영광을 안겨주었다고 생각하지 않습니다. 노벨평화상이 만델라에게 주어짐으로써 오히려 노벨상의 가치만 한층 더 높아졌을 뿐입니다. 그것은 말 그대로 상이 아니라, 한 경이로운 관용의 인격 앞에 바쳐진 인류의 겸손한 보답이요 존경의 표시였습니다.

나는 당신들이 우리의 땅을 돈으로 사라고 하는 것을 도무지 이해할 수 없다. 당신들은 저 푸른 하늘을 날며 지저귀는 새들의 울음소리를 사고 팔 수 있는가? 당신들은 계곡을 흐르는 맑은 시냇물 소리를 팔고 살 수 있는가? 이른 봄, 파릇한 싹이 돋는 들판의 싱그러운 아지랑이를, 대기에 충만한 따사로움을, 나무 줄기 속을 흐르는 수액의 신선함을, 저 빛나는 솔잎이며, 해변의 모래톱이며, 어두컴컴한 숲 속의 안개며, 신선한 공기와 반짝이는 개울물을 당신들은 돈으로 사고 팔 수 있다는 말인가?

• 인디언 추장 시애틀의 편지

오래된 미래

땅은 우리에게 아름다운 새들의 노랫소리이며, 맑은 시내의 흐름이며, 봄 안개 속에 피어오르는 아지랑이며, 자연의 품안에 편안히 잠든 어린 생명의 호흡과도 같은 것이다. 그것은 어느 누구도 혼자 소유할 수 있는 것이 아니다. 땅은 다만 저 밝은 햇빛처럼, 나뭇가지를 스치며 흐르는 가을 바람처럼, 그렇게 우리 모두의 삶에 주어진 하늘의 선물인 것이다.

어느 미개인의 노래

아지랑이와 시냇물을
돈으로 산다고?

1885년 미합중국의 군대가 미국 서북부의 워싱턴 주 지역에 평화로이 살고 있던 인디언 수와미족의 땅을 강제로 매수하기 위해서 대포를 앞세우고 달려왔을 때, 인디언 추장인 시애틀은 미국 대통령 프랭클린 피어스 앞으로 이런 편지를 썼습니다.

나는 당신들이 우리의 땅을 돈으로 사려고 하는 것을 도무지 이해할 수 없다. 당신들은 저 푸른 하늘을 날며 지저귀는 새들의 울음소리를 사고 팔 수 있는가? 당신들은 계곡을 흐르는 맑은 시냇물 소리를 팔고 살 수 있는가? 이른 봄, 파릇한 싹이 돋는 들판의 싱그러운 아지랑이를, 대기에 충만한 따사로움을, 나무 줄기 속을 흐르는 수액의 신선함을, 저 빛나는 솔잎이며, 해변의 모래톱이며, 어두컴컴한 숲 속의 안개며, 신선한 공기와 반짝이는 개울물을 당신들은 돈으로 사고 팔 수 있다는 말인가? 어머니의 품안에 곤히 잠든 어린아이의 쌔근거리는 숨소리를, 우리도 소유하고 있지 않은 그 성스러운 것들을 어떻게 지폐로 거래할 수 있다는 것인가? 당신들은 이 땅을 게걸스러운 식욕으로 마구 먹어치운 다음 대지를 황무지로 만들어놓을 것이다. 숲이 사람들의 냄새로 가득 차고, 산열매가 익는 언덕이 인간의 발자국으로 더럽혀질 때면 그것이 바로 삶의 종말이요, 죽음의 시작이 될 것이다. 쏙독새의 아름다운 노랫소리와 한밤중 시냇가에서 들려오는 개구리의 울음소리를 듣지 못한다면 삶이 무슨 의미가 있겠는가? 땅은 우리에게 이 모든 것과 같은 것이다. 땅은 우리에게 아름다운 새들의 노랫소리이며, 맑은 시내의 흐름이며, 봄 안개 속에 피어오르는 아지랑이며, 자연의 품안에 편안히 잠든 어린 생명의 호흡과도 같은 것이다. 그것은 어느 누구도 혼자 소유할 수 있는 것이 아니다. 땅은 다만 저 밝은 햇빛처럼, 나뭇가지를 스치며 흐르는 가을 바람처럼, 그렇게 우리 모두의 삶에 주어진 하늘의 선물인 것이다.

서구적 의미의 문명을 알지 못하는 이 미개한 인디언 추장이 담담히 설파한 땅의 철학은 오늘의 소위 문명인들에게 무거운 수치를 안겨주고 있습니다. 미국의 아름다운 도시 시애틀 Seattle은 바로 이 인디언 추장의 이름에서 따온 것입니다.

그로부터 120여 년이 지난 오늘, 드넓은 북미대륙의 자연과 환경이 문명에서 소외된 저 미개인 추장이 비문명의 언어로 노래한 '모든 사람들의 것'인지, 아니면 문명이라는 사슬에 속박된 '이기심 많은 자들의 것'이 되어 있는지를 가리는 것은 별로 어렵지 않은 일입니다.

우리의 경우도 크게 다르지 않습니다. 4,500여만 명이 모여 사는 비좁은 한반도의 남쪽 절반에서, 땅을 투기의 대상으로 삼고 법적 규제와 제한들을 각종 탈법으로 피해가면서 일확천금을 노리는 행태들은 저 미개했던 인디언만큼도 땅을 알지 못하는 야만적인 행태에 지나지 않습니다. 이런 것을 두고 문명이라고 말한다면, 차라리 문명은 악이라고 해야 옳겠습니다.

오염된 폐기물을 땅에 묻고, 공장 폐수를 강에 흘리고, 중금속이 섞인 농약을 논과 밭에 마구 뿌려대고, 멸종위기에 놓인 아름다운 동식물을 함부로 포획 채취하는 따위의 일들은, 저 인디언들 앞에 대포를 밀고 나타났던 앵글로 색슨의 신사들처럼 모두가 돈 밖에 알지 못하는 천박한 짓거리들입니다.

돈 없는 가난
돈 밖에 없는 가난

지금 강원도의 동쪽 산자락엘 가보면, 얼마 전 장장 수십 킬로미터를 휩쓸고 지나간 산불 때문에 사막처럼 변해버린 황량한 모습에 기가 턱 막혀옵니다. 그 풍요로운 삼림 속에서 호흡하던 수많은 동식물들이 자취를 감추었습니다. 이 생태계를 다시 복원하는 데는 앞으로 4, 50년이 걸려도 모자란다고 합니다.

이것이 단지 산불 때문일까? 글쎄, 우리들 잘못 때문이 아닐까?

이것이 비단 자연과 환경에 관한 문제일까? 아니, 우리의 삶에 관한 문제일 것입니다.

이것이 삼림자원과 국부國富에 관한 문제일 뿐일까? 아닙니다. 틀림없이 우리의 정신과 인격에 관한 문제입니다.

"돈 없는 가난보다 돈 밖에 없는 가난이 더 무섭다"는 말처럼 무서운 말도 없습니다. 돈은 있는데, 그 돈 밖에는 아무것도 가진 것이 없는 가난, 곧 정신적 빈곤과 영적인 황폐함을 찔러오는 칼날 같은 경구입니다.

국민소득 1만 달러를 자랑하다가 IMF 망신을 톡톡히 당했습니다. 그 알량한 돈 밖에는 아무것도 가진 것이 없었던 것입니다. 아파트 한 채를 사더라도 가족들의 알뜰살뜰한 삶의 터전으로 생각하기보다는 되팔 때의 예상 차익을 먼저 생각하고, 대학의 진학학과를 결정할 때도 아이의 꿈이나 적성보다는 출세와 취업 가능성을 최우선적으로 따지는 것이 오늘의 세태입니다.

끊임없이 주식을 넣었다 뺐다 하면서 증권회사 전광판의 점멸에 마냥 웃고 울고 할 줄은 아는데, 저 푸른 하늘을 날며 지저귀는 새들의 울음소리는 알지 못합니다. 땅을 사고 팔아서 떼돈을 버는 데는 눈이 밝지만, 계곡을 흐르는 맑은 시냇물, 이른 봄 파릇한 싹이 돋는 들판의 싱그러운 아지랑이를 바라볼 눈은 없습니다.

돈 없는 가난은 서러워하고 무서워하면서도 돈 밖에 없는 가난은 슬퍼하지도 두려워하지도 않는 이 시대정신 속에서, 대기에 충만한 따사로움과 나무 줄기 속을 흐르는 수액의 신선함에 눈뜨기를 바라는 것은, 나무 밑에서 물고기를 찾는 것만큼이나 어리석은 일인지도 모르겠습니다.

자연의 품안에 편안히 잠든 어린 생명의 호흡처럼

나뭇가지를 스치며 흐르는 가을 바람처럼

우리 모두의 삶의 터전인 이 땅과 자연을,

하나님이 우리 모두에게 내린
하늘의 선물이라고 노래했던 음성이 새롭습니다.
21세기 휘황한 문명 속에서,
저 미개인 인디안 추장의 비문명적인 노래가.

어느 미개인의 노래

한 그루 나무를 심는 뜻

스승 같은 나무
오랜 벗 같은 숲

나에게 나무 하나가 있었다
나는 그 나무에게로 가서
등을 기대고 서 있곤 했다
내가 나무여 하고 부르면 나무는
그 잎들을 은빛으로 반짝여주고
하늘을 보고 싶다고 하면
나무는
저의 품을 열어 하늘을 보여주었다
저녁에 내가 몸이 아플 때면
새들을 불러 크게 울어주었다

내 집 뒤에

나무가 하나 서 있었다

비가 내리면 서둘러 넓은 잎을 꺼내

비를 가려주고

세상이 나에게 아무런 의미로도 다가오지 않을 때

그 바람으로 숨으로

나무는 먼저 한숨지어주었다

내가 차마 나를 버리지 못할 때면

나무는 저의 잎을 버려

버림의 의미를 알게 해주었다

시인 류시화의 시 「나무」 전문입니다. 나는 이 시 속의 나무를 다만 한 그루 나무로만 읽지 않습니다. 여기의 나무는 곧 자연이요 생명이며 인격입니다. 이 시만큼 자연을 즉물적卽物的으로 대하지 않고 인격적인 깊이로 만나고 있는 성찰을 나는 달리 찾지 못합니다.

무엇보다도 이 시인은 자연 앞에 겸손합니다. 내가 심고 내가 가꾸고 내가 물을 주어 길러내다가 어느 날 갑자기 밑둥에다 도끼날을 들이대는 그런 나무가 아닙니다. 나를 기다리고, 내게 하늘을 보여주고, 새들을 불러 함께 울어주고, 함께 탄식하고, 함께 절망하고, 그리고 함께 초월을 지향해가는 스승 같은, 오랜 벗 같은 나무입니다. 신영복 선생의 표현대로 "오직 신발 한 켤레의 땅 위에 서서" 이 많은 것들을 다 내어주는 것은 한 그루의 나무 밖에 없습니다.

벌목을 업으로 하는 사람들은 큰 나무를 베어낸 다음 그 그루터기에 걸터앉거나 올라서지 않는다고 합니다. 잘린 그루터기에 남아 있는 나무의 노기怒氣를 피하기 위해서랍니다.

사지가 잘리는 아픔에도 노여움을 안으로 안으로만 삭이는 나무들은 뿌리와 잎과 열매를 줄기와 가지라는 간단한 배관 통로로 서로를 연결하고 있습니다. 뿌리는 땅 속에서 물과 미네랄을 흡수하여 줄기와 가지를 통해 잎으로 운반하고, 잎은 이것을 당분과 단백질로 합성하여 다시 뿌리로 내려보내는 동시에 흡수한 수분을 대기 중으로 발산합니다. 가을이 되면 나무들은 잎을 떨어뜨려 땅을 기름지게 함으로써 그 땅 위에 다른 많은 생명체들이 살아갈 수 있게 만들어줍니다. 더불어 사는, 철저히 공동체적인 삶의 모습입니다.

도시들이 온통 철근과 시멘트로 범벅이 되어버린 지금, 거리의 나무들은 온갖 공해에 시달리며 부박한 삶을 겨우겨우 이어가고 있습니다. 겨울의 앙상한 가지들조차 수백 수천 개의 울긋불긋한 장식전구들을 마치 전기고문기처럼 온 몸에 힘겹게 매달고 있어야 합니다. 도시의 나무들은 이제 숨 한번 제대로 쉬기 어렵고 바람 한번 마음껏 쐴 수 없는 최악의 상태에 빠져 있습니다.

독일의 슈투트가르트 시는 간선도로를 아예 지하에 묻고 땅 위에는 나무숲 공원을 만들어놓았습니다. 땅 밑에는 문명이, 땅 위에는 문화가 흐르고 있는 셈입니다.

새 하늘, 새 땅
구원의 종착지

나무는 자원이 아닙니다. 나무는 생명입니다. 숲은 환경이 아닙니다. 숲은 삶 그 자체입니다. 언젠가도 말했듯이 자연이 '인간을 위한 주변환경’ 쯤으로 전락해버린 현실이야말로 자연 앞에 오만하기 짝이 없는 반생명적 태도의 산물일 것입니다. 인간이 자연에게, 자연이 인간에게, 서로가 서로에게 다가가서 서로의 삶에 하나의 호흡으로 참여할 때만 자연의 생명력은 우리들 삶 속에서 제 빛으로 빛나게 될 것입니다.

석유 화학 철강 에너지 등 선진국들이 내다버린 사양산업을 중화학공업의 육성이라는 이름으로 감지덕지하며 들여온 지 30여 년, 이 땅의 자연은 지금 중병에 걸려 곳곳의 생태계가 급속도로 파괴되어가고 있습니다. 무절제하게 추구해온 경제발전이 선진국들보다 훨씬 더 심각한 공해를 이 땅에 불러온 것입니다. 누군가가 붙인 ‘공해백화점’이라는 별명처럼, 이제는 도시 농촌 산 강 바다 어디고 할 것 없이 모두 함께 썩어가고 있는 곳이 이 금수강산입니다.

이유는 다른 데 있지 않습니다.

우리의 욕망이 과도한 탓입니다.

‘잘살아 보세’의 욕심을 버리지 않는 한, 생태계는 그 소멸의 행진을 멈추지 못할 것입니다. 욕심에 찌든 우리들 마음의 병이 먼저 고쳐지지 않는 한, 자연의 중병은 치유할 아무 방도가 없습니다. 환경 캠페인이나 쓰레기 분리수거 정도로 극복될 수 있는 병이 아닙니다. 생명에 대한 외경심이 없이는 결코 고칠 수 없는 병입니다.

하나님을 창조주로 믿는 신앙인들에게 자연의 파괴는 곧 불신앙과 다르지 않습니다. 생태계의 문제는 다만 환경의 문제가 아닙니다. 그것은 창조질서에 관한 문제입니다. ‘모든 피조물이 탄식하며 고통을 받고 있는 것은 다름 아닌 인간의 죄 때문’이라는 것이 성서의 분명한 입장입니다. 로마서 8:21~23

오염된 대기로 오존층이 뚫려버린 찢겨진 하늘,

농약과 폐수에 찌든 황폐한 땅,

사람들의 돈내기 억지 싸움터에 내몰려

아무 원한도, 미움도 없이 서로를 치받고 쪼아대야 하는 이 땅의 소
와 닭들,

정력이란 우상을 목숨처럼 떠받드는 사람들의 아랫도리에 힘을 돋
워주기 위해

보신의 살덩이를 불에 그을려야 하는 충직한 멍멍이들,

그리고 나이테의 첫 지름까지 깊숙이 꽂아넣은 빨대로 피눈물처럼
수액을 흘리며 여위어가는 고로쇠나무들.

이들 탄식하며 고통받는 뭇 생명들을 그대로 버려둔 채, 이 땅에서
는 물론 저 세상에서까지도 잘살아 보겠다는 이기심 많은 사람들이
단지 입으로 신앙고백문을 암송했다는 이유만으로 슬쩍 얻어내는 구
원이란 것을 나는 차마 상상할 수도 없습니다. 아니, 그런 눈먼 구원
이라면 차라리 사양하겠습니다.

단돈 몇 푼에 팔려가는 참새 두 마리를 기억하시는 하나님마태복음
10:29의 섭리가 결코 그런 모습일 리 없다고 믿기에 감히 해보는 투정
입니다.

나는 신의 구원이 인간의 구원만을 뜻한다고 보지 않습니다. '새 하
늘과 새 땅'요한계시록 21:1이 신의 섭리의 최종 목적지라면, 하늘과 땅
과 동식물을 포함한 모든 생명들이 다 함께 구원의 은총을 누려야 마
땅하겠습니다.

유대의 옛 시인은 노래합니다.

모든 피조물이 주님만 바라보며 먹여주시기를 기다린다.
주께서 그들에게 먹이를 주시면 그들은 받아먹고,
주께서 공급하여주시면 그들은 좋은 것으로 배를 불린다.
그러나 주께서 얼굴을 숨기시면 그들은 떨면서 두려워하고,
주께서 호흡을 거둬들이면 그들은 죽어서 본래의 흙으로 돌아간다.
주께서 주의 영을 불어넣으시면 그들은 다시 창조된다.
주께서는 땅의 모습을 다시 새롭게 하신다.

시편 104:27~30

자연의 회복은 창조질서의 회복입니다. 자연과 생태계의 보존을 위한 갖가지 정책이나 시민운동도 물론 필요하겠지만, 자연과 생태계를 이욕적利慾的으로 주무르려는 우리의 이기적 본성을 고치는 일이 무엇보다 시급한 일입니다.

혹자는 "하나님이 사람에게 복을 주시며 말씀하시기를, 생육하고 번성하여 땅에 충만하여라. 땅을 정복하여라. 바다의 고기와 공중의 새와 땅 위에서 살아 움직이는 모든 생물을 다스리라 하셨다"는 구약 창세기 1장 28절을 근거로 자연생태계를 조작하고 변형시키는 인간의 행위를 신앙적으로 정당화하기도 하지만, 나는 이 구절을 '고대사회의 자연 속에 깃들어 있던 온갖 정령숭배animism의 우상으로부터 인간의 영혼을 해방시킨, 인간과 자연의 관계를 바른 자리로 회복시키는' 우렁찬 선언으로 읽습니다.

'정복하라, 다스리라'는 말의 히브리어인 카바스와 라다는 '주인 – 종'과 같은 '지배 – 피지배'의 관계가 아니라 부모가 자식을, 스승이 제자를, 그리고 목자가 양을 돌보고 양육하는 것과 같은 '사랑의 관계'

를 뜻하는 단어입니다.

산자락에 나무 한 그루를 심는 뜻은 삼림자원을 소중히 여겨서가 아닙니다. 나무는 자원이 아닙니다. 환경을 생각해서만도 아닙니다. 나에게 나무는 환경이 아닙니다. 나무는 "세상이 나에게 아무런 의미로도 다가오지 않을 때 그 바람으로 숨으로 먼저 한숨지어주는 나무, 내가 차마 나를 버리지 못할 때면 제 잎을 버려 버림의 의미를 알게 해주는" 오랜 벗 같은, 스승 같은 존재입니다.

오늘 그 나무 한 그루를 숲에 더하는 까닭은, 그것이 생명을 주신 하나님을 더욱 가까이 사랑하는 일이라 믿기 때문입니다.

연리지, 그 생명과 역사의 호흡

향나무는 도끼날에도
향을 남긴다

추석의 성묘 길에는 언제나 산과 숲과 시내가 기다리고 있었습니다. 작은 개울도 건너고 흐드러지게 피어오른 가을 들꽃 내음도 맡으면서 모처럼 자연 속에 파묻힐 수 있어 좋았습니다.

그러나 이즈음의 성묘 길은 사뭇 다릅니다. 산소 턱밑까지 파고든 아파트 단지, 코스모스 눈부시게 핀 흙길을 온통 뒤엎은 시멘트 포장. 예전의 자연은 찾아보기 어려워졌습니다. 놀라운 속도로 피폐해가는 자연의 모습에 가슴이 저려옵니다.

자연이 날로 쇠잔해져가는 것은 다른 까닭이 아닙니다. 우리가 자연을, 아니 생명을 사랑하지 않기 때문입니다. 자연보다 이념을, 생명보다 도그마를 더 사랑하는 듯이 보이는 이즈음의 풍조 탓인지, 여위어가는 자연의 모습이 한층 더 안쓰럽습니다.

살기가 좀 나아지니까 남의 역사를 빼앗으려는 음험한 이웃이 있는

가 하면 서로 과거의 역사를 차지하려고 피터지게 싸움을 벌이는 '남의 조상 캐기'로 우울하기만 한 이 가을 아침, 누천 년 누만 년 동안 바로 그 역사와 더불어 연면히 생명을 이어오면서 이제는 늙고 병든 야생동물처럼 쇠약해진 대자연이 마치 온갖 덧칠과 칼질들로 너덜너덜해진 역사 그 자체의 모습인 듯 비쳐집니다.

문득 '역사 지키기, 역사 바로 알기'는 곧 자연을 지키고 생명을 바르게 알아가는 것, 그 이상도 이하도 아니라는 느낌이 강렬하게 다가옵니다.

자연을 미워하면서 자연을 지킬 수 없고 생명을 사랑하지 않으면서 생명을 보존할 수 없듯이, 역사를 미워하면서 역사를 지킬 수 없고, 제 역사를 사랑하지 않으면서 제 역사를 바로 세워갈 수 없을 것입니다. 고구려에 대한 애착 없이 어찌 고구려사를 지킬 수 있을까.

사랑이 가장 먼저요 또 가장 나중입니다. "본질적인 것에는 일치를, 비본질적인 것에는 자유를, 그리고 모든 것에서 사랑을!"In Necessariis, unitas; in no necessariis, libertas; in utrisque, caritas! 이라고 외쳤던 17세기 멜데니우스 Rupertus Meldenius의 통찰이 새삼 아쉬워집니다.

단언컨대, 생명을 바로 알고 자연을 다시 살리는 길은 오직 생명을 사랑하는 것 밖에 없습니다. 입으로 먹고 혀로 지껄이는 존재만이 생명은 아닙니다. 자라나고 숨쉬고 죽어가는 모든 것들이 생명입니다. 산의 숲도 생명이요 깊은 바다 속 드넓게 숨어 있는 평원도 생명입니다. 아니, 보일 듯 말 듯 작디작은 동물의 새끼 한 마리, 계곡의 바위틈으로 가녀리게 솟아오른 들풀 하나도 사랑해 마지않아야 할 생명이요 자연입니다. 하물며 사람이며, 하물며 저 애환 깊었던 지난날의 삶이랴.

생명을 사랑한다는 것은 자연 앞에서 탐욕을 버리는 것일 겝니다. 자연 앞에서 탐욕을 버린다는 것은 자연과 대칭의 자리에 선 인간의 정신을 자연의 품안으로 되돌리는 것, 곧 자연 앞에서 겸손해지는 것이라 믿습니다. 사랑의 본질은 겸손이 아닐까.

사랑amor이라는 말에는 죽음morte에 대한 부정a의 뜻이 들어 있습니다. 죽지 않기 위해서는 사랑해야 한다는 말일 터인즉, 사랑은 곧 삶이요 삶은 곧 사랑이라는 뜻이 되겠습니다.

화가 루오의 작품에 「향나무는 자기를 찍는 도끼날에도 향을 남긴다」는 긴 제목의 판화가 있습니다. 도끼에 찍혀 죽어가는 향나무는 자기를 찍어 내리는 도끼날에조차 자신의 향을 남기는 지극한 사랑으로 그 삶을 이어갑니다. 사랑과 삶이 하나로 만나는 장엄한 모습입니다. 이것이 자연이요 또 역사입니다.

베고 찍고 갈라내도 또다시 새로운 모습으로 삶의 호흡을 이어가는 대자연처럼, 기구할망정 역사도 그렇게 단절 없이 이어져갈 것입니다. 사랑만 잃지 않는다면.

외눈박이 물고기의 사랑

중국의 동쪽 바다에 비목어比目魚가 살고 남쪽 땅에는 비익조比翼鳥가 산다는 전설이 있습니다. 비목어는 외눈박이 물고기로, 눈이 한 옆으로 하나 밖에 붙어 있지 않기 때문에 두 마리가 연리지連理枝 처럼 좌우로 함께 달라붙어야만 비로소 헤엄을 칠 수가 있습니다. 비익조도 눈과 날개가 한쪽에만 있기 때문에 연리지처럼 두 마리가 좌우 일

연리지, 그 생명과 역사의 호흡

체를 이뤄야 비로소 날 수 있다고 합니다.

연리지는 '나란히 붙어 있는 나뭇가지'인데, 뿌리가 다른 두 그루의 나무가 마치 한 그루의 나무처럼 합쳐진 현상을 말합니다. 이처럼 '비목'이나 '비익'이나 '연리'는 모두 "사이좋게 붙어서 좀처럼 떨어지지 않는 결합"을 뜻합니다. 나뭇가지가 서로 이어지면 연리지요, 줄기가 이어지면 연리목連理木이라고 합니다.

두 그루의 나무가 서로 붙을 듯 가까이 서 있으면, 그 중 한 그루는 죽을 수밖에 없습니다. 한 그루의 나무가 자라기에도 좁은 공간에 다른 나무가 들어와 서 있으면, 나무 한 그루 분량의 햇볕과 수분과 영양분을 두 나무가 서로 나눠 가져야 하기 때문에 두 나무 중 약한 쪽은 말라죽게 마련입니다.

그러나 나무들은 그렇게 어리석지 않습니다. 한쪽이 말라죽기 전에 두 나무가 서로를 향해 더 가까이 다가가서 아예 한 몸이 되어버립니다. 그리고는 홀로였을 때보다 훨씬 더 큰 나무로 자라납니다. 이런 현상이 '연리지'입니다. 처음에는 가지가 서로 맞닿아 있는 것처럼 보이지만, 나중에는 맞닿은 자리가 신혼부부처럼 단단히 붙어서 하나의 나무로 변하는 것입니다. 연리목을 '사랑나무'라고도 부르는 이유입니다.

이렇게 합쳐진 두 나무는 합쳐지기 전에 지녔던 각자의 정체성을 그대로 지니고 있어, 흰 꽃을 피웠던 가지엔 흰 꽃이, 붉은 꽃을 피웠던 가지엔 붉은 꽃이 그대로 피어납니다. 개성이 제각각인 나무들이 한 몸이 되어, 서로의 개성을 인정하면서도 평화롭게 한 몸으로 살아갑니다. 신비롭기 그지없는 자연의 조화입니다. 어찌 제 색깔만을 고집하랴.

유전자 조작의 기술로 연리지의 흉내를 비슷하게 낼 수야 있겠지만, 연리목의 사랑까지 흉내낼 수는 없으리라고 봅니다.

「외눈박이 물고기의 사랑」의 시인 류시화는 나무들의 또 다른 연리지, 땅 속에서의 보이지 않는 만남과 나무들의 은밀한 사랑을 이렇게 노래합니다.

> 나무는
> 서로에게 가까이 다가가지 않기 위해
> 얼마나 애를 쓰는 걸까
> 그러나 굳이 바람이 불지 않아도
> 그 가지와 뿌리는 은밀히 만나고
> 눈을 감지 않아도
> 그 머리는 서로의 어깨에 기대어 있다

생명과 생명은 서로의 뿌리를 은밀히 만나고 또 서로의 어깨에 기대어 있습니다. 그것이 삶이요 생명이요 자연일진대, 사람의 삶의 궤적인 역사도 홀로 단절되어 있을 수 없을 것입니다. 사랑으로 뿌리를 서로 맞대는 연리지처럼, 겸손으로 서로의 어깨를 받쳐주며 호흡을 이어가는 자연처럼, 그 속의 생명들처럼, 우리의 역사도 그렇게 사랑으로 겸손으로 기나긴 호흡을 이어가야 하지 않을까.

행복지수

깨끗한 공기와 물
깨끗한 마음

남반구의 뉴질랜드는 세계에서 가장 깨끗하고 아름다운 자연환경을 가진 나라 중 하나로 손꼽힙니다. 남섬 북섬 어디서나 만날 수 있는 싯푸른 구릉들, 원시 그대로의 빙하, 언덕 위로 곧 내려앉을 듯 떠다니는 새하얀 구름, 팔뚝보다 더 굵은 물고기들이 펄떡거리며 뛰노는 투명한 시냇물, 한 마리당 1에이커씩의 목초지를 법적으로 할당받아 한가로이 풀을 뜯는 젖소들, 냉각장치를 통해 열을 식혀야만 몸을 담글 수 있는 천연의 노천 온천수, 지표까지 솟아오른 용암의 온도 때문에 뱀 따위의 파충류를 전혀 찾아볼 수 없는 태초의 숲.

이런 환상적인 자연의 풍광들이 몇몇 관광지만이 아니라 전 국토에 걸쳐 골고루 분포되어 있는 땅, 이 나라가 바로 뉴질랜드입니다.

그러나 이 아름다운 나라 뉴질랜드를 돌아보면서, 빼어난 천연적 환경보다 더 아름다운 것이 있음을 알게 되었습니다. 그것은 바로 그 나라 사람들의 뛰어난 환경친화적 삶의 방식입니다. 뉴질랜드의 환경정책은 3C라는 말로 요약할 수 있습니다. 깨끗한 공기Clean Air, 깨끗한 물Clean Water, 깨끗한 마음 Clean Mind이 그것입니다.

숨을 들이마신 뒤 다시 내뱉기가 아까울 만큼 달고 맑은 공기, 일본의 유명한 정수기 제조회사들이 별의별 상술을 다 폈지만 끝내 발을 붙이지 못하고 철수했을 만큼 맑고 깨끗한 호수와 시냇물들은 뉴질랜드의 Clean Air, Clean Water 정책이 천연의 자연과 조화를 이룬 결과입니다. 그런데 Clean Mind란 도대체 무엇일까?

깨끗한 마음이라. 그냥 '자연을 사랑하는 마음' 정도의 뜻이 아닐까 싶었는데, 그게 아니었습니다. Clean Mind란 오늘의 뉴질랜드를 있게 한, 그 나라 사람들의 순수하고 욕심 없는 심성을 가리키는 말입니다. 이 깨끗한 마음이 이웃 호주보다 훨씬 낮은 국민소득에도 불구하고 문화와 자연에 대한 유달리 깊은 애착심을 키워냈고, 인종과 국적에 따른 차별이나 편견이 전혀 없는 반듯한 삶을 가꾸어올 수 있게 한 것입니다.

뉴질랜드에는 소위 2차산업이라는 것이 별로 없습니다. 목축업 같은 1차산업이나 최첨단 정보산업에는 심혈을 기울이고 있지만 화학적 가공기술을 필요로 하는 공업화의 길은 한사코 거부합니다. 굴뚝과 폐수처리장이 필요한 공장시설은 그것이 비록 경제의 성장과 소득의 향상을 가져다주는 것이라 해도 국력이나 산업화의 척도라기보다는 오히려 공기와 물을 오염시키는 환경의 적으로 여기고 있습니다.

이처럼 경제적 성취욕구보다 환경적 친화를 더 중시하는 마음, 풍족하게 살기보다 깨끗하게 살고 싶은 마음을 가리켜 뉴질랜드 사람들은 Clean Mind라고 부릅니다.

소박한 꿈,
더불어 사는 지혜

우리처럼 산자락을 싹둑 찍어내고 초원을 마구 뜯어서 시원한 8차선 고속도로를 만들 줄 모르는 그들은, 앞지르기를 할 수 없는 편도 1차선의 불편한 고속도로를 짜증 한번 내지 않고 기분 좋게 달려가는 그런 사람들입니다.

어디선가 들은 말입니다. 모두가 GNP니 GDP니 하는 경제지수로 국력을 나타내고 있는 오늘날, 티베트 고원의 작고 가난한 나라 부탄 공화국은 GNP나 GDP 대신 GNH Gross National Happiness 라는 것으로 그들의 삶의 질을 나타낸다고 합니다. 이 국민총행복지수의 셈법에는 경제적 소유나 생산력이 큰 영향을 주지 못합니다. 오늘과 내일의 소박한 꿈, 더불어 사는 지혜, 안분지족하는 마음, 맑은 공기와 깨끗한 물, 동식물들과의 친화적 관계. 이런 것들이 넉넉하면 넉넉할수록 총행복지수는 높이 치솟는다고 합니다.

오늘날 기독교문명의 서구 지성知性들이 인도와 티베트의 명상철학을 인류의 새로운 희망으로 인식하고 있는 풍조도 저들의 이런 소박한 삶의 깊이에 크게 감화된 결과라고 할 수 있겠습니다. 기독교 신앙인들이 마음으로부터 뉘우치고 뼈아프게 고쳐야 할 대목이 아닐까?

몸에 좋다고 연약한 동물들을 총으로 올무로 마구 잡아 죽이는가 하면 산 속마다 숯불갈비요 계곡마다 보신탕이고 호반마다 러브호텔과 노래방으로 그득그득 채워서 금수강산의 맑은 물과 공기를 있는 대로 다 더럽히고 나서도, IMF 사태가 언제였느냐 싶듯 흥청거리며 떼를 지어 해외 골프관광을 쏘다니는 한국인들이 지구촌의 화젯거리가 된 지 벌써 오래입니다. 그 가운데는 이스라엘 성지순례객의 절반 이상을 차지하는 한국의 크리스천들도 포함되어 있습니다. 말이 성지순례지, 현지 쪽에서는 "성스러움도 순례의 경건성도 찾아보기 어려운, 그저 물 좋은 관광코스쯤으로 여기는 사람들이 많다"는 비아냥이 적지 않게 들려옵니다.

뉴질랜드 사람들은 아름다운 자연과 환경을 위해서, 그리고 부탄 사람들은 국민총행복지수의 향상을 위해서 저들의 현실적인 욕구를 절제하며 이기적 성취욕구들을 흔연히 내어버릴 줄 압니다. 그런데 이 땅의 교회들과 신앙인들은 자연보다 더 소중한 믿음, 국민총행복지수보다 더 고귀한 신앙지수를 위해서 나날의 현실적이고 이기적인 욕망들을 과연 얼마나 절제해내고 있는지 궁금합니다. 우선 나 자신부터가 매우 수상쩍습니다.

오래된 미래, 그 눈부신 새로움

만나는 것마다
옛것이 아니니

역사의 천년 굽이를 돌아 나와 21세기를 맞은 지도 벌써 1년이 지나고 다시금 새로운 해를 맞았습니다. 그런데 서력 기원은 기원전 BC 1년에서 0년을 거치지 않고 곧바로 서기AD 1년으로 넘어갔고 그 때부터 1세기가 시작되었으니까, 엄밀히 말하자면 21세기는 2000년이 아니라 2001년부터 시작되어야 합니다.

그러나 서력기원의 시작이 되는 예수의 탄생 시기는 서기 1년이 아니라 기원전 4년 또는 기원전 6년이라는 견해가 널리 지지를 받고 있습니다. 특히 '기원전 6년설'은 이집트의 성신력星辰曆 연구와 오랜 기간의 천문학적 관측, 그리고 고대 바빌로니아와 유대의 중근동中近東 역사를 꼼꼼히 뒤져서 이끌어낸 결론이기 때문에 그 설득력이 상당히 높다고 합니다.

이런 견해들에 의하면 21세기는 이미 4년 전 또는 6년 전에 시작된 것일 터이니, 이제 와서 새삼스럽게 새로운 세기를 맞았다고 들뜨거나 떠들썩할 필요는 없을지도 모르겠습니다.

그러나 새 세기를 맞는 우리가 경망스런 통과의례의 어수선함에 휘말려서는 안 되는 이유는 그보다는 다른 곳에 있다고 생각합니다.

중국 송나라의 유의경劉義慶이 편찬한 『세설신어』世說新語에 왕효백王孝伯이라는 사람이 읊은 정신 아찔한 시 한 구절이 실려 있습니다.

만나는 것마다 옛것이 아니니, 어찌 빨리 늙지 않을 수 있으랴.
所遇無故物　焉得不速老

"옛것이 사람을 늙게 하는 것이 아니라 새것이 사람을 늙게 만든다"는 뜻일 터이니, 상식을 송두리째 뒤엎는 의문이 아닐 수 없습니다. 이런 충격이 없습니다. 역설이라면 평이하고, 비의秘義라 해도 어딘가 설명이 부족한 듯합니다. 이런 당착이 없습니다. 해학이라면 너무 엄숙하고, 교훈이라기에는 꽤나 날카롭습니다. 그러나 나는 단 열 자짜리의 이 짧은 시구야말로 동양의 지혜가 엑기스로 녹아 있는 통찰이라고 믿어 가슴 깊이 품어두기로 하고 있습니다.

나는 이 의문을 풀 수 있는 실마리를 누런 재생지에 투박스레 인쇄된 한 권의 책에서 찾았습니다. 녹색평론사에서 펴낸 『오래된 미래』 *The ancient Future* 라는 책입니다.

이 책을 쓴 헬레나 노르베리 호지는 스웨덴의 여성 인류학자인데, 그녀는 무려 16년을 히말라야 고원의 라다크라는 작은 마을에서 생활한 뒤, 그 체험을 바탕으로 현대문명의 실상을 철저하게 해부 고발하면서 인류사회의 미래를 전혀 새로운 시각에서 전망해 나갑니다.

ancient와 future는 서로 합쳐질 수 없는 단어들입니다. 하나는 머나먼 과거요 다른 하나는 아직 오지도 않은 미래입니다. 그런데, 노르베리 호지는 이 두 단어를 참으로 멋진 하나의 말로 묶어놓았을 뿐만 아니라, 서로 멀리 떨어진 과거와 미래의 두 시간적 영역을 하나의 장으로 엮어내는 우주적인 작업에 성공하고 있습니다. 그것도 '작은 티베트'라고 불리는 저 히말라야 깊은 산속의 원시적인 삶으로부터.

섬세한 여성의 눈으로 찾아낸 '오래된 미래'의 감동을 여기에 다 풀어놓을 수 없습니다. 단 몇 줄의 소개로 만족해야겠습니다.

라다크 사람들은 "지난번 봤을 때보다 많이 늙었네요"라는 말을 마치 겨울에서 봄으로의 변화를 말하듯 아무렇지도 않게 말한다. 그들은 나이 먹는 일을 겁내지 않는다. 삶의 각 단계는 그 나름대로 각기 좋은 점들이 있기 때문이다. 생명의 상호연관성, 보다 영성적인 삶의 가치를 추구하는 새로운 운동들이 일어나고 있지만, 그것은 실상 수천 년 전부터 이미 존재해왔던 가치, 즉 자연 속에서의 우리의 위치, 우리들 서로서로의, 그리고 우리와 이 지구 사이의 떼려야 뗄 수 없는 연관성을 재발견하는 일이다. 나는 라다크에서 삶의 다른 길이 가능하다는 것을 알게 되었다.

해 아래
새것이 없으니

요즈음엔 한겨울에도 수박 맛을 즐기고 한여름의 식탁에도 김장 김치가 올라옵니다. 시리도록 찬 동치미 국물을 떠먹기 위해 겨울까지 진득이 참아내는 기다림이 없고, 제철의 수박 맛을 보기 위해 다음 해 여름이 오기를 지긋이 기다리는 그리움도 없는 세상입니다. 냉장고와 비닐하우스의 온실영농법이 발달한 덕에 먹거리는 참 풍성해졌지만, 인간성은 무척이나 경망스러워졌습니다. 이처럼 명백히 반자연적인 식생활을 두고 어찌 문화적이라고 말할 수 있을까?

현대산업사회의 발전이 인류의 미래를 보장해주지 못합니다. '생산과 소비의 무한정한 확대는 폭력적인 파괴'라는 경험이 이미 인류사회에 보편화되었습니다. 인류의 참미래는 저 라다크에서처럼 인간과 인간, 인간과 자연, 그리고 인간과 절대자와의 조화롭고 바른 관계성을 회복하는 '너무도 오래된 진실'에 달려 있다는 믿음이 날로 두터워져가고 있습니다.

"해 아래 새것이 없다"전도서 1:9고 선언하는 성서는 현대기술문명의 뿌리인 헬레니즘의 본산지 아테네를 향하여 "가장 새로운 것들을 말하고 듣는 일 외에는 달리 시간을 쓰지 않는다"고 통렬히 꾸짖고 있습니다. 사도행전 17: 21

사람이란 본디 역사성과 시간성보다는 공간성에 더 민감한 법입니다. 흐르는 물처럼 언제나 빈 공간, 새 자리만을 찾아갑니다. 지금 내가 서 있는 자리와 그 근원의 옛 자리를 돌아보지 않고 늘 새로운 자리만을 추구합니다.

그래서 역사와 시간을 나타내는 말조차도 공간적인 개념을 빌려 쓰고 있습니다. 어느 인문학자의 책에서 읽은 예인데, 영어의 Thereafter나 Always는 '그 다음'과 '언제나'라는 시간적 의미를 나타내는 말인데도 There거기, Way길 라는 공간적인 단어를 차용하고 있는 것입니다. 몰역사적인 인식이 언어적 표현으로 드러난 한 징표입니다. 누

오래된 미래, 그 눈부신 새로움

군가 "우리가 역사에서 배우는 것은, 인간은 역사에서 아무것도 배우지 않는다는 것이다"라고 탄식했던 것처럼.

잃어버린 역사성, 오래 묵은 옛것들, 그 근원적인 삶의 바탕자리를 되찾는 일이 오늘 우리의 역사적이요 인간적인 과제라는 노르베리 호지 여사의 주장에 나는 전적으로 동의하는 바입니다. 우리의 미래는 미래에 달려 있지 않고, 저 오래 묵은 옛것들에 달려 있다고 믿는 것입니다.

빨리 늙지 않으려면 새것을 좇아다니지 마라.

오래 묵힌 것들 속에 진정한 새것이 있다.

21세기의 우리는 아직도 수천 년 전의 노장老莊과 수백 년 전의 퇴계退溪로부터 퍼올리고 퍼올려도 다함이 없는 지혜의 맑은 샘물을 길어 올리며, 3천 년 전에 씌어진 성서의 가르침을 우리 삶의 새로운 소망으로 삼고 있습니다.

복과 저주의 윤회

삼림과 사막,
거듭되는 변신

중동의 메마른 사막 아라비아가 저 먼 옛날에는 지금의 아프리카 밀림보다 더 울창한 삼림지대였다는 추측이 지질학과 고고학 등의 성과에 힘입어 점차 믿을 만한 추론으로 자리잡아가고 있습니다. 이 추측이 맞는다면, 아라비아의 풍성한 삼림자원은 중동의 드넓은 땅을 지배했던 셈족에게 무한한 삶의 에너지요 크나큰 복이었을 것입니다.

무궁무진한 동식물들이 그들의 먹이였고, 아름드리 나무들은 건축자재요 땔감이었으며, 어느 곳을 파도 철철 솟아넘치는 맑은 샘물은 생명의 원천이었을 것입니다. 그처럼 풍요로웠던 밀림지대가 오늘날 물 한 방울 나지 않는 사막이 되어버린 것이야말로 크나큰 불가사의 중의 하나라고 보아야겠습니다.

그러나 꼭 불가사의랄 것도 없습니다. 중동의 사막화는 그 풍요로운 자연과 환경을 아끼고 가꾸지 못한 인간의 잘못 때문이었음이 거의 틀림없을 것입니다. 무성한 나무들을 함부로 베어내고, 동식물을 남획하고, 이곳 저곳 마구 샘을 파서 어지럽힌 결과가 오늘의 사막으로 변모되어 나타난 것이 아닐까 짐작합니다. 복이 저주로 바뀐 것입니다. 중동인들은 사막이 되어버린 이 저주의 땅에서 오랜 세기 동안 굶주림과 질병으로 처절한 삶을 이어와야 했습니다.

놀랍게도, 이 비참했던 저주의 땅이 다시 복된 땅으로 바뀌었습니다. 사막에서 석유가 콸콸 솟아오른 것입니다. 아라비아의 땅 밑 깊숙이 석유라는 화석원료가 대량으로 매장되어 있다는 사실은 그곳에 엄청난 수의 동식물들이 오랜 기간 생존해 있었다는 신뢰할 만한 증거라고 할 수 있습니다.

오늘날 중동의 산유국들은 세계에서 가장 높은 국민소득을 자랑합니다. 저주가 이처럼 복으로 변한 것은 지금부터 불과 1세기도 채 안 되는 일입니다. 신은 아라비아 사막의 역사를 통해서 복과 저주의 섭리를 극명하게 보여주고 있습니다.

복된 땅이 인간의 무분별과 무절제로 인해서 저주의 땅으로 변하고, 그 저주의 고난을 오랜 인고忍苦의 세월을 통해서 다시금 복이 넘치는 땅으로 바꾼 것입니다. 이것이 모두 중동 사막 한 곳에서 되풀이되어 일어난 역사입니다.

그런데 오늘날 많은 학자들이 복된 땅 중동을 향해서 우울한 경고를 보내고 있습니다. 이스라엘과 아랍의 해묵은 갈등을 가리켜 하는 말이 아닙니다. 젖과 꿀이 흘러야 할 가나안에 원한의 피와 눈물이 강물처럼 흐르는 것을 두고 이르는 말도 아닙니다. 중동의 석유자원을 놓고 벌이는 강대국들의 이권 다툼을 말하는 것도 아닙니다. 지금처럼 석유를 무작정 파내고 무한정으로 사용한다면, 지구는 바로 그것 때문에 파멸될 수 있다는 지적입니다.

복이 저주로, 저주가 다시 복으로 엇바뀌어온 중동 사막의 운명이 저들의 풍부한 석유자원 때문에 다시금 저주의 길을 걷게 될지도 모른다는 불길한 예견이 널리 퍼져 있습니다. 화석원료의 과다한 사용이 지구환경의 최대의 적으로 등장했다는 것은 이미 상식에 속하는 일입니다. 대기의 오염, 기후의 이상, 오존층의 파괴 등 지구사회의 절실한 위기들 대부분이 석유자원의 무제한적인 사용에 그 직접적인 원인을 두고 있습니다.

희년의 축복,
그냥 있는 그대로

그러나 중동의 사막뿐이 아닙니다. 한반도를 아래 위로 두 동강 낸 곳, 비무장지대DMZ는 민족현대사의 비극을 고스란히 안고 있는 슬픔의 땅이요, 오랜 분단의 상징 그 자체입니다. 수많은 이산가족들이 여기서 그리움의 발걸음을 되돌려야만 합니다. 이산가족의 명부 한 귀퉁이에 이름이 올라 있을 나는 끝내 DMZ를 넘어보지 못하고 남녘 땅에 몸을 누이신 아버님 어머님이 생전에 운명처럼 안고 살았던 그 안타까운 그리움을 잊으려야 잊을 길이 없습니다.

그런데 이 슬픔의 땅 DMZ가 무려 50년이 넘는 장기간의 봉쇄 조치로 이제는 자연의 옛 모습을 회복한, 지구상에 몇 안 되는 기름진 곳이 되어 있습니다. 마치 야훼 하나님이 50년째 해를 희년禧年으로 선포하여 땅의 경작과 파종을 금지했던 것처럼, 바벨론 포로생활 70년 동안 그 비어 있는 이스라엘 땅을 다시금 풍요로운 옥토로 변화시켰던 것처럼, 저 비무장지대도 지난 반세기의 아픔을 씻고 이제 풍요의 땅으로 변화된 것입니다.

비무장지대 안의 동식물들은 그 어느 곳보다도 훌륭한 자연환경 속에서 풍요로운 삶의 조건들을 누리고 있습니다. 계절이 바뀔 때마다 북에서 멀리 시베리아로부터, 남에서 저 오스트레일리아로부터 떼지어 날아오는 철새들은 한탄강과 임진강 상류의 갈대 숲처럼 아늑한 보금자리도 달리 없다는 것을 잘 아는 듯합니다. DMZ 안에서 수색병들과 드물지 않게 조우하는 사슴이나 노루는 완전군장한 병사들 앞에서도 도망칠 생각을 않고 도리어 신기한 듯 물끄러미 쳐다본다고 합니다. 마치 평화의 순수한 눈망울들이 전쟁의 비참함을 어깨에 무겁게 짊어진 인간들을 불쌍하게 바라보고 있는 듯한 광경입니다. 언젠가 통일의 날을 맞을 때 아마도 한반도에서 가장 살기 좋은 곳이 바로 이곳이 아닐까 여겨집니다.

걱정되는 것은, 오늘의 슬픔이요 내일의 복이 될 DMZ가 저 중동 사막처럼 다시금 저주의 땅이 될 수도 있다는 점입니다.

우리는 일제의 식민지배를 거쳐 광복의 큰 기쁨을 맞았지만 또다시 반목과 분열로 국토분단의 비극을 안은 채 반세기를 이어오다가 이제야 비로소 어렵사리 남북협력의 새 시대를 열어가는, 어두움과 광명이 교차되는 숨가쁜 현대사를 살아내고 있습니다. 복이 저주로 뒤바뀌는 역사는, 아아, 그것으로 이미 충분하지 않은가?

통일이 되어 드디어 DMZ 안의 철조망이 걷힐 때, 이 땅에 유일하게 남은 자연친화적 생태계인 저 비무장지대가 투기꾼과 복부인들의 어수선한 발걸음으로 더럽혀져 복이 다시금 저주로 환원되는 어리석음의 역사가 되풀이될까봐 마냥 걱정스럽습니다.

얼마 전 사법연수원의 젊은이들과 함께 중국 쪽에서 백두산을 올라 천지의 시리디시린 물에 발을 담근 일이 있습니다. 무슨 정수제론들 그리도 맑고 깨끗한 물을 만들어낼 수 있겠는가 싶었습니다. 아무것도 없는, 정말 자연 밖에는 아무것도 없는 그곳에서, 우리는 다시 한번 확실하게 깨달았습니다. 자연은 '그냥 있는 그대로 두는 것'이 가장 아름답다는 것을.

호화 관광유람선을 띄운 천지 못가에 호텔이니 콘도니 하는 것들을 지어 올리고 횟집과 보신탕집과 숯불갈빗집들을 즐비하게 늘여놓은 모습은 상상하는 것만으로도 끔찍하기 짝이 없습니다. 아니나 다를까, 천지에서 산 정상을 오르는 길목에 널린 라면봉지와 빈 소주병들의 한글 상표가 내 눈을 아프게 찔러왔습니다.

그런데 더 급한 것은 백두산의 천지가 아니라 바로 비무장지대입니다. 광복절을 맞아, 통일의 기원에다 새로운 항목 하나를 더 추가해 둡니다. 비극의 DMZ가 고이 안고 있는 복의 싹이 다시금 저주의 먹구름으로 탈바꿈하지 않기를.

광야에 흐르는 시내

외로운 나무,
위대함으로 고독해진

나무는 나에게 언제나 감명 깊은 설교자였다. 나는 숲 속에 있는 나무들을 존경한다. 아니, 홀로 서 있는 나무를 나는 더욱 존경한다. 그들은 고독한 사람들과도 같다. 허약함으로 세상을 등진 은둔자가 아니라, 위대함으로 고독해진 사람과 같다. 마치 베토벤이나 니체처럼.

나뭇가지는 세계를 향해 살랑거리고, 뿌리는 무한한 침묵에 싸여 있다. 그러나 그들은 쇠퇴하는 것이 아니라, 자기 생명의 모든 힘을 발휘하여 오직 하나만을 추구한다. 그들 속에 내재한 법칙을 이룩해가는 것, 그들 고유의 모습을 형상화하는 것, 제 본연의 모습을 나타내 보이는 것이다.

아무것도 한 그루의 아름답고 강인한 나무처럼 귀감이 될 만한 것은 없다. 한 그루의 나무가 베어 넘어져 그 상처 입은 몸을 태양에 드러내면, 우리는 이윽고 그 묘비처럼 찬연한 원반의 그루터기에서 나무의 전 생애를 읽어낼 수 있다. 나이테 속에는 모든 투쟁과 고통과 병고와 행운과 번영, 근근히 살아온 세월과 넉넉히 자라온 시절, 힘겹게 물리친 침입자들, 그리고 견디어 이겨낸 풍랑들이 쓰여 있다.

나무는 성소聖所다. 그들과 대화하고 그들에게 귀 기울일 줄 아는 사람, 그는 진리를 경험하고 있는 것이다.

성묘하러 오른 추석의 산 위에서 내 안의 허공을 줄곧 울려댄 헤르만 헤세의 「나무들」이라는 글입니다.

추석은 땅의 일부가 된 조상의 뼈를 찾아 자연 속으로 돌아가는 계절입니다. 수확을 앞둔 풍성한 들판, 하늘을 꽉 채울 듯 부풀어오른 만월滿月, 그리고 우리들 생명의 원천이요 뿌리였던 그리운 분들의 인격과 삶의 기억들로 가득한 추석은, 한마디로 자연과 역사에다 우리의 삶을 반추해보는 성찰의 시절입니다.

누천 년을 두고 사람들이 삶의 질을 향상시키기 위해 개발을 거듭해온 과학기술과 산업화의 성과들이 도리어 삶의 바탕자리를 근본적으로 파괴해가고, 생명의 티전인 지구를 아예 생명이 거주할 수 없을 정도로 무너뜨리고 있는 이 시대에, 자연과 역사는 거울처럼 우리의 삶을 비춰주는 가장 소중한 정신적 자원이라는 믿음이 깊어집니다.

산업화와 경제발전은 사람들의 끝도 없는 이기적 욕망을 줄곧 북돋우면서 자연 학대를 더 이상 방치할 수 없는 위기의 수준에까지 이르게 했습니다. 기술과 문명의 발달로 생산이 증가하고 에너지 사용이 확대됨으로써 천연자원이 마구 유린되는 한편, 자원의 구조 자체가 변모되어가고 있습니다. 그뿐 아니라 인구의 급격한 팽창과 도시들의 확장, 유흥향락 시설의 범람, 핵무기와 화학무기의 실험 등으로 이제 자연환경은 오염의 정도를 넘어서서 피폐하고 황폐화되는 지경에까지 이르렀습니다.

오랜 가뭄으로 시들어 죽어가는 초목들, 터지고 갈라진 토양들, 장마와 홍수로 휩쓸려 내린 산자락들, 쓰레기 더미로 변한 골짜기들, 태풍과 폭우로 폐허가 된 숲과 들판, 무차별 남획으로 살 터전을 잃고 헤매는 야생동물들, 화석원료의 연소가스로 날로 사막화되어가는 땅. 이 모든 것이 인간들의 탐욕으로 인해 병들어가고 있는 생태계의 모습입니다. 아니, 병들어갈 뿐 아니라 생태계의 구조 자체에 이변이 일어나 종種의 변화와 생명체의 기형들이 울뚝불뚝 솟아나고 있습니다.

자연의 인간화
인간의 자연화

인간을 유토피아로 이끌어준다던 현대의 과학문명은 오히려 가치의 상실, 의미의 쇠퇴, 인격의 물화物化, 창조질서의 혼란을 초래한 면이 더 큽니다. 탐욕이라는 인간의 죄는 스스로를 하나님에게서 분리시켰을 뿐 아니라, 자연을 인간에게서, 그리고 인간을 자연에게서 분리시켰습니다. 사람들이 자연을 무서워할 때는 자연을 우상처럼 숭배하였지만, 사람들이 자연을 유린하고 착취하자 도리어 자연이 인간을 무서워하는 데까지 이르렀습니다.

"피조물은 하나님의 자녀들이 나타나기를 간절히 기다리고 있다.

피조물이 허무에 굴복하였지만, 그것은 자의로 그렇게 된 것이 아니라 굴복하게 하신 그분이 그렇게 하신 것이다. 그러나 소망은 남아 있다. 그것은 곧 피조물도 사멸의 종살이에서 해방되어 하나님의 자녀가 누릴 영광된 자유를 얻는다는 것이다. 우리는 모든 피조물이 이제까지 함께 신음하며, 해산의 고통을 함께 겪고 있다는 것을 안다.”로마서 8:19~22

하나님은 천지를 창조하셨을 뿐 아니라, 최후의 안식을 향한 창조의 완성을 위해 지금도 창조사역을 계속하고 있습니다.

“하나님의 백성에게는 안식할 때가 아직 남아 있다.”히브리서 4:9

이른바 ‘창조 안에 계신 하나님’ 사상인데, 자연과 신을 동일시하는 범신론이나 자연신관이 아니라 모든 피조물 속에 하나님의 영성이 내재해 있다고 믿는 내재적 초월신관입니다. 자연이 곧 신은 아니지만, 신과 자연을 분리해서는 안 되는 이유입니다.

창조주 하나님은 세계와 역사의 현실에만 관여하시는 것이 아닙니다. 매순 매순 순환하는 자연의 현실에도 경이로운 창조의 손길로 다가옵니다.

“만유의 아버지 하나님은 만유 위에 계시고 만유를 통하여 일하시고 만유 안에 계신다.”에베소서 4:6

유대의 옛 시인은 만유 가운데 계신 하나님의 숨결을 분명히 깨닫고 있었습니다.

“내가 하늘로 올라가더라도 주께서는 거기에 계시고, 스올에다 자리를 펴더라도 주님은 거기에도 계십니다. 내가 저 동녘 너머로 날아가거나, 바다 끝 서쪽으로 가서 거기에 머무를지라도 거기에서도 주의 손이 나를 인도하여주시고, 주의 오른손이 나를 힘있게 붙들어주

십니다."^{시편 139:8~10}

시인의 감성만이 아닙니다. 예언자의 날카로운 통찰의 눈도 자연을 회복하는 창조주의 손길을 멀리 내다보고 있습니다.

"광야와 메마른 땅이 기뻐하며, 사막이 백합화처럼 피어 즐거워 할 것이다. 사막은 꽃이 무성하게 피어 크게 기뻐하며, 즐겁게 소리칠 것이다. 레바논의 영광과 갈멜의 영광을 보며, 우리 하나님의 영화를 볼 것이다. 그때에 다리를 절던 사람이 사슴처럼 뛰고, 말을 못하던 혀가 노래를 부를 것이다. 광야에서 물이 솟겠고, 사막에 시냇물이 흐를 것이다. 뜨겁게 타오르던 땅은 연못이 되고, 메마른 땅은 물이 쏟아져 나오는 샘이 될 것이다. 승냥이 떼가 뒹굴며 살던 곳에는 풀 대신에 갈대와 왕골이 날 것이다."^{이사야 35:1,2,6,7}

자연은 역사의 실재이며, 역사는 자연의 존재방식입니다. 자연 없이 역사 없고, 역사 없이 자연 없습니다. 지난 세월의 문명의 흐름이 '자연의 역사화'였다면, 앞으로는 '역사의 자연화'가 새로운 문화적 목표로 설정되어야 합니다. 다양성 창조성 상호의존성의 원리를 스스로 품고 있는 자연은 그 '순환의 과정적 실재'를 통해서 피조세계를 향한 하나님의 사랑 Amor Dei을 나타내 보여주고 있습니다.

이제는 '자연의 정복'이 아니라 '자연의 사랑'이 회복되어야 합니다. 인간의 '자기 사랑'amor sui의 결과인 '자연의 인간화'를 버리고 '인간의 자연화'를 지향해야 할 때입니다.

사람의 몸을 이루는 세포의 인자들은 어느 것 하나 자연의 인자들과 교류하지 않는 것이 없습니다. 흙adamah은 인간adam의 살이고, 살은 다시 흙으로 돌아갑니다. 인간의 피와 땀과 눈물은 자연의 핏줄인 강물이 되어 바다로 흘러듭니다. 풀과 나무는 음식이 되어 인간의 몸에 들어오고, 인간이 배설한 찌꺼기들은 다시 숲의 자양분으로 돌아갑니다. 이렇듯 인간과 자연은 원래 하나요, 앞으로도 어김없이 하나입니다.

다른 것이 있다면, 자연은 탐욕을 모른다는 점입니다. 거짓도 알지 못합니다. 오직 인간만이 탐욕과 거짓의 죄성에 스스로 묶여 자연과 인류의 역사를 더럽히고 있습니다.

해마다의 추석이 나에게 소중한 것은, 광야같이 메마른 크로노스의 시간을 잠시 세워두고 조상의 흰 뼈가 시퍼런 역사로 누워 있는 자연으로 돌아가, 광야에 흐르는 시내처럼 정갈한 고요로 오늘의 일그러지고 수치스러운 삶을 씻어내는 카이로스의 충격을 만날 수 있기 때문입니다.

시장판의 '가격'을 모르면 바보 취급을 받고, 물건값을 모르면 경제적 손해를 입게 됩니다. 그러나 '가치'를 모르면 인격과 삶의 실패를 겪을 수밖에 없습니다. 물건의 가격은 수요 공급의 시장원리에 의해서 결정되지만, 사물의 가치는 '인격적 관계성' 속에서만 오롯이 파악될 수 있다는 믿음을 배신할 수 없습니다.

상품의 가격은 영악하리만치 잘 알아차리면서도 사물의 가치에는 조금치의 관심조차 두지 않는 정신적 소경들의 시장터에서, '가격'이 아니라 '가치'를 묻고 다니는 바보가 불현듯 그리워집니다.

4부

바보가 그리운 시대

먹지 말라는 선악과를 따먹고 하나님의 추궁을 받자 아담은 "하나님이 내 짝으로 만들어주신 이브가 먹으라고 해서 먹었습니다"라고 변명했습니다. '이브 탓' 을 하는 척하면서 실은 하나님 탓을 한 것입니다. '남의 탓' 에서 더 나아가 하나님을 향해 '바로 네 탓' 이라고 대든 아담의 항의는 진실을 거스르려는 인간의 본성을 그대로 드러내고 있습니다.

파랑새를 찾는 피터 팬,
모라토리움 인간

거짓과 표절,
'네 탓'의 이전투구

30년의 법정 경험이 늘 무겁게 느껴지는 까닭은 우리 법정에 거짓말이 너무 많다는 사실 때문입니다. 형사피고인이든 민사소송의 원·피고든 믿음직한 주장을 펴는 사람이 그리 많아 보이지 않습니다. "거짓말을 하면 위증의 벌을 받겠다"는 서약으로 증언대에 오른 증인들도 크게 다르지 않습니다.

지금은 그렇지 않다고 믿지만, 과거 군사독재정권 시절에는 재판부와 검찰도 간혹 거짓말을 내뱉곤 해서 지금 '과거사 정리'의 대상이 되어 있는 형편입니다.

대부분의 경우 형사피고인의 거짓말은 책임회피로, 민사소송 원·피고의 거짓말은 책임전가로 나타납니다. 불법이나 위법의 결과가 '내 탓'이 아니라 '네 탓'이요 '남의 탓'이라는 것입니다. 대부분의 법정이 법리공방이 아니라 진실게임의 싸움터가 되는 이유입니다. 게다가 증인과 변호인들까지 '남의 탓' 공방에 끼어들어 싸움은 그야말로 이전 투구가 되게 마련입니다.

그런데 실은 법정만이 아닙니다. '네 탓'은 이제 우리 사회의 일반적 현상이 된 듯합니다. 특히 정치인과 관료들의 '남의 탓'은 그 정도가 훨씬 심해 보입니다. '자기 잘못을 인정하지 않는 잘못'도 큰 잘못이지만, 그보다 더 큰 잘못은 '제 잘못을 남의 탓으로 돌리는' 책임전가입니다. 제 잘못을 인정하지 않으려면 거짓말을 해야 하고, '내 탓'을 감추려면 '네 탓'과 '남의 탓'을 할 수밖에 없습니다.

제자의 논문을 표절했다는 의혹에 휩싸인 교육부 수장은 도리어 "제자가 내 것을 베꼈다"며 제자를 탓했습니다. 이미 고인이 되어 항변할 기회조차 잃어버린 자기 제자를.

실패를 거듭하며 오락가락하는 부동산정책에 대해 거센 비판이 쏟아지자 "광고 지면의 20퍼센트 이상을 부동산으로 채우는 일부 신문과 복부인 등이 부동산가격 정상화를 조직적으로 막는 적"이라면서 '언론 탓'을 한 당국자도 있습니다.

어느 젊은 정치인은 군대 가야 할 나이에 손가락 하나를 자른 일이 있었는데, 병역을 기피하려고 단지斷指를 한 것이 아니냐는 의혹이 제기되자 "당시의 시대상황을 아는 것이 더 중요하다"면서 느닷없이 '시대 탓'을 했습니다. 같은 시대에 멀쩡한 사지로 성실히 군복무를 마친 사람들은 마땅히 자신들의 무딘 시대감각을 부끄러워해야 할 판입니다.

남의 조상의 내력을 열심히 파헤치던 어느 고위공무원은 동학혁명의 도화선이 되었던 제 조상의 탐관오리 행적이 드러나자 "역사적 사건이 한 개인에 의해 일어나지는 않는다"며 '역사 탓'을 했고, 유력한 대통령후보 아들의 병역기피 의혹을 끈질기게 물고늘어지던 어떤 방송인은 자기 두 아들의 병역기피 의혹이 불거지자 "잘 기억이 나지 않는다"고 엉뚱하게 '기억력'을 탓했습니다.

'지금 집을 사면 낭패를 볼 것'이라는 글을 써서 파문을 일으킨 공직자는 "강남 사람들이 언제까지 웃을 수 있을지 모르겠다"는 높은 분의 의문을 해소시켜주기라도 하려는 듯 스스로 강남 아파트 두 채의 매매를 통해 20억 원의 차익을 챙긴 사실이 드러나 결국 자리에서 물러나게 되었는데, 퇴임의 글에서는 "우리 상황의 핵심은 '정책 부실'에 있는 것이 아니라 언론이 부추긴 '정책 불신'에 있다"며 어김없이 또 '언론 탓'을 했습니다.

30여 명의 공무원들에게 훈·포장을 뿌리면서 크게는 여덟 차례, 작게는 삼십여 차례나 부동산대책을 발표해오는 동안, 공급을 확대해야 한다고 충고하면 거꾸로 공급을 억제하고 규제를 풀어야 한다고 조언하면 되레 규제를 더 강화해오다가 일이 여의치 않게 돌아가자 어느 날 갑작스레 공급확대 방안을 내놓아 시장을 크게 혼란시켰지만, 어느 곳에서도 '내 탓'이라는 목소리는 들려오지 않습니다.

네 탓, 남의 탓
마침내 하나님 탓

우리가 가장 하기 어려운 말이 "내 탓입니다"라는 고백 아닐까? 모름지기 성숙한 인격만이 제 잘못을 솔직하게 인정할 수 있는 법입니다.

육체적으로는 충분히 성숙했지만 정신적으로는 어린애처럼 책임지기를 싫어하는 무의식적 심리상태를 '피터 팬 증후군'이라고 합니다. 내일의 행복만을 꿈꾸면서 오늘 해야 할 일을 기피하는 '파랑새 증후군’과 흡사한 데가 있습니다. 파랑새는 멀리 있는 것이 아니라 바로 지금 우리 곁에 가까이 있는 것을.

언제나 미래의 꿈을 이루기 위한 유예기간에 머물러 있을 뿐, 현재의 과업을 충실히 수행할 수 있는 의지와 능력이 결여된 사람을 ‘모라토리움 인간’이라고 하는데, 파랑새 증후군에 빠져 ‘2030 미래상’을 즐기느라 ‘오늘의 현재상’을 그르치는 사람들이 그에 해당되지 않을까?

모라토리움 인간을 세간에서는 ‘나토족’NATO族 — 말만 하고 행동은 하지 않는 사람 No Action Talking Only — 이라고 비아냥거리기도 합니다.

피터 팬 증후군이나 파랑새 증후군에 빠진 모라토리움 인간들의 특징은 ‘내 탓’을 알지 못한다는 점입니다. 늘 ‘네 탓’과 ‘남의 탓’이 있을 뿐입니다.

마땅히 책임을 져야 할 자리에 버티고 앉아서 자기 책임을 남의 탓으로만 돌리는 공직자들 역시 유아기적 피터 팬 증후군에 빠진 나토족이거나 파랑새 증후군에 걸린 모라토리움 인간에서 그리 멀지 않아 보입니다.

이념적 순혈주의에 파묻힌 사람일수록 현실과 동떨어진 도그마의 세계에 갇혀 두 주먹 불끈 쥐고 항상 남의 탓을 해대게 마련입니다. 꼭 철없는 어린애들 같습니다. 가방에 인형을 매달고 다니는 대학생처럼 어린애kid의 감성에서 벗어나지 못한 어른adult을 키덜트kidult라고 부르는데, ‘현실에 대한 부적응심리’라는 점에서 모라토리움 인간과 다르지 않습니다.

먹지 말라는 선악과를 따먹고 하나님의 추궁을 받자 아담은 “하나님이 내 짝으로 만들어주신 이브가 먹으라고 해서 먹었습니다”라고 변명했습니다.창세기 3:12 ‘이브 탓’을 하는 척하면서 실은 하나님 탓을 한 것입니다. ‘남의 탓’에서 더 나아가 하나님을 향해 ‘바로 네 탓’이라고 대든 아담의 항의는 진실을 거스르려는 인간의 본성을 그대로 드러내고 있습니다.

‘네 탓’에 대한 신의 응징은 실로 무서웠습니다.

“땅은 너 때문에 저주를 받을 것이다. 너는 흙에서 나왔으니 흙으로 돌아가리라.”창세기 3: 17~19

몇몇 힘 있는 키덜트, 그 철없는 피터 팬들, 파랑새를 찾아 몽상의 세계로만 내달리는 모라토리움의 나토족들 때문에 공동체 모두가 무시무시한 저주를 받지 않을까 두렵기도 하지만, 그래도 꼭 저들을 나무라기만 할 일은 아닐지도 모릅니다. 경제의 침체는 과거 정권 탓, 개혁의 실패는 수구 세력 탓, 국정의 난맥은 집권층의 탓이 아니라 사사건건 발목을 잡는 야당 탓, 그리고 북한의 핵실험은 오직 미국 탓일 뿐이니까.

조커가 된 신념

사람을 망가뜨리는 중독증이 여럿 있지만, 그 중에서도 마약중독은 참으로 무섭습니다. 몸이 결딴나는 것은 말할 것도 없고 인격마저 황폐화하여 스스로 폐인이 되어가는가 하면, 종내는 가정까지 파괴하고 맙니다.

우리 사회에 은밀히 스며든 마약류 범람의 풍조가 경악할 정도입니다. 심지어 주부와 학생들까지 마약의 검은 유혹에 물들어간다고 합니다. 한 인격, 한 가정이 아니라 사회마저 무너질 수 있습니다. 법률이 마약류를 엄격하게 다루는 이유입니다.

마약중독은 그나마 자각증상이 있어서 좀 나은 편입니다. 정말 무서운 중독증은 자각증상조차 없습니다. 돈과 재물에 중독되어 소중한 인간관계를 그르치고 사회적 책임을 내팽개치는 사람은 그 해악을 깨닫지 못합니다. 재산의 상속이나 분배문제로 부모형제마저 살해하는 끔찍한 경우도 없지 않습니다. 이즈음 이혼법정의 싸움은 상당수가 부부의 재산분할 문제에 집중되고 있습니다.

성중독증性中毒症이라는 이상한 증세도 있다는데, 일상의 모든 관심이 온통 성적 충동에만 쏠려 있는 편집증을 말합니다. 각종 성범죄를 야기하면서 자신과 타인의 인격을 파괴하는 성중독증에 자각증상이 있을 리 만무합니다.

자각증상이 없으면 치유하기도 어렵습니다. 중독상태에 빠져 있으면서도 그 독성을 깨닫지 못하고, 오히려 익숙해진 중독상태가 더 편안하게 느껴지기에 치유의 필요성조차 인식하지 못합니다. 아마 권력중독증이 그렇지 않을까 싶습니다.

권세가 커질수록 살맛이 나고 권력을 휘두를 때마다 인생의 성취감을 만끽합니다. 그 성취감 속에 서서히 병들어가는 자신의 인격, 민주적 토대를 잃어가는 나라, 생동감을 잃고 경직화되어가는 사회공동체는 안중에도 없습니다.

나라와 국민을 위해 희생하겠다던 초심初心은 온데간데없고, 한 마디 지시에 일사불란하게 움직이는 공사조직의 눈물겨운 충성을 바라보며 절로 장기집권을 꿈꾸게 됩니다. 동서고금이 다르지 않은 독재권력의 전형적인 모습입니다.

그러나 나는 권력중독증보다 더 무서운 중독증 하나를 알고 있습니다. 이념중독증이라는 병입니다. 이념이 신념이 되고 신념이 근본주의적 도그마로 절대화되면, 다른 일체의 가치들을 그 이념 아래 무릎 꿇리는 교조주의敎條主義의 우상이 되고 맙니다.

인간과 사회의 모든 관계들을 특정이념의 눈으로만 바라보고, 제 신념에 어긋나는 것은 모두 악으로 단죄해버립니다. 신념이 역사적 철학적 성찰의 바탕자리를 결여했기 때문입니다.

　이념중독의 우상숭배는 도그마를 지고선至高善으로 여기기에 그 속에 깃든 오류를 깨닫지 못할 뿐 아니라, 그 오류를 지적하는 것은 곧 선을 반대하는 것으로 단호한 척결의 대상이 됩니다. 세상에는 오직 선인 이념과 그 반대의 악만 존재할 뿐, 이념과 무관하거나 신념을 초월하는 가치는 모두 부정해버리든지 아니면 아예 알지도 못합니다. 무지와 포악성이 교조주의의 본질적 특성입니다.

　이념의 독선이 언제나 전쟁을, 또는 전쟁 같은 사상전을 몰고 다니는 것은 이러한 '교조적 파시즘'의 포악성 때문일 것입니다. 더욱이 각기 다른 이념에 중독된 여러 도그마들이 서로 충돌하면 시대와 사회를 '사상의 무질서, 가치의 무정부상태'로 몰아넣어 극심한 혼란과 비극을 초래하게 됩니다. 이데올로기 논쟁이나 종교의 교리 다툼에서 항상 나타나는 현상입니다.

이념의 판쓸이, 무너지는 공동체

온 나라가 경제성장에 목을 맸던 지난 시절, 어느 초등학교 정문에 "수출목표 달성에 기여하는 교육"이라는 표어가 나붙은 것을 보고 몹시 우울했던 기억이 있습니다. 굳이 교육과 경제를 연관짓자면 "교육목표 달성에 기여하는 경제"가 옳지 않았을까?

　경제가 아무리 급선무였다 해도 초등교육까지 경제에 종속시킨 '경제제일주의'는 이념중독도 꽤 심한 편이었습니다. 그 덕에 오늘의 눈부신 경제발전을 가져왔지만, 그와 함께 성장의 짙은 그늘도, 교육정책의 미성숙도 초래되고 말았습니다.

오직 하나의 도그마에만 집착하여 일체의 조화와 중용을 거부하는 이념중독증은 마약중독, 권력중독보다 훨씬 더 위험한 독선으로 자유공동체를 파괴합니다. 중용과 조화의 목소리는 구닥다리의 낡은 넋두리쯤으로 치부될 뿐입니다.

도그마가 된 신념은 인간과 사회의 모든 관계들 속에서 마치 포커게임의 조커joker처럼 전지만능의 손으로 단박에 판쓸이를 하며 일체의 가능성을 잠재워버립니다. 자유로운 정신의 교호관계交互關係는 봉쇄되거나 억압당하기 일쑤입니다.

지구촌 전역으로 번져가는 미국과 알 카에다의 격렬한 전쟁도 이슬람과 기독교 안의 두 근본주의가 충돌한 이념중독증의 폐해로 보는 견해가 유력합니다.

전범의 위패가 놓인 신사에 때마다 머리를 조아리는 일본 극우주의, 고구려 역사를 통째로 집어삼키려는 중국의 중화주의도 '민족의 도그마'에 얽매여 나라와 세계의 모든 관계를 민족주의라는 조커 하나로 해결하려드는 자민족중심주의의 이념중독증과 다르지 않습니다.

유신시대의 '민족적 민주주의'와 북쪽의 '민족주체'라는 역사적 경험을 가지고 있는 우리의 경우도, 건강한 민족애와 민족지상주의의 유일이념을 구분하지 못한다면 '닫힌 민족주의' 그 폐쇄적 쇼비니즘의 이념중독에 빠질 우려가 큽니다. 개인의 인격과 삶이 타인을 향해 열려 있어야 하듯, 겨레사랑도 세계를 향해 드넓게 펼쳐진 '열린 민족주의'여야 합니다.

'조커가 된 신념'을 아무 때나 아무데서나 불쑥불쑥 내밀어 판쓸이를 하려드는 이념중독자들, 그 교조주의의 파시스트들에게는 이런 지혜의 말을 들려주고 싶습니다.

기독교 근본주의자에게는 "하나님은 홀로 유대인만의 하나님이신가? 진실로 이방인의 하나님도 되신다"는 사도 바울의 신앙고백을. 로마서 3:29 이슬람 근본주의자에게는 "종교에는 강제가 없다. 무엇이 악이고 무엇이 진실인지는 저절로 밝혀진다"는 무하마드마호메트의 가르침을.쿠란 2:256

그리고 민족지상의 폐쇄적 쇼비니스트들에게는 "안타깝다. 좁은 우리 속에 갇혀 있구나. 삼면이 바다로 둘러싸였고 산이 주름잡아 사지를 꼬부리고 있으니 큰 뜻인들 어찌 채울 수 있으랴"라는 다산茶山의 저 기나긴 탄식을.

위기의 혼인서약

**가정은
나의 대지**

미국의 지성인들 사이에 "대공황 시절에는 집을 잃었지만, 호황 시절인 지금은 가정을 잃어버렸다"는 뼈아픈 반성의 말이 오가고 있습니다. 대공황이라면 1930년대 뉴욕 증권시장의 주가 대폭락을 계기로 미국 전역을 엄습했던 경제불황을 말하는 것인데, 그에 뒤이어 영국과 프랑스 등 유럽 여러 나라들에서 환불 소동과 은행의 파산 등 긴급상황이 발생함에 따라 세계적인 금융공황이 초래되었습니다.

본토의 전투 없이 제1차 세계대전을 승리로 이끈 미국은 치열한 전쟁터였던 유럽과는 달리 풍부한 생산력과 자본력을 바탕으로 과잉자본을 해외로 수출해서 국부를 쌓아갈 수 있었지만, 5퍼센트 이상의 구조적 실업과 농업 탄광업 등 불황산업으로 인한 만성적 적체요인이 과잉자본의 과열된 투기행위와 결합하여 주식시세 대폭락을 불러왔고 이를 계기로 심각한 대공황에 빠져들었습니다.

당시 천정부지의 실업률에도 불구하고 미국사회는 상위 1퍼센트의 부자들이 국민 전체소득의 36퍼센트를 차지하고 있었는데, 이처럼 왜곡된 경제구조 속에서 수많은 노동자들이 집을 잃고 길거리를 헤매는 홈리스homeless로 전락해갔습니다.

이에 반해서 오늘의 미국경제는 세계 유일의 초강대국답게 욱일승천하는 호경기를 누리고 있습니다. 실업률은 최저수준으로 떨어졌고 호사스런 집과 고급아파트들이 미국시민들에게 안락한 삶의 보금자리를 제공해주고 있습니다. 대공황 시절과는 정반대의 모습입니다.

그런데 그 호사스런 집house들과 고급아파트들 안에서 가정home이 깨어져가고 있습니다. 오늘날 미국사회의 이혼율은 이미 50퍼센트를 넘어섰고 재혼한 부부의 이혼율은 70퍼센트까지 솟구친다고 합니다. 부부 두 쌍 중 한 쌍이 이혼하고, 재혼한 부부들은 세 쌍 중 두 쌍이 다시 이혼하는 셈입니다. 이혼한 어머니와 함께 사는 아이들은 2, 3년마다 어머니로부터 새 아버지를 소개받아야 하는 실정입니다. '새 아버지'라. 이런 기막힌 말이 또 있을까? 생부生父는 느닷없이 '헌아버지'가 되어버렸고 해가 갈수록 '최신 아버지'가 나타나곤 하니, 자식 노릇하기도 여간 번거롭지 않겠습니다.

부모님을 다 떠나보내 드린 지금, 아버지 어머니라는 말은 내 영혼 깊숙이 자리잡은 아픔을 건드림이 없이는 차마 입에 올리지 못하는 금기처럼 되어 있습니다. 그 금기의 언어 앞에 새것이니 헌것이니 하는 따위의 수식어가 붙어다니는 것을 나는 절대로 허용할 수 없습니다.

대공황 시절에 미국인들은 집을 잃어버렸지만 대호황인 지금은 가정을 상실해가고 있습니다. 사실 대공황 시절은 하우스리스houseless의 시절이었을 뿐이고 지금이야말로 홈리스의 시절이라고 해야겠습니다.

미국에 있을 때 일입니다. 이혼한 미국 변호사 한 사람을 만났는데, 처음 만날 때 동반했던 여자 친구와 두 번째 만날 때 동반한 여자 친구가 달랐습니다. 묻지도 않았는데, 지금의 여자 친구와는 결혼까지 가게 되었다고, 쑥스러운 표정으로 설명해주었습니다. 그리고는 시부모를 모시고 산다는 한국 여성들에 대해 진심 어린 경의를 표하는 것이었습니다. 그가 자조하듯 중얼거리던 말이 내내 잊혀지지 않습니다. "미국은 망하지 않겠지만, 만일 망한다면 아마 가정문제 때문일 것입니다."

우리나라의 사정도 한가롭지만은 않습니다. 2000년 한 해에 33만 4,030쌍이 결혼했는데 그 중 11만 9,882쌍이 이혼했다고 합니다. 세 쌍 중 한 쌍이 이혼하고 있는 추세입니다. 2005년에는 13만 5,000쌍, 하루 평균 370쌍이 헤어졌다고 합니다. 우리나라의 이혼율이 '이혼 선진국'이라는 일본이나 독일을 이미 앞질렀고, 경제협력개발기구 OECD 30개 회원국 중 3위를 차지할 정도로 이혼이 흔해졌습니다.

'이혼 비즈니스'라는 신종 기업이 성업중이고, 심지어 "성공적인 이혼을 도와준다"는 엽기적인 이혼전문 인터넷 사이트까지 생겨났습니다. 이 타락상이 소위 선진국현상이요 경제발전을 지향하는 사회의 필연적인 모습이라면, 나는 차라리 빈곤한 후진국에서 살고 싶은 마음입니다. 소설 「대지」를 쓴 펄 벅은 "가정은 나의 대지다. 나는 거기서 정신적 영양을 섭취한다"고 말했지만, 오늘의 많은 가정들은 도리어 갈등과 좌절의 원천으로 전락해가는 듯한 느낌입니다.

특히 마음 아픈 것은, 상당수의 이혼이 경제적인 사정 때문이라는 점입니다. IMF 외환위기 사태 이후 중년부부의 이혼율이 급증했다는 조사보고는 그 경제위기보다 더 심각한 정신적 위기를 보여주었습니다.

실직으로 좌절해 있는 남편을 위로하고 격려하는 것이 아니라 보다 넉넉한 경제적 형편을 찾아 이혼을 마다하지 않습니다. '사랑 없이는 살아도 돈 없이는 살 수 없다'는 이즈음의 세태가 그대로 드러난 병리 현상이 아닐까?

부부의 관계란 부유하고 건강할 때는 사랑하고 가난하거나 병들면 사랑하지 않는, 그런 잇속 밝은 상거래 관계가 아닙니다. 우치무라 간조는 "무엇을 얻기 위해서 이루어진 가정은 반드시 무너진다"고 경고했습니다. 가정은 행복을 캐내는 곳이 아니라 스스로 만들어가는 곳이라는 뜻이겠습니다.

더욱이 가정은 부부만의 영역이 아닙니다. 어린 자녀들과 더불어 삶을 함께 만들어가는 엄숙한 자리입니다. "어린이 앞에서는 악마도 무력해진다"는 말이 있듯이, 자녀들 앞에서는 부부간의 갈등도 무력해져야 마땅합니다.

가정을 '사랑의 감성'에 의해서만 유지하려는 사람들을 나는 약간 의심합니다. 가정은 사랑의 '감성'이 아니라 사랑의 '책임' 때문에 더욱 가정다워질 수 있습니다. 사랑이 지고의 가치를 지니는 것은 그 농익은 감성 때문이 아닙니다. 그 짙은 감성을 '책임 있는 영혼'이 싸안고 있기 때문일 것입니다. 서로를 향한 삶의 책임을 벗어던진 '감각만의 사랑'을 나는 사랑이라는 이름으로 부를 마음이 조금도 없습니다.

한 나라는 수십만의 장병들에 의해서 지켜지지만, 가정은 한 남성의 책임 있는 헌신만이 지켜낼 수 있습니다. 드높은 빌딩은 수백 명의 장정들이 지어 올리지만, 가정은 한 여성의 사랑의 손길로만 아름답게 지어져갑니다.

사랑의 실패
인격의 실패

이혼은 단지 결혼의 실패만이 아닙니다. 예외가 없지는 않겠지만, 많은 경우에 이혼은 사랑의 실패요 또한 인격의 실패라는 생각을 지우기 어렵습니다. 결혼의 파괴가 혼인서약의 파기에 그치지 않고 그것으로 인격의 파괴에까지 이르는 경우를 적지 않게 보아오고 있기 때문입니다.

이혼 가정의 자녀들이 어떻게 방황하고 있으며 그 영혼이 얼마나 큰 상처를 입으며 그 인격과 삶이 어떻게 파괴되어가고 있는지를 깊이 헤아릴 줄 안다면, 당장의 경제적 어려움을 이혼의 핑계로 삼는 저 못된 선진국병을 닮아갈 수는 없는 노릇입니다. 그것이야말로 대공황보다 더 무서운 정신적 공황이 아닐 수 없습니다.

오늘날처럼 혼인서약이 심각한 위기에 내몰린 적도 없을 듯합니다. 높은 이혼율 때문만이 아닙니다. 결혼 자체도 이즈음 순수성을 크게 잃어가고 있기 때문입니다.

돈이나 지위에 이끌려 너무도 쉽게 혼인서약문에 사인을 '해버리는' 젊은이들이 늘어가는가 하면, 덧없는 명예나 얼마간의 사례를 바라고 습관적으로 주례석에 오르는 종교인들과 명망가들 또한 적지 않습니다.

그러나 부부의 정절에 관하여 치명적인 오욕의 행실을 감추고 있는 윤리적 파산자들은 마땅히 결혼 주례를 사양해야 한다는 것이 나의 사양할 수 없는 지론입니다. 새 순처럼 순결하게 출발하는 싱그러운 영혼들을 진정으로 아낀다면 말입니다.

도덕적 엄숙주의로 거드름을 피우려는 뜻이 없습니다. 설익은 도덕의 잣대로 인간성의 취약한 부분을 마구 찔러대는 것처럼 치사한 짓거리도 없습니다. 도덕군자인 양 경건한 몸짓을 짓는 데 익숙한 사람들을 나는 가벼이 믿지 않기로 하고 있습니다. 그런 사람일수록 실은 수치스런 윤리적 딜레마를 깊이 감추고 있다는 것이 내 좁고 짧은 경험의 밭에서 주워 올린 한 톨의 지혜입니다.

그러나 다른 것은 몰라도 어린이들이 즐겨 먹는 음식류에 이물질을 집어넣는 소행, 그리고 결혼의 기쁨에 부푼 저 봄꽃처럼 풋풋한 새내기 부부들의 순수성을 농락하는 짓. 이 두 가지의 거짓만은 비록 도덕군자가 아닐지라도 결코 용납해서는 안 될 사악한 일이라 믿기에, 통분의 가슴을 치며 토하는 말입니다.

치욕의 육신을 이끌고 능청스럽게 주례석에 올라 선남선녀에게 부부의 도리를 훈시(?)하며 짐짓 근엄한 표정으로 혼인서약을 받노라고 너스레를 떠는 결혼식 모습은 그것을 상상하는 것만으로도 끔찍하기 짝이 없습니다. 그보다 더 우스꽝스러운 거짓을, 아니 그보다 더 가증스러운 위선을 나는 쉽사리 찾아낼 자신이 없습니다. 스스로가 짓밟아버린 혼인서약을 누구에게서 받아내겠다는 것인지. 이런 농락이 없습니다.

하물며 하나님께서 짝지어주셨음을 엄숙히 선포하며 성삼위聖三位의 이름을 들어 신랑 신부를 축성祝聖하는 종교예식의 자리라면야, 아아, 입이 있다 하여 달리 더 무슨 말을 하랴?

성서의 입장은 단호합니다.

"모든 사람은 혼인을 귀하게 여겨야 하고 잠자리를 더럽히지 말아야 한다. 음란한 자와 간음하는 자는 하나님의 심판을 받을 것이다."히브리서 13:4

이 아름다운 계절의 맑은 아침, 중후한 예복에 흰 장갑을 끼고 주례사를 준비하는 종교인이나 명망가들은 스스로 성경을 펴서 이 구절을 찾아 찬찬히 읽은 뒤에 신중하게 결정하기를 충고합니다. 예복과 흰 장갑을 벗어야 할지, 아니면 저 재미 쏠쏠한 주례석에 그래도 올라서야 할지를.

곳곳에서 가정들이 깨어져나가는 가정의 달 5월에 그 흔하디흔한, 그렇기에 오히려 더할 수 없이 소중하게만 여겨지는 위기의 혼인서약문이 절로 읊조려집니다.

신랑 신부는 말할 것도 없고 주례석에 선 사람 역시 삶의 끝날까지 오롯이 지켜내야 할 그 인격의 다짐이 마치 슬픈 탄식처럼 목구멍을 휘저으며 올라옵니다.

"기쁠 때나 슬플 때나, 평안할 때나 괴로울 때나, 부유할 때나 가난할 때나, 건강할 때나 병들었을 때나, 그 어떤 경우에도 항상 사랑하고 존중하며 진실한 남편과 아내로서의 도리를 다할 것을 맹세합니다."

이웃이 없다

아홉 살 소년의
외로운 비명

아무리 이기적인 세태요 '이웃 없는 사회'라지만 이건 너무 끔찍합니다. 더불어 모듬살이를 하는 인간사회라고 말할 수 없을 정도입니다. 돌이 갓 지나 부모가 이혼한 뒤부터 외할아버지 외할머니와 함께 비닐하우스에서 살아오던 아홉 살짜리 소년이 사나흘을 굶은 도사견에게 물려 죽었습니다. 농사를 짓는 외조부모가 주로 시골에 머무는 사이 초등학교 3년생이 수년 동안 손수 밥 해먹고 빨래하며 혼자 살다시피 하다가 기르던 개에게 변을 당했다는 소식입니다.

이혼한 뒤 각기 제 갈 길을 가버린 채 어린 자식을 제대로 돌보지 않은 부모의 무책임이야 기막히기가 말할 나위도 없지만, 그 어리디어린 것이 무거운 삶의 멍에를 홀로 짊어지고 거의 고아나 다름없이 살아가도록 방임한 우리 사회의 싸늘한 정서가 몸서리쳐질 만큼 두렵습니다. 그 싸늘한 냉기에는 나의 냉랭한 성정도 한 자락 거들었음이 분명한 터이기에 안타까움이 더욱 큽니다.

고백하건대, 나는 중학생이 되어서도 밤에 혼자 집에 있는 것이 무서웠습니다. 한여름에도 문이란 문은 모두 닫아걸고 전등을 있는 대로 다 켜놓고도 쉬 잠에 들지 못했던 겁쟁이였습니다. 아홉 살이 될 때까지 그 수많은 밤을, 휑뎅그레한 비닐 움막에서 저 어린 것 홀로 어찌 지냈을까. 비닐움막 바닥에는 개의 입에 물린 채 이리저리 끌려다닌 소년의 몸자국이 핏빛 선명하게 남아 있었다고 합니다.

소년이 살던 곳은 서울에서 아주 가까운 중소도시입니다. 수도권의 인구과밀 지역인 그곳에는 그리 크지는 않아도 수많은 회사와 공장들이 들어서 있고, 번화가에는 밤마다 사치와 환락의 네온 불빛들이 탐욕스레 번쩍입니다. 그리고 숨 막힐 듯 다닥다닥 붙어선 아파트단지와 상가에는 예외 없이 교회당의 십자탑들이 우뚝우뚝 솟아 있는데, 소년이 살던 동네에만도 십여 개의 교회당이 있다고 합니다.

그 번화하고 활기찬 도시 안에, 소년의 이웃은 없었습니다. 집이라고 부르기도 어려운 비닐 움막을 홀로 드나드는 동안, 꺼칠한 외톨박이 소년에게 따뜻한 관심을 보여준 이웃이 별로 없었던 듯합니다. 개에 물려 죽음의 비명을 지르는 순간에도 누구 하나 귀를 기울여주지 않았습니다. 그나마 학교의 담임선생님이 아침마다 등굣길을 동행해준 것이 고독한 소년에게 다가간 유일한 인간애였습니다.

우리 사회의 가정해체 현상이 매우 위험한 수준입니다. 특히 IMF사태 이후 빈부의 양극화가 심화되면서 부모의 이혼 자살 가출 등이 늘어나는 만큼 결손가정의 청소년도 따라서 급증했습니다. 예전에는 이혼을 하고 싶어도 자식 때문에 차마 하지 못했던 경우가 많았고, 비록 이혼을 하더라도 부모가 서로 아이를 맡으려고 법정다툼을 하곤 했지만, 이즈음에는 도리어 부모가 서로 아이를 맡지 않으려고 역겨운 싸움을 벌인다고 합니다.

우리나라 전체 가구 중 약 7~8퍼센트가 부모의 이혼 별거 가출 등으로 해체된 가정인데, 그 자녀들은 극심한 생활고 속에서 탈선과 비행의 유혹에 그대로 노출되게 마련이고, 반항과 증오의 반사회적 인격으로 성장할 우려가 큽니다. 엊그제, 부모의 별거로 누나와 단둘이 가난하게 살면서 화가를 꿈꾸던 열다섯 살 중학생이 이런 유서를 남기고 스스로 목숨을 끊었습니다.

"가진 거라곤 손재주뿐. 이걸로 뭘 할까? 미술? 예술고? 우리 집안 형편에 어림도 없지. 그래서 나 결심했어."

이웃의 객체
이웃의 주체

얼마 전에는 전기 끊긴 단칸방에서 촛불을 켜고 공부하다 잠든 여중생이 불에 타 숨진 일이 있었습니다. 겨울이면 길거리의 나뭇가지들조차 수많은 장식등을 걸치는 이 전기 흔한 나라에서 말입니다. 결손가정의 청소년들이 고독과 가난 속에서 입는 영혼의 상처를 어찌 헤아릴까. 명품으로 몸을 휘감은 영양과잉의 또래들을 바라보면서 그들이 얼마나 큰 열패감과 냉소의 분노를, 얼마나 응축된 증오의 한을 키워갈 것인지.

가정의 해체는 이웃의 해체를, 그리고 마침내는 사회의 해체를 불러올지도 모릅니다. 이웃의 해체는 공동체성의 해체를 불러오고, 공동체의 해체는 인간관계의 단절로, 그리고 뒤이어 인간성의 상실로 귀

결될 것이 틀림없습니다. 공동체가 해체되고 인간관계가 단절된 모듬 살이란 살아도 사는 것이 아닌 '정글의 아귀다툼'일 따름, 지옥이 따로 있을까, 이웃 없는 삶이 곧 지옥이겠습니다.

저출산을 걱정하며 아이를 더 낳으라고 다그치는 출산장려의 뜻이 어린 세대를 장래의 노동력으로만 인식하는 반인격적 사유思惟가 정녕 아니라면, 태어난 아이들부터 성심껏 보살피고 따뜻이 배려하는 '이웃되기'가 더 급박하지 않을까. '이웃되기'란 다른 것이 아닐 겝니다. 사랑의 손길뿐입니다.

"사랑의 손길이 가장 적게 닿는 곳에 가장 많은 사랑이 필요하다." 칼릴 지브란의 지적입니다.

"누가 내 이웃입니까?"라는 율법사의 물음에 예수는 강도를 만나 죽게 된 사람을 살려준 '선한 사마리아인의 비유' 끝에 이렇게 반문합니다.

"누가 강도 만난 자의 이웃이냐?"^{누가복음 10:25~36}

이 유명한 비유는 질문과 대답이 어긋나 있습니다. "내 이웃이 누구인지"를 묻는 물음에 예수는 "네가 먼저 누군가의 이웃이 되라"고 대답합니다. 이웃을 대상이나 객체로서 찾지 말고 스스로 그 주체가 되어야 한다는 뜻입니다.

여러 나라가 채택하고 있는 '선한 사마리아인 법'The Good Samaritan Law이 우리나라에는 없습니다. 독일에서 '사랑 조항'Liebes-paragraph 이라고 부르는 이 법규는 '위험에 빠진 사람을 구조해주어도 자기에게 별 위험이 없을 경우에는 구조의 의무가 있고, 이 의무를 회피한 자는 처벌한다'는 법규인데, 남을 돕다가 피해를 입힌 경우에 그 민형사상 책임을 면제해주는 경우도 있습니다. 유감스럽게도 우리나라에서는 현재 법률안으로 국회에 제출되어 있을 뿐입니다.

　그러나 오늘의 심각한 이웃해체 현상이 무슨 법규의 미비 때문은 아닐 것입니다. 특히 '선한 사마리아인의 비유'를 날마다 읽고 듣고 마음에 새기는 크리스천들이 법규가 없어서 사랑을 나누지 못한다고 변명할 수는 없는 노릇입니다. "고아와 과부를 돌아보고, 나그네를 대접하라"는 것은 이미 구약시대부터 전래되어온 신적 규범입니다.신명기 14:29 우리사회에도 '선한 사마리아인 운동본부'라는 종교시민단체가 결성되어 있고 또 상당한 활동실적을 올리고 있기도 합니다.

　문제는 이것이 무슨 '운동'이 아니라 신앙인의 마땅한 '삶'이라는 점입니다. 교회당을 높이 지어 올리기 전에 "가난한 고아와 과부들을 돌아보고"야고보 1:27 목이 쉬도록 철야금식기도를 하기보다 "주린 자에게 음식을 나눠주고, 벗은 자에게 옷을 입히는"사랑의실행이 곧 신앙이기 때문입니다.이사야 58:6, 7

　외톨박이 어린 소년의 고단한 삶, 그 슬픈 죽음은 가정의 해체보다 더 두려운 '이웃의 해체'를, 그리고 그 속에 담긴 '신앙의 해체'를 극명하게 드러내주었습니다.

　저 수많은 사랑의 설교들 뒤에 숨은 미움의 행적들, 교세의 확장과 더불어 해체되어버린 신앙, 인간관계의 상실 속에 해체되어가는 인격. 아아, 사랑 없는 사랑의 종교여. 그리스도의 인격 없는 그리스도교, 십자가 없는 십자가의 고백, 그 해체된 신앙의 인격들이여. 이웃 없이 홀로 살다 홀로 죽어간 저 아홉 살 소년의 슬픈 비명이 들리는가?

남는 장사

백악관을 공격한
정직한 세일즈맨

정직한 세일즈맨 샘은 거짓말을
강요하는 사장과 심한 갈등을 겪
습니다. 이윤이 30퍼센트인 물건을 파는데, 사장은 샘에게 "이 물건
의 이윤은 15퍼센트이니 그보다 더 깎아줄 수는 없다"고 거짓말 할
것을 요구합니다. 그러나 샘은 손님에게 "이 물건의 이윤은 30퍼센트
이니, 손님과 우리 가게가 15퍼센트씩 나눠 가집시다"라고 말합니다.

닉슨 대통령 재임시절 미국에서 실제로 있었던 사건을 바탕으로 만
든 영화 「리처드 닉슨의 암살」의 주인공 샘의 대사입니다.

어차피 15퍼센트를 깎아주기는 마찬가지지만, 15퍼센트 밖에 남지
않는다는 사장의 말은 거짓말이고 30퍼센트 남는다는 샘의 말은 정직
한 말입니다. 정직한 소시민 샘은 마침내 해고되고, 절망에 빠진 그는
미국사회의 온갖 부정과 부조리가 식은 죽 먹듯 말을 뒤집곤 하는 거
짓말쟁이 대통령 리처드 닉슨 때문이라고 믿은 나머지, 비행기를 납

치해 백악관을 공격하려다 미수에 그친 채 붙잡히고 맙니다.

거짓말도 여러 가지지만, 그 중에서도 백미는 "남는 것이 없다"거나 "밑지고 판다"는 상인의 말이 아닐까? 아무리 싸게 파는 '특별 대할인 바겐세일'에서도 남는 구석은 있게 마련입니다. 남는 것 없이 밑지기만 하는 것은 자선일는지는 몰라도 장사는 아닙니다. 혹은 다음 기회를 노리는 고도의 상술이거나.

'달라는 대로 다 주고도 남는 장사'는 세상 어디에도 없습니다. 정신 나간 세상이 아니고는. '남기는 것'은 상인의 미덕입니다. 영성의 비밀을 일상의 것에 즐겨 비유하는 예수님은 천국을 장사로 풀이한 적이 있습니다.

"천국은 좋은 진주를 찾는 상인과 같다. 값진 진주 하나를 찾으면 가진 것을 다 팔아 그것을 산다. 천국은 밭에 감춰진 보화와 같다. 이를 발견한 사람이 기뻐하여 숨겨두었다가 제 소유를 다 팔아 그 밭을 산다."마태복음13: 44~46

천국을 얻는 것이야말로 달라는 대로 다 주어도, 아니 모든 것을 다 내어주더라도 크게 남는 장사라는 뜻인가?

사농공상士農工商이라는 말의 서열에서도 보듯이 예부터 장사는 미천한 것으로 여겨져왔습니다. 상업이란 것이 '생산성'이 아니라 '유통의 상술'에 의존하는 것이기에, 장사에는 어느 정도의 거짓말이 필수적이라는 인식이 깊습니다.

다소의 과장 허위가 수반되는 상품의 선전 광고는 일반 상거래의 관행과 신의성실원칙에 비추어 시인될 수 있는 한 사기죄로 처벌할 수 없다는 것이 대법원의 확립된 판례입니다.대법원 2004. 1. 15. 선고 2001도1429 판결

다만 거래상 중요한 사항에 관한 구체적 사실을 신의칙상 비난받을 정도로 허위 고지하면 사기죄에 해당됩니다.대법원 2002. 2. 5. 선고 2001도5789 판결

그러나 상거래관행상 허용될 만한 거짓말인지 아닌지는 구별이 간단치 않습니다. 예컨대 적정사용 면적이 15평인 냉장고를 24평에 적합하다고 광고하는 것은 허위광고라는 것이 공정거래위원회의 기준인데, 만약 그것을 20평에 적합하다고 광고하는 것은 어떨까? 정직한 셈이라면 아마 이 광고도 거짓말이라고 역정을 낼 듯합니다.

세계적으로 유명한 유대인의 상술은 사실 한 가지 밖에 없습니다. '여자와 입먹는 것을 겨냥하라'는 것입니다. 아무리 어려워도 먹는 일을 끊을 수는 없고, 먹은 것은 금방 소화되어 다시 사먹어야 하기 때문에 웬만한 불황에도 음식장사는 끄떡없습니다. 그리고 남자는 일을 해서 돈을 벌어오지만 그 돈을 쓰는 것은 여자이기 때문에, 장사는 돈을 쓰는 여자를 상대로 해야 한다는 것입니다.

그런데 심성이 착한 탓인지 귀가 엷은 탓인지는 몰라도, 여자들은 대체로 달콤한 거짓말에 약합니다. 물건값 깎기가 체질화된 여성도 남루한 차림의 상인이 기어드는 목소리로 "남는 것이 없어요"라고 하소연하면 동정심에서라도 그냥 사주는 경우가 적지 않습니다. 인정의 기미에 예민한 상인들이 이것을 놓칠 리 없습니다. 크게 남길 줄 아는 상인일수록 구매자의 심리분석에 정통합니다.

역사상 가장 크게 남긴 장사는 아마도 미국과 구 러시아의 알래스카 매매가 아닐까? 1867년 미국의 국무장관 윌리엄 슈어드가 구 러시아에 720만 달러를 주고 동토凍土 알래스카를 사들이자 미국인들은 '바보짓'이라며 비난을 퍼부었지만, 알래스카가 금 석유 천연가스 삼림

자원 수산자원 등이 넘쳐나는 보물창고이자 전략요충지임이 밝혀진 뒤로는 알래스카 곳곳에 슈어드의 이름을 딴 기념물들을 세우며 '크게 남긴 장사'라고 칭송해 마지않습니다.

달라는 대로 다 줘도
정말 남는 장사?

제2차 세계대전 직후 미국 국무장관 조지 마셜이 주도한 유럽부흥계획ERP도 '크게 남긴 장사'였습니다. 마셜플랜은 히틀러의 나치독재, 무솔리니의 파쇼독재가 사라진 유럽에 스탈린의 공산독재가 손을 뻗쳐가자 서방의 시장경제를 부흥시켜 소련 중심의 동구공산권을 견제하는 데 크게 성공한 '자유세계의 공산권 목조르기'였습니다.

그러나 대한민국 대통령의 생각은 좀 다른가 봅니다. "(북한공산정권이) 달라는 대로 다 줘도 남는 장사다. 마셜플랜 이상의 성과를 거둘 수 있다"고 했으니 말입니다.

'주체의 나라'라는 북한은 현재 정치 경제 군사 등 총체적인 면에서 중국에 철저히 종속된 변방으로 전락해 있습니다. 식량 전기 비료 등을 모두 얻어다 써야 할 만큼 경제사정이 열악한데다, 인권 상황은 그보다 훨씬 더 처참합니다.

'민족의 태양'이 다스린다는 그곳에 어쩐 일인지 도통 햇볕이 쬐질 않아 저들이 '제국의 식민지'라고 부르는 남쪽에서 줄곧 햇볕을 쏟아붓고 있는 판입니다. 그런 형편에도 북한정권은 핵무기 개발에 온 힘을 쏟고 있으니 답답하고 안타깝기 그지없습니다.

그보다 더욱 기가 막히는 것은, 남쪽의 군사독재와 인권침해의 어두운 과거사에는 아직껏 부득부득 이를 가는 사람들이 현재진행형인 북한정권의 군사독재나 인권탄압에는 눈을 질끈 감은 채 그저 "(북한정권이) 달라는 대로 다 줘도 남는 장사"라고 외쳐대고 있으니 여간 헷갈리는 일이 아닙니다.

물론 독재든 아니든, 인권이야 짓밟히든 말든, 우선은 굶주린 인민을 먹여야 합니다. 기아에 허덕이는 북한동포를 살리는 일에야 무슨 이견이 있을까.

그러나 탈북자들의 증언을 들어봐도 남쪽의 지원이 북한주민들의 혜택으로 돌아간다는 보장이 없는 반면에, 영국 국제전략연구소IISS 등의 권위 있는 군사정보에 의하면 북한의 군사비 지출은 햇볕정책 이후 세 배나 늘어났다고 합니다.1999년 21억 달러, 2006년 60억 달러 북한동포 지원의 도덕적 당위성과 감상적 민족애만으로는 '(북한정권이) 달라는 대로 다 내어줄' 명분도 실익도 좀처럼 찾아보기 어렵습니다.

'선군先軍의 나라'라는 북한에서 먹을 것, 입을 것을 군인들부터 먼저 차지하는 것은 당연한 일인지도 모릅니다. 그래서인지 10년 가까이 지속된 햇볕정책에도 불구하고 북한인민들은 아직도 어두운 그늘 아래 웅크린 채 탈북을 꿈꾸고 있습니다. 지금까지 탈북자가 무려 1만여 명에 이릅니다. 그러나 이들 탈북자에게는 최소한의 정착지원금 외에 '달라는 대로 다 준' 일이 없었습니다. 목숨 걸고 넘어온 이 남쪽에서도 그들은 여전히 짙은 그늘 아래 소외된 채 고단한 삶을 이어가고 있습니다.

핵실험에 성공하고도 핵을 포기한 나라는 아직껏 없다고 합니다. 핵실험에 성공했다는 북한이 따스한 남쪽 햇볕에 흐물흐물 녹아져 쉽사리 핵을 포기하리라고 믿었다가는 '남기는커녕 크게 밑지는 장사'가

되지 않을는지. 혹시 '남는 장사'라는 말 속에 남북정상회담이나 평화협정에 대한 '통 큰' 기대가 담겨 있는지는 모르지만.

민족생존의 숙연한 문제를 상거래에 비유한 것부터가 퍽 언짢습니다. 굶주린 북한동포를 돕는 '순수한 인도적 지원'이라면서 그것을 '남거나 밑지는 장사'에 비유하는 것은 앞뒤가 맞지 않습니다.

닉슨 대통령의 거짓말을 혐오했던 정직한 세일즈맨 샘이라면 "(북한이) 달라는 대로 다 줘도 남는 장사"라는 대한민국 대통령의 '통 큰' 계산을 어찌 생각할까?

188

바보가 그리운 시대

지배와 정복은
자본의 논리

물건에 가격표를 붙이지 않고 그때 그때의 흥정으로 값을 매겨서 거래하던 허술한 때가 있었습니다. 물건을 파는 사람은 꼭 받아야 할 값을 마음 깊이 숨겨둔 채 일단 터무니없이 비싼 가격부터 불러봅니다. 물건을 사는 쪽에서는 살 가격의 상한선을 밝히지 않은 채 턱없이 낮은 값으로 상대방을 떠봅니다. 흥정이 되기도 하지만, 싸움이 벌어지는 일도 아주 흔했습니다.

요즘에는 물건값을 대부분 바코드로 표시해두기 때문에 여간 편리하지 않습니다. 웬만한 생활필수품은 가격표를 보지 않더라도 모두들 그 가격을 잘 알고 있습니다. 남자들은 술값에 정통하고, 가정주부들은 공과금과 식료품 값을 훤히 꿰뚫고 있고, 젊은 여성들은 의류와 화장품 값에 민감하고, 아이들은 게임기구나 인스턴트 음식값에 모두 전문가들입니다.

그런데 이처럼 물건의 '가격'에 정통한 사람도 사물의 진정한 '가치'를 모르는 경우가 꽤 많습니다. 가치는 가격처럼 바코드로 표시할 수도 없거니와 서로 흥정해서 결정할 수 있는 것도 아니기 때문입니다. 가격과 가치는 전혀 다른 것입니다.

명상과 자기성찰을 일상화하고 있는 사람에게는 아무도 값가격을 쳐주지 않는 손때 묻은 일기장이 무엇보다도 큰 가치를 지니는 법이지만, 스스로의 내면을 살필 줄 모르고 그저 가벼운 즐거움과 만족감을 좇는 사람들에게는 다만 값비싼 명품들, 높은 가격의 장식품들만이 관심사일 뿐입니다.

오늘날은 상업자본과 시장경제체제가 인간의 삶의 질을 규정하려 드는 시대입니다. 공산주의의 몰락 이후 '제3의 길'이니 '2·5의 방식'이니 하는 대안들이 새롭게 모색되고 있지만, 금융자본주의와 시장경제체제는 날로 그 힘을 더해가고 있습니다.

인간의 창의력과 생산의 동기를 극대화하고 경제적 성취의 본능을 효과적으로 자극하는 데에는 자본주의만큼 우수한 제도적 장치를 아직은 달리 찾아볼 수 없습니다. 아마도 상당 기간 인류역사는 자본주의의 물길을 타고 계속 흘러가지 않을 수 없으리라고 봅니다.

문제는 이처럼 효율적인 기능을 수행하는 상업자본과 시장경제가 인간의 경제활동뿐만 아니라 정신과 사상의 영역마저도 상업적으로 유도해가고, 너와 나의 인간관계, 사람과 자연의 환경적 관계, 아니 인간과 신과의 초월적 관계마저도 시장의 논리로써 재단하려 든다는 점입니다.

헌신적으로 가사를 돌보는 가정주부도 전업노동자로 간주하여 그 사랑의 수고를 마치 임금처럼 숫자로 산출해내고 있는 세상입니다.

가족을 위한 따뜻한 애정의 헌신을 '사랑의 가치'가 아니라 '노동의 가격'으로 환산하려는 슬픈 현상입니다. 페미니스트들과 양성평등주의자들의 성급한 반발을 감안해서, 여성의 노동가치를 격하하려는 뜻이 없고 그보다 더 큰 가치를 말하려는 것임을 덧붙여둡니다.

환경문제는 오늘날 전 세계적인 관심사로 되어 있지만, 인간과 자연의 관계를 '환경'environment이라는 단어로 매개하려는 것부터가 또 다른 반자연적 태도라는 것이 나의 설익은 생각입니다. 누구를 위한, 누구를 둘러싼 환경을 말하는 것인가? 어디까지나 인간이 중심이고, 자연은 다만 그 '주변적 상황'에 불과하다는 오만한 인식이 환경이라는 단어 속에 숨어 있는 것이 아닌지 궁금합니다.

인간과 자연을 하나로 보지 않고 언제나 주체와 객체로, 중심과 주변으로 구별하는 이런 생각 속에는, 자연과의 공생의 관념보다는 자연에 대한 지배와 정복의 욕구가 더 깊이 배어 있는 듯합니다. 주지하다시피 '지배와 정복'은 자본과 시장의 궁극적 목표입니다.

가격이 아니라
가치를 묻는 바보

창세기 1장 28절의 "땅을 정복하라"는 야훼의 명령을, 말 그대로 발로 밟듯 마구 빼앗고 지배하라는 뜻으로 새기는 사람들의 정신상태를 나는 약간은 의심하는 편입니다.

해와 달, 별, 그리고 산, 강, 바다, 천둥, 바람, 돌, 심지어 풀 한 포기, 나무 한 그루에까지도 모두 정령이 깃들어 있어서 인간의 역사와 운명을 지배한다고 믿었던 고대세계에서는, 인간은 자연의 위력 앞에 무기력하게 무릎 꿇을 수밖에 없었습니다. 출애굽사건이 권력의 우상으로부터 인간을 해방시킨 것이라면, "땅을 정복하라"는 야훼의 명령은 자연의 주술적 마력에 붙잡힌 인간의 영혼을 그 운명론적 우상숭배로부터 해방시키는 천지창조의 기본 테마 곧 '자유의 선언'이며, 오늘에까지 연면하게 이어져오고 있는 자연신앙의 그루터기를 송두리째 뽑아버리는 장엄한 '인격신앙의 선포'로 들어야 한다는 것이 나의 확신입니다.

'문화수요'니 '사상의 시장'이니 '교육의 재생산'이니 하는 식으로 경제적 용어들을 끌어와 정신과 문화의 내용을 규정하고, 생명의 신비를 풀어헤치는 유전자과학이 바이오 마켓이라는 생명공학시장에 내맡겨진 지 오래입니다.

심지어 유수한 대형교회의 안내책자에 선교시장mission-market이라는 용어까지 버젓이 등장한 것을 보았습니다. 선교시장이라, 그렇다면 진리는 상품이요 선교사는 장사꾼이란 말이 되겠습니다. 진리라는 상품을 내다 팔고 도대체 무슨 값을 받아내겠다는 것인지.

"거저 받았으니 거저 주라"마태복음 10:8 는 예수의 말씀조차도 '서로 주고받는' 거래의 대상으로 삼으려는 잠재의식의 발로가 아닌지 걱정스럽습니다.

레토릭의 용어 하나를 가지고 말장난을 하자는 것이 아닙니다. 말은 의식의 바탕이요 인격의 표현이기에 부득불 제기될 수밖에 없는 문제라고 생각해서입니다.

'교회의 가격'은 예배당과 신도들을 함께 묶어서 팔고 사는 종교상인들, 그 삯군목자요한복음 10:12 들이 오늘도 각종 기독교신문의 광고란에 친절하게 밝혀두고 있지만 '교회의 가치'는 오로지 사랑의 수고와 진리를 향한 순수한 열정에 의해서만 가늠될 수 있습니다.

"잘살아 보세"라는 한 맺힌 구호 아래 마구잡이식 개발이 한창 벌어지던 지난 시절, 역사와 철학·문학 등 인문학의 분야를 '제2경제'라고 부른 용감한 정치인도 있었지만, 인간의 문화적 욕구를 '문화수요'로, 사상의 다양성을 '사상의 시장'으로, 교육의 창조적 기능을 '교육의 재생산'이라는 산업현장의 용어로 밖에는 달리 표현할 줄 모르는 시장의 노예들이 오늘도 이 시대의 정신을 깊이 오염시켜가고 있습니다.

인류정신사의 바탕이요 버팀목이 되어온 인문학이 이제는 돈벌이가 되지 않는다는 이유로 대학 안에서조차 찬밥 신세를 면치 못하고 있습니다.

시장판의 '가격'을 모르면 바보 취급을 받고, 물건값을 모르면 경제적 손해를 입게 됩니다. 그러나 '가치'를 모르면 인격과 삶의 실패를 겪을 수밖에 없습니다. 물건의 가격은 수요 공급의 시장원리에 의해서 결정되지만, 사물의 가치는 '인격적 관계성' 속에서만 오롯이 파악될 수 있다는 믿음을 배신할 수 없습니다.

상품의 가격은 영악하리만치 잘 알아차리면서도 사물의 가치에는 조금치의 관심조차 두지 않는 정신적 소경들의 시장터에서, '가격'이 아니라 '가치'를 묻고 다니는 바보가 불현듯 그리워집니다.

내 안에 간디와 히틀러가 있다

차이의 다양화
문화의 다원화

"내 안에 간디와 히틀러가 함께
있다!"

믿기지 않지만, 마더 테레사의 고백입니다. 일생을 소외된 이들을 위한 헌신으로 일관했던 테레사 수녀의 마음과 삶 속에 히틀러 따위의 악한이 척 들어앉아 있었다니, 그저 놀라울 따름입니다.

그러나, 인간의 본성은 선과 악의 어느 한쪽으로 미리 결정되어진 것이 아니라는 '본질의 비결정성'에 대한 믿음이야말로 누구에게서나 선하고 아름다운 성품을 발견하곤 했던 테레사 수녀의 순결한 삶이 있게 한 바탕자리입니다.

인간은 누구나 선을 실천할 수도 있고 악을 저지를 수도 있는 가능성의 존재, 모순의 인격체입니다. 이 점에서는 어느 누구도 다르지 않습니다. 절대선인도 절대악인도 없습니다. "너와 나의 '다름'은 부분적이요 비본질적"이라는 인식이야말로 관용과 사랑의 기반입니다. 사

람과 사물들의 본질에 결정론적인 차이가 있다고 믿는 분별심은 근본
주의적 배타성으로 흐를 뿐입니다.

11월 16일은 유엔이 정한 '세계 똘레랑스의 날'입니다. '관용' 또는
'인내'로 번역되는 프랑스어 똘레랑스 tolerance는 한 마디로 "나와 다
른 것들을 넉넉히 받아들이는 마음"입니다. 그것은 관용일 수도 있고
존경일 수도 있습니다. 일반적으로 관용은 강자가 약자에 대해 가지
는 포용력인 데 비해 존경은 열등한 사람이 우월한 인물에 대해 지니
는 경외심이지만, 상대방을 열린 마음으로 긍정하는 것인 점에서는
다를 바 없습니다.

똘레랑스는 '다름' 혹은 '차이'를 전제로 합니다. 사물과 사람들이
서로 다르지 않다면 우리는 그들을 변별할 수 없고 따라서 이해할 수
도 없습니다.

구조주의 언어학자 소쉬르는 "언어에서 가장 중요한 것은 '다름'이
다"라고 주장했습니다. 언어의 의미는 기호와 기호의 차이, 즉 기호들
사이의 '변별적 관계'를 통해서 나타난다는 뜻입니다.

차이나 다름은 이처럼 '사물이해의 근원적 범주' 중의 하나입니다.
브라질 열대 오지에 사는 보로로족의 원시적 삶을 추적한 클로드 레비
스트로스는 역저 『슬픈 열대』에서 그들의 공동생활의 기반이 다양성
과 그에 대한 관용에 있음을 간파하고 "문화는 변별적 관계의 체계"라
고 결론지었습니다. 변별적 관계는 '차이의 다양화, 문화의 다원화'를
전제로 합니다. 차이의 증식이 클수록 문화의 차원은 더욱 높아지고
풍성해집니다.

그러나 차이라는 것도 실은 '부분적인 다름'에 지나지 않습니다. '절
대적, 결정론적 차이'라는 것은 존재하기 어렵습니다.

무릇 차이는 어떤 동질성의 전제 위에서만 성립합니다. 자동차와 비행기는 동력전달의 방식이나 장소이동의 원리가 다르지만, 그 다름은 다 같은 운송수단이라는 동질성의 범주 안에서의 차이일 따름입니다. 운송수단인 자동차와 전쟁도구인 기관총은 의미 있는 동질성을 공유하지 않기에 서로의 차이를 따질 필요도 없습니다.

대학University의 라틴어 어원은 동일성unu과 다양성versus이 합쳐진 말입니다. 동질성 안에서의 다양성, 다양한 차이들 속에서의 통일성을 추구하는 것이 대학과 학문의 본령이라는 뜻입니다. 절대타자인 신과 인간마저도 하나님의 형상이라는 '영성의 인격'을 동질성으로 공유한다는 것이 성서의 입장입니다.창세기 1:26,27 하물며 사람들끼리이랴.

해체주의 철학자 들뢰즈는 『차이와 반복』이라는 책에서 차이의 전제가 되는 동일성 자체를 부정하는 '존재론적 차이'를 강조했지만, 그 존재론적 차이라는 것도 '동일성을 순수한 최상의 원리로 우상화해온 고전적 코드의 오류'를 해체하려는 것일 뿐, 일체의 관계성에서 소통을 막아버리는 근본적 본성의 차이를 뜻하는 것은 아닙니다.

똘레랑스와 앵똘레랑스

똘레랑스의 나라로 알려진 프랑스가 공교롭게도 '세계 똘레랑스의 날'을 전후하여 앵똘레랑스intolerance,非寬容의 불명예 때문에 큰 곤욕을 치렀습니다. 무슬림 이민자들이 주축이 된 도시빈민들의 소요 사태로 수많은 사상자가 발생한 것입니다.

자유 평등 박애의 나라인 프랑스사회의 한편에서는 어둡고 그늘진 소외계층의 한이 꿈틀대고 있었습니다. 똘레랑스 뒤편에 숨겨진 앵똘레랑스의 '차별'에 눈물짓는, 프랑스 주류사회와는 '다른' 빈곤계층의 해묵은 한이.

그들 소외계층에게 프랑스는 서로의 다름과 차이를 끌어안는 똘레랑스의 나라가 아니라 도리어 그 차이의 깊음을 늘 확인해야만 하는 앵똘레랑스의 사회였을 뿐입니다. 이번 소요사태를 계기로 프랑스의 지성들은 프랑스사회의 모순 가득한 이중적 똘레랑스, 시대를 이끌어가는 승자들과 가진 자들의 감춰진 앵똘레랑스, 그 위선과 비관용을 질타하는 목소리를 점점 높여가고 있습니다.

그러나 똘레랑스와 앵똘레랑스가 공존하는 이중성의 모순은 어느 사회나 마찬가지입니다. 우리도 예외가 아닙니다. 똘레랑스의 나라 프랑스가 앵똘레랑스의 소요사태로 골머리를 앓는 부조리를 고소하게 여길 틈이 우리에게 없습니다.

불법체류, 불법취업 문제로 쫓기며 살아가는 조선족 동포들과 외국인 노동자들, 하루가 멀다 하고 온 가족과 더불어 목숨을 끊는 실직 가장들, 고독과 빈곤 속에서 날마다 영혼의 상처를 덧입어가는 불우청소년들……. 저들의 고단한 삶을 그대로 둔 채, 입으로만 똘레랑스 운운할 수는 없는 일입니다.

우리 안의 불우계층이 느끼는 경제적 사회적 앵똘레랑스는 마치 불안정한 마그마처럼 금방 폭발할 듯한 긴장감마저 띠고 있습니다.

나아가, 이른바 시대정신을 공유하지 못한 채 참여사회의 변방으로 밀려난 이념적 문화적 소외계층의 아픔도 외면하기 어려운 큰 부조리입니다. '자기의 불완전성과 오류가능성에 대한 자각'을 널리 공유하고 있는 사회만이 진정한 '똘레랑스 공동체'의 이름을 지닐 수 있을 것입니다.

항상 간디 같은 사람도 없고 늘 히틀러 같은 사람도 없습니다. 누구에게나 간디와 히틀러가 함께 들어 있으며, 오늘의 간디가 내일의 히틀러가 될 수 있고 현재의 히틀러가 장차 간디로 변할 수도 있습니다. '다름'은 비본질적이기 때문입니다.

이념의 '차이'와 계층의 '다름'에 따라 심각한 대결상을 드러내고 있는 우리 사회의 성숙도는 결국 시대와 사회를 지배하고 있는 승자들이 자신들과는 '다른' 소외계층, 그 사회적 경제적 문화적 이념적 패자들에 대하여 똘레랑스의 정신을 얼마나 넉넉히 지니고 있는가의 여부에 달려 있다고 하겠습니다.

'나와 다른 너, 우리와 다른 너희'에 대해 똘레랑스의 마음을 갖추지 못한 승자들이 지배하는 사회는 불행한 사회입니다.

"승리자들로 가득 찬 세상보다 더 끔찍한 것은 없다. 그나마 삶이 견딜 만한 이유는 아직 우리 곁에 패배자들이 있기 때문이다."

볼프 슈나이더의 이 촌철살인은 자기 안에 간디와 히틀러가 함께 들어 있음을 깨달은 지혜에서 나왔음에 틀림없습니다.

사랑하려면 달라야 한다

가전제품에서
개전제품으로

옛말에 화로가 두 개 있는 집은 화목하지 않다고 했습니다. 아릿한 기억 속의 그 시절, 화로는 단순한 난방기구가 아니었습니다. 온 가족이 둘러앉아 오순도순 정을 나누게 하던 화로는 생각과 성격이 다른 가족들을 하나로 묶어주는 화목의 구심점 노릇을 톡톡히 했습니다. 이런 화로가 한 집에 두세 개씩 있다는 것은 가족 간에 대화와 정이 끊어졌다는 관계성의 적신호에 다름없었습니다.

이불거죽이나 요 같은 큰 침구들을 집에서 손수 다려야 했던 옛적에는 다리미질감을 맞잡은 시어머니와 며느리 또는 동서들 사이에 서로 호흡과 리듬을 맞추는 일체감이 필수적이었습니다. 개성과 성장환경이 제각각인 시어머니 며느리 동서들은 이렇게 다리미질을 함께 하면서 가족공동체의 관계성을 익혀갔습니다.

새색시도 다리미를 혼수로 가져가는 법이 없었습니다. 시집 식구들과의 조화로운 관계성을 깨는 혼수 다리미는 새 며느리의 독립선언이나 다름없었을 터이기에.

텔레비전도 옛 화로만큼은 아니지만 그런 대로 온 가족을 한데 모으는 구실을 했습니다. 텔레비전 한 대를 놓고 형제자매가 채널 쟁탈전을 벌이던 때가 엊그제입니다. 그 전쟁은 살벌한 싸움이 아니라 살가운 사랑의 엉킴이었습니다.

방마다 디지털 텔레비전을 따로 갖춘 부유한 집에는 채널 쟁탈전이 없어서 좋기는 하겠지만 가족들끼리 일체감의 관계성을 익혀가는 소중한 기회마저 사라져버린 셈이니, 그 상실감은 무엇으로도 메우기 어렵겠습니다.

온 가족이 함께 쓰는 가전제품을 개개인의 사유물처럼 개전個電 제품으로 바꾸어가는 문명의 발달은 슬프게도 가정의 파괴와 속도를 같이 합니다. 가족 간의 운명적 연대, 그 사랑의 관계성을 일그러뜨리며 점차 콩가루집안으로 만들어가는 것이 개전시대個電時代의 첨단문명이라면, 차라리 옛 시절의 자그만 흑백 텔레비전 한 대가 더 정겹지 않을까?

철새 떼는 수천 수만 마리가 한꺼번에 무리를 지어 날아오르지만 충돌사고 한번 일으키는 법이 없다고 합니다. 사람들 같으면 몇십 명만 모여도 서로 앞장서서 먼저 가기 위해 밀고당기며 부딪치고 하다가 죽거나 다치기 일쑤지만, 미물인 새들은 서로에게 아무런 피해를 주지 않는 엄정한 질서 속에서 자유롭게 하늘을 날아다닙니다. 서로의 관계성에 충실한 본능적 지혜요 엄숙한 대자연의 섭리입니다.

공동체의 질서에 순응하는 것이 내 자유를 보장해주며 서로의 관계성을 벗어나는 것은 곧 죽음이라는 것을 새들은 잘 알고 있습니다. 새

들만이 아닙니다. 초원을 내달리는 사슴이나 얼룩말 같은 군집동물들
은 추월이니 끼어들기니 하는 따위의 얌체 같은 반칙 없이 질서정연
하게 행오行伍를 이루며 질주합니다.

이에 비하면, 도시문명인들의 자동차 운전습관은 얼마나 미개한가?
아니, 일탈을 멋으로, 무질서를 자유로 착각하고 있는 인간들은 얼마
나 어리석은가?

『과학혁명의 구조』라는 책을 써서 과학철학계에 격렬한 논쟁을 불
러일으킨 토마스 쿤은 베이컨과 뉴턴으로 대표되는 고전물리학의 '보
편적 절대성'을 버리고 하이젠베르크의 양자역학에서 비롯된 '불확
정성의 원리'를 진정한 과학의 패러다임으로 규정했습니다.

종래의 기계론적 절대성의 과학은 사물을 각각의 개체와 그 집합인
전체로 간단하게 양분해서 인식했지만, 과학정신에 절대적 기준을 두
지 않는 새로운 패러다임은 전체와 개체, 보편과 실재를 나누지 않고
서로의 긴밀한 연관성 속에서 사물을 통전적統全的으로 바라보고 해
석합니다. 보편성에서 주체성으로, 주체성에서 관계성으로 옮겨오며
깊이를 더해가는 철학적 사유의 지평 그대로입니다.

닫힌 도덕
열린 도덕

다원화시대에 넘실거리는 상대주
의 담론을 찬양하려는 뜻이 아닙
니다. 절대와 상대가 둘이 아니라 하나라는 것을 말하고자 함입니다.
만유의 상대적 연관관계들을 두루 포괄하는 초월적 섭리의 절대성은
여전히 엄숙합니다.

끝도 없는 삼라만상의 음양동정陰陽動靜은 무수한 괘효卦爻들을 상대적 대칭의 모습으로 펼쳐가지만 결코 태극太極의 영토를 벗어나는 일이 없습니다.

음양을 한 품에 껴안는 태극은 그 자체로 아득한 무극無極이며, 그 절대고독의 세계 안에서 절대와 상대의 분별은 아무 의미도 지니지 못합니다. 거대 질량과 무한의 중력으로 모든 물질을 빨아들여 융합시키되 전혀 분열하는 법이 없는 블랙홀처럼, 태극 안에서는 하나가 곧 전체요 전체가 또한 하나이기에.

개체와 보편, 주체와 객체는 각기 고립되어 있는 별개의 존재가 아니라 서로 긴밀하게 연결된 '관계적 존재'입니다. 사람과 사람은 물론이고 사람과 자연, 아니 사람과 신마저도 서로 분리될 수 없는 공동체적 연관성의 고리로 끈끈히 맺어져 있습니다. 디트리히 본회퍼가 "혼자서는 크리스천이 될 수 없다"고 단언한 것도 아마 이런 이유에서가 아닐까?

하나님은 누군가를 부르실 때, 그 사람 혼자만을 부르지 않습니다. 언제나 그가 속한 공동체를 함께 부르십니다. 아브라함은 모든 믿는 이들의 조상으로, 모세는 이스라엘 온 백성의 지도자로, 바울은 개개의 크리스천이 아니라 교회공동체 전체를 위한 사도로 부름을 받았습니다. 저들은 키에르케고르과 같은 우수와 고독의 단독자가 아니었습니다. 저들은 '관계적 존재'였습니다.

"이해하기 위해서는 서로 닮을 필요가 있다. 그러나 사랑하기 위해서는 다르지 않으면 안 된다."

극작가 폴 제랄디의 탁견입니다. 올바른 관계성을 위해서는 상호이해가 필수적이지만, 이해만으로는 충분하지 않습니다.

　오직 사랑만이 관계성을 온전하게 이룹니다. 사랑은 너와 나의 다름을 존중하고 서로의 차이를 아낄 줄 아는 것입니다. 나와 다르기에 애타게 너를 그리워하고, 서로 차이가 있기에 더 깊이 배려하고 싶어지는 것이 사랑의 관계입니다.

　나와 다른 것을 참아내지 못하는 폐쇄적인 신념은 '닫힌 도덕'이며, 자기만의 가치관에 집착하는 독선은 증오와 대결을 낳을 뿐, 사랑의 관계는 아직 멀기만 합니다. 서로의 차이가 뚜렷할수록 사랑의 활력도 더 크게 넘쳐납니다. 베르그송이 '열린 도덕'이라고 부른 저 '생명의 약동'e'lan vifal처럼.

　화로가 사라지고 방마다 텔레비전이 따로따로 놓인 가정, 며느리와 시어머니와 동서들이, 아니 부모와 자식마저도 함께 살아가는 법을 모르고, 노소老少와 보혁保革이 앞다투어 공동체의 연대성을 찢기에 바쁜 시대, 풍족하되 서로의 인간관계를 갈가리 끊어놓는 희망 없는 문명이 우리의 자유혼을 옥죄듯 짓누릅니다.

　이 각박한 세태의 시대정신임을 자처하는 모럴이라면 (그것이 보수든 진보든, 자유든 평등이든, 전승이든 개혁이든), 개인과 세대와 계층들의 다양한 차이를 아끼고 서로의 다름을 넉넉히 끌어안는 사랑의 가슴을, 그 열린 도덕, 그 약동하는 생명력을 지녀 마땅하겠습니다. 사랑하려면 서로 달라야 하기에.

양심의 자리

인간과 하나님의
공동인식

"전에는 돈 없고 빽 없는 놈들만 군대 갔는데, 이젠 양심 없는 놈들이 군대 가게 생겼군."

얼마 전 어느 지방법원의 젊은 법관이 이른바 '양심적 병역거부자'에게 무죄판결을 선고하자 병역복무를 이미 마친 사람들과 입대를 앞둔 청년들 사이에서 떠돌기 시작한 자조적인 판례평석(?)입니다.

예전이라고 해서 꼭 돈 없고 빽 없는 청년들만 군대에 간 것도 아니고 앞으로도 양심 없는 젊은이들만 골라내서 군대에 보내라는 판결은 물론 아니지만, 양심적 병역거부에 대한 사법부 일각의 판단이 매우 충격적이었는지 반향이 무척 뜨거웠습니다. 얼마 뒤 대법원이 유죄 확정판결을 내려 논란을 일단 잠재우기는 했어도, 보충의견으로 제시된 대체복무제 도입 여부를 둘러싸고 논쟁은 계속 이어질 전망입니다.

현행법에 따르면 양심을 내세운 입영거부는 병역법의 입영기피죄에 해당되고, 입영 후에도 양심을 이유로 집총執銃을 거부하면 군형법의 항명죄抗命罪에 해당됩니다. 그러나 양심적 병역거부를 옹호하는 쪽의 법해석은 퍽 다릅니다. 우리 헌법이 엄연히 양심의 자유를 보장하고 있으니헌법 제19조 자기 양심에 따라 군입대나 집총을 거부하는 평화주의자들에게 병역복무를 강제할 수 없고, 하위下位의 법률인 병역법이나 군형법으로 상위의 법률인 헌법상의 자유를 박탈할 수 없다는 것입니다. 개혁지향의 시류 속에서 응당 나옴직한 목소리입니다.

반면에 우리 헌법은 양심의 자유만이 아니라 병역의무도 함께 규정하고 있는데 병역의무는 '모든' 국민헌법 제39조 제1항 에게 해당되는 국민개병제國民皆兵制일 뿐 아니라 자유의 본질적 내용을 침해하지 않는 범위 안에서는 국민의 자유도 일정 부분 제한될 수 있는 것이므로헌법 제37조 제2항 병역법과 군형법의 제재는 헌법에 위반되지 않는다는 것이 지금까지의 보편적인 법해석입니다.

특히 헌법의 최고이념인 자유민주적 기본질서헌법 제4조 를 수호하기 위한 국가안보의 차원에서도 병역의무는 필수적이라는 것이 대체적인 인식인데, 대법원의 유죄판결이 나오자마자 당장 '반시대적 보수의 잠꼬대' 라는 막말이 튀어나오기도 했습니다.

그러나 양심의 문제를 보수니 개혁이니 하는 잣대로만 다룰 일은 아닌 듯합니다. 양심은 그보다 훨씬 더 깊숙한 인격의 자리에 놓여 있는 실존적 문제이기 때문입니다.

양심으로 번역되는 conscience는 '함께' 라는 뜻의 con과 '본다' 는 뜻의 scientia가 합쳐진 단어입니다. con은 양심의 공동체성을, scientia는 양심의 이성적 인식의 면을 나타냅니다. 양심이란 나 혼자 보고 나 혼자 느끼는 나 혼자만의 가치판단이 아니라 남과 함께 생각하고 다른 사람들과 더불어 마음에 새기는 공동체적 윤리판단이며 감정이나 의지의 차원을 넘어서는 이성적 명제임을 말해주고 있습니다. 양심은 도덕적 감각moral sense을 포함하는 도덕적 이성moral reason 또는 윤리적 직관ethical intuition입니다. 함께 인식하는 공동체적 이성, 이것이 양심의 어원적 정의라고 해두겠습니다.

여기의 '함께'는 물론 공동체 구성원들과 함께라는 뜻인데, 나는 한 걸음 더 나아가 '신과 함께'라는 의미를 포함시키려고 합니다. 인간과 하나님의 공동인식을 말하는 것입니다. 예부터 양심을 신적 이성Divine Reason 또는 신의 음성Voce Divina이라고 이해해왔습니다. 양심 없는 신앙은 상상조차 할 수 없습니다. 절대자를 향한 신앙에는 양심이 필수적 요소라는 것이 성서의 입장인 듯합니다.

"믿음과 착한 양심을 가져라. 어떤 사람들은 양심을 버렸고 그 믿음이 파선破船 하였다."디모데전서 1:19

법적 양심은
공동선의 추구

양심은 나 혼자만의 것이 아니라 나와 공동체와 신, 이들 3자가 공유하는 것이며 또한 감성적이기보다 이성적인 것입니다. 미추美醜, 정正·부정不正, 선과 악에 관한 이성적 반성으로서의 양심은 개인적 도덕의식임과 동시에 사회공동체의 보편적 이성이며 나아가 신 앞에서의 근원적 직관이기도 합니다.

양심이 가지는 개인성 사회성 근원적 영성靈性 중에서 어느 것을 더 강조하느냐에 따라 윤리철학의 구조가 달라지게 될 터이지만, 무릇 양

심은 신 앞에서의 영성, 사회 속에서의 이성, 개인적 삶에서의 도덕의
식을 모두 아우르고 있다고 해야 옳겠습니다.

문제는 법적 보호의 대상이 되는 양심을 개인적 도덕의식에 한정하
거나 또는 신적 영성으로까지 확대하는 것이 모두 어렵다는 점입니다.
법정은 법관이나 피고인의 개인적 세계관을 표방하는 자리가 아니며,
또한 신적 영성의 실체를 법정에서 딱히 검증할 방법도 없습니다.

헌법이 법관에게 재판의 준거로 제시하는 것은 법률과 양심헌법 제
103조인데, 여기의 양심은 법관 일개인의 도덕의식이 아니고 신적 영성
은 더더욱 아니며, 따라서 사회의 공동체적 양심이 아니면 안 됩니다.
헌법상 양심의 자리는 사회의 공동선共同善을 지향하는 공동체적 이성
이라는 뜻입니다.

독일의 법조계에는 "자기 신념에 어긋나는 설교를 하는 성직자는 존
경할 수 없지만, 자기 소신에 어긋나는 판결을 하는 법관은 존경받아
마땅하다"는 신조가 깊숙이 자리잡고 있습니다. 성직자가 자기 양심
에 어긋나는 설교를 하는 것은 명백한 위선이요 불신앙입니다. 그러나
법관은 자기의 소신이 공동체적 양심에 어긋날 때 개인적 소신을 꺾고
공동체적 양심에 따라 재판을 해야 한다는 것입니다. 헌법이 법관에게
제시하는 양심은 법관의 개인적 소신이 아니라 공동선을 추구하는 이
성적 합의이기 때문입니다.

볼테르는 "당신의 사상에는 동의하지 않지만, 당신의 사상이 탄압을
받으면 함께 싸우겠다"고 다짐했습니다. 내 사상과 다른 사상이라도
힘써 존중하겠다는 이 고매한 신념이 양심적 병역거부를 둘러싼 우리
사회의 논쟁에서 힘을 발휘하기를 바랍니다. 그렇기는 해도, 탄압과
싸움으로만 설정되는 대결의 구도는 바람직하지 않습니다. 그것은 이

성적 합의의 과정이라고 하기 어렵습니다.

　앞으로 우리 사회가 대체복무제를 전제로 양심적 병역거부를 　받아들이는 성숙한 합의에까지 진전할 수 있을지 자못 궁금합니다. 시대가 그것을 요구한다면 그렇게 될 것이고 또 반드시 그렇게 되어야겠습니다. 　다만 시류에 따라 좌우로 막춤을 추는 '정신나간(?) 시대정신들의 가벼움'이 아니라 인격적 실존의 고뇌와 사회적 공동선의 가치에 깊이 뿌리박은 '튼실한 역사의식의 무게'가 공동체적 합의를 이끌어가지 않으면 안 될 것입니다.

현대문명의 특질과 전망

탈윤리,
정신 없는 향락주의   최첨단의 디지털 신기술과 눈부
시게 발전하는 생명공학, 끝도 없
이 뻗어가는 우주과학 등으로 중무장한 21세기 신문명의 정체를 한
마디로 규정해내는 것은 불가능에 가까운 일입니다. "현대문명은 이
거다"라는 식의 적극적인 해석은 더욱 그렇습니다.

그래서 나는 현대문명의 특질을 소극적인 방식으로 이해하여 이른바
'5탈五脫현상'으로 요약해보려고 합니다. 탈윤리脫倫理, 탈문화脫文
化, 탈문자脫文字, 탈역사脫歷史, 그리고 탈자연脫自然이 그것입니다.

첫번째, 탈윤리의 뚜렷한 징후는 현대과학기술의 총아로 불리는 IT
와 BT 모두에서 찾아볼 수 있습니다.

소위 '원조교제'援助交際라는 어이없는 이름으로 스스럼없이 서로
의 살을 섞어대는 30~40대 남성과 10대 어린 소녀들을 연결해주는
고리는 다름 아닌 최첨단의 IT, 즉 인터넷 통신기술입니다. 이것은 물

론 '원조'도 아니고 '교제'도 아닙니다. 타락이요 패륜의 탈윤리일 뿐입니다. 화상채팅이라는 수상쩍은 방식으로 성性의 만족을 추구하는 사람들도 대개 인터넷의 달인들입니다.

BT, 유전자공학을 다루는 생명과학자들은 '슈퍼 옥수수'와 '육질 좋은 쇠고기'를 복제해내는 데 그치지 않고, 마침내 인간의 태아를 복제하는 단계에까지 이르렀습니다. 2년여 전 어느 유명한 생명공학자로부터 직접 들은 말인데, 몇 해 지나지 않아 복제인간이 출현할지도 모르는 상황에까지 와 있다는 것입니다.

아기의 얼굴모양, 체질, 성격 등을 원하는 대로 골라서 수정, 임신하는 것이 가능하다는 것이니, 이른바 '맞춤형 아기'의 출산이 그리 멀지 않은 듯합니다. 그 과학자의 자신에 넘치는 말이 내게는 "복제의 주체인 인간이 복제의 객체로 전락할 수 있다"는 경고로 들렸습니다.

무제한의 속도, 무제한의 편의성, 무제한의 향락 속에서 윤리의 흔적을 찾아보기 힘든 이 시대를 가리켜 어느 인문학자는 "정신없는 향락주의와 정신만 남은 도덕주의"라고 개탄한 바 있지만, 내 생각에 이제 도덕은 허물 벗은 뱀 껍데기처럼 그 정신마저도 사라져버리고 만 것이 아닌가 합니다.

교통과 정보의 발달로 '사회의 이동속도'가 빨라지면서 인간관계가 윤리적 바탕과 인격의 깊이를 상실해가는 가운데, 젊은 부부의 이혼율이 급증하고 부모가 자식을 유기遺棄하는가 하면 자식이 노부모를 마구 내치는 가정파괴행위들이 다반사로 벌어지는 것이 오늘의 슬픈 탈윤리적 현상들입니다.

탈문화,
인문학의 위기

두 번째, 탈문화는 전통적인 인문적 가치의 퇴조로 나타나고 있습니다. 문학과 역사와 철학의 인문정신은 이제 고리타분한 옛 시절의 유품 취급을 받고, 인류정신사를 연면히 이어온 영광스런 자리를 기술과 상업의 유행문화에게 고스란히 내어주고 말았습니다. '디지털 문명' 의 위력 앞에서 '아날로그 문화' 는 도무지 맥을 못 추는 세상입니다.

정보통신의 생명은 '대용량의 지식을 다중의 사람들에게 신속히 제공하는 것' 입니다. 빠른 속도와 풍부한 정보지식의 전달은 초고속 정보사회의 핵심기반입니다. 그런데 성서는 이것을 말세의 모습으로 그리고 있습니다.

"마지막 때까지 이 말씀을 은밀히 간직하라. 많은 사람이 지식을 얻으려고 빠르게 오고갈 것이다."다니엘12:4

오늘날처럼 많은 사람들이 세계 곳곳을 빠르게 왕래하며 방대한 지식을 사고파는 시대도 없었으니, 지금이 혹시 말세가 아닐까 하는 걱정으로 앞날이 암울하게 느껴지는 이들도 없지 않을 듯합니다.

인문학이란 '이성적이고 자연적인 질서 또는 생명의 도리를 실현하고 체득해가는 삶의 지혜' 이자 '인격적 품성의 바탕자리' 입니다. 그 인문학의 위기를 인문학자들 스스로가 집단으로 선언할 수밖에 없는 것이 오늘 우리 사회의 반인문적인 현실입니다.

우리는 불과 30~40년의 짧은 기간에 조국근대화의 기치를 높이 들고 산업화와 민주화에 매진한 결과, 세계 12대 교역국이자 UN사무총장을 배출하는 나라가 되었고, 또한 국민이 자유롭게 정부를 선택하는 민주국가를 이룩하는 찬란한 성과를 이뤄냈습니다.

그러나 지금 우리나라의 지니계수Gini's coefficient는 0.35를 넘어섰고 우리 곁에는 실질소득이 최저생계비에도 미치지 못하는 극빈층이 날로 늘어가는 가운데, 노사勞使 대립과 계급갈등은 위험수위를 훨씬 넘어서는 등 산업화의 그늘이 매우 짙어져가고 있습니다.

그리고 민주화 역시 포퓰리즘과 선동정치를 극복하지 못한 채 극심한 성장통을 앓고 있는 중입니다. 우리의 산업화, 민주화는 절반의 성공에 불과하다는 것이 대체적인 진단입니다.

왜 그럴까? 여러 이유를 들 수 있겠지만 나는 그 원인을 '인문화의 실패'에서 찾습니다. '물량주의와 상업주의의 대중사회'가 되어가는 동안 우리는 알게 모르게 서서히 인문의 가치를 상실해왔습니다.

'문화의 대중화'라는 이름으로 성악가들은 유행가를 부르기 시작했고, 공연예술인들은 무대 위에서 젊은 여성의 속옷을 벗기기에 여념이 없습니다. 패션쇼는 '의상쇼'가 아니라 '누드쇼'가 된 지 이미 오래고, 스크린 속 여배우의 나신裸身은 이제 더 이상 관능이나 자극의 호기심조차 불러일으키지 못할 만큼 일상적인 것이 되고 말았습니다.

제가 아직껏 풀지 못하고 있는 의문 중 하나가 자동차회사들의 신차 발표회장 모습입니다. 멋지게 전시된 최신형 승용차 곁에는 예외 없이 늘씬한 아가씨들이 반라半裸의 모습으로 야릇한 포즈를 취하고 있습니다. 카메라의 포커스도 자동차보다는 아가씨 쪽을 향하는 경우가 많습니다. 새 자동차를 사면 그 아가씨도 함께 태워 보내준다는 것인지. 알다가도 모를 일입니다.

문화라고 번역되는 culture라는 말은 땅을 갈고 밭을 일구는 cultivate 즉 오랜 경작의 수고에서 비롯되는 삶의 결실인 데 반해, 속도와 편리함으로 무장한 기술문명 civilization은 civic 즉 도시적인 것에서 쏟아져나오는 혼잡함과 흥청거림으로 나타납니다.

문화와 문명은 그 뿌리가 다릅니다. 문명이 지식이라면, 문화는 지혜입니다. 지식의 축적은 방대한데 그것을 사용하는 삶의 지혜는 말할 수 없이 빈곤하고 천박해진 것이 오늘의 탈문화 현상입니다.

우리사회의 자동차문명은 세계 최고수준이지만, 자동차문화 즉 교통질서와 안전운행, 양보운전의 미덕은 찾아볼 수 없습니다. 교통은 交교행와 通소통일 터인데, 우리네 거리의 교통에는 交도 없고 通도 안 되는 무교불통無交不通의 지경입니다.

탈문자, 독서의 깊이를 잃다

세 번째, 탈문자는 TV와 인터넷 같은 전자영상매체가 책과 역사의 기록을 대신해버린 오늘의 정보사회를 가리키는 말입니다.

New, Now, Network의 3N시대라고 일컬어지는 오늘날, '지금 당장 편리하게 써먹을 수 있는 새로운 전자영상의 가상세계'가 이 시대 젊은이들의 몸과 마음을 온통 사로잡는 새로운 신神으로 등장했습니다. 현실과 환상이 혼합된 '제2의 삶'을 창조한 이 가상세계는 영화 「매트릭스」에서 그 절정의 모습을 보여주었습니다.

그 결과 다양성과 개성을 특징으로 하는 21세기의 자유사회가 도리어 획일화된 유행문화로 자유와 개성을 잃어버리고, 정신의 대중화, 삶의 평균화, 생태계의 황폐화라는 반인간화의 시대로 탈바꿈하고 말았습니다.

하루에도 수십 번, 수백 번 인터넷 공간의 가상현실에 들어가는 사람들이 정작 자기의 마음속에는 한 번도 들어가보지 않는 세태입니다.

보리스 파스테르나크가 쓴 소설 『의사 지바고』를 책으로 읽은 사람은 좀처럼 만나기 어려워도 배우 오마 샤리프가 주인공으로 나온 영화 「닥터 지바고」를 안 본 사람은 거의 없을 정도입니다. 광기서린 혁명의 시대를 기나긴 영혼의 아픔으로 건너야 했던 나약한 지식인 지바고의 고뇌는 간 데 없고, 열차의 차창 밖으로 펼쳐진 광활한 시베리아의 설경雪景을 바라보는 두 연인의 모습만 망막의 기억 속에 아련할 뿐입니다.

카잔차키스의 『희랍인 조르바 』를 책으로 읽지 않고 앤서니 퀸의 영화로만 본 사람들은, 그 책을 이단의 금서禁書로 낙인찍은 교황청을 향해서 카잔차키스가 내뱉은 말, "당신들은 나를 저주하지만 나는 당신들을 축복한다. 당신들도 나만큼 양심적이고 도덕적이며 또 종교적이기를 바란다"라는 독설毒舌의 의미를 쉬 알아챌 수 없을 것입니다.

이처럼 '읽는 깊이' 를 내던져버리고 '보는 즐거움' 에만 흠뻑 빠져 있는 것이 탈문자시대의 경망한 일들입니다.

"내가 원하던 것을 나는 다 얻었다. 누리고 싶은 낙樂은 무엇이든 삼가지 않았다. 나는 하는 일마다 다 자랑스러웠다. 그러나 내 손으로 성취한 모든 일과 이루려고 애쓴 나의 수고를 돌이켜보니, 참으로 세상 모든 것이 헛되고, 바람을 잡으려는 것과 같고, 아무런 보람도 없는 것이었다"전도서 2 : 10,11라는 구약성서의 탄식은 3천 년 전 중동사막 한 귀퉁이에서만 새어나온 것이 아닙니다.

탈역사,
시간 의식의 쇠퇴

네 번째, 탈역사는 간단히 말해서 '시간적 의식의 쇠퇴와 공간적 의식의 무절제한 확장'을 뜻합니다.

시간적 의식이 쇠퇴한다는 것은 '시간의 존재를 의심하고 시간과 무無를 동일시하는 초시간적 해탈의 깨달음'을 가리키는 것이 아닙니다. 시간은 가시적인 공간과 달리 비가시적인 것이기에 '보이지 않는 시간을 아예 생각지도 않으려는' 몰역사적沒歷史的인 삶의 태도와 그 표피적인 의식을 지적하는 것입니다.

지나치게 확장된 우리의 공간적 의식은 역사와 시간을 나타내는 말조차도 공간적인 개념을 빌려 쓰고 있을 정도입니다. 인문학자들이 많이 드는 예로 영어의 thereafter와 always가 있는데, thereafter는 '그 다음'이라는 뜻을, always는 '언제나'라는 뜻을 가진 시간적 의미의 단어들입니다. 그런데도 'there거기/after, all/ways길'이라는 공간적인 단어를 차용하고 있습니다. 시간을 공간으로 바꿔서 쓰는 탈역사적인 인식의 언어적 징표가 아닐까 합니다.

"우리가 역사에서 배우는 것은, 인간은 역사에서 아무것도 배우지 않는다는 것"이라는 어느 역사학자의 지적이 매우 날카롭게 들려옵니다.

시간적 의식의 쇠퇴와 공간적 의식의 지나친 확장은 역사성을 부정하게 되고, 그 당연한 귀결로 '정당한 권위'들이 부정되며 그 자리를 '사이비 권위'들, 곧 현란한 상징조작으로 민중을 기만하는 문화적 종교적 포퓰리즘의 우상들이 비집고 들어오게 마련입니다. 그래서 자유와 주체성의 대기大氣로 가득 찬 21세기 대명천지에 또 다른 '정신의 억압장치’들이 민중의 영혼을 옥죄며 들어옵니다.

지나간 역사는 사라진 것이 아닙니다. 그것은 언제고 다시 찾아옵니다. 아니 오늘 지금 여기서 살아 숨 쉬는 생명의 호흡입니다. 역사 속에서 오늘의 교훈을 찾아내지 못하는 개인이나 공동체는 미래를 그르치기 십상입니다.

지나간 날들의 기록 속에 시퍼렇게 살아 숨 쉬는 엄중한 역사의 목소리를 듣지 못한 채 오늘도 내일도 꼭 같은 과오를 되풀이하는 것처럼 어리석은 일은 없습니다. 여기에 역사를 읽고 쓰고 배우며 보존하는 이유가 있으며, 더욱이 역사를 왜곡해서는 안 되는 이유가 있는 것입니다.

스웨덴의 여성 인류학자 노르베리 호지가 쓴『오래된 미래』라는 책이 있습니다. 환경분야에서는 고전에 속하는 명저입니다. 저자는 단신으로 히말라야 고원의 작은 마을 라다크에 들어가 무려 16년의 세월을 토착민들과 함께 생활한 뒤, 그 체험을 바탕으로 현대문명의 실상을 끔찍하리만치 철저하게 해부, 고발하면서 인류사회의 미래를 전혀 새로운 시각에서 전망해 나갑니다.

ancient와 future는 서로 합쳐질 수 없는 단어들입니다. 하나는 머나먼 과거요, 다른 하나는 아직 오지도 않은 미래입니다. 그런데 노르베리 호지 여사는 이 두 상반되는 단어들을 ‘오래된 미래’라는 하나의 멋진 말로 묶어놓았습니다. ‘관계성’의 발견입니다. 서로 멀리 떨어진 과거와 미래의 두 시간적 영역을 하나의 장場으로 엮어내는 우주적인 작업에 성공한 것입니다. 그것도 ‘작은 티베트’라고 불리는 저 히말라야 깊은 산 속의 원시적인 삶으로부터 말입니다. 나는 이것이야말로 진정한 역사관이요 탁월한 역사의식이라고 믿습니다.

형이상학의 칸트와 고전물리학의 뉴턴을 대표로 하는 구시대의 가치기준은 '보편성'이었습니다. 그러나 제 1, 2차 세계대전을 겪은 서구는 '주체성'을 새로운 가치관으로 삼았습니다.

"존재는 본질에 앞선다"는 명제로 실존주의의 대명사가 된 사르트르는 '타인의 시선으로부터 탈출하는 것이 곧 자유에 이르는 길'이라고 믿었습니다. 보편적 가치는 자유를 억압하는 실존의 굴레일 따름이었습니다.

그러나 오늘날의 철학사조는 '보편성'의 바다와 '주체성'의 봉우리를 지나 '관계성'의 너른 벌판으로 나아가고 있습니다. 화이트헤드의 과정철학過程哲學이나 데리다의 해체주의解體主義에서 발견되는 '관계성의 통찰'은 이미 수천 년 전의 노장사상과 화엄사상 속에 깊이 녹아 흐르는 지혜입니다.

무이이불수일無二而不守一, 둘로 나뉘지도 않고 하나에 집착하지도 않는 '상생과 공존의 관계성'이야말로 투철한 역사의식 안에서만 무르익을 수 있는 인생과 우주의 지혜라는 것이 저의 믿음입니다.

어느 신념 하나만을 우상처럼 붙들고 그 이외의 모든 것을 전부 이단시하는 근본주의나 교조적 원리주의의 도그마는 역사를 모르거나 역사를 부정하는 오류일 뿐입니다.

부력浮力의 법칙을 발견하고 너무 기쁜 나머지 "유레카! Heureka!"를 외치며 벌거벗은 채 거리를 뛰어다녔다는 아르키메데스의 원리도 중력장重力場과 유체流體의 조건에 따라 상대성원리에 의해 흔들리고, 그 상대성원리마저도 양자역학에 의해 다시 뒤집히는 것이 과학의 역사요 객관적 진리의 세계입니다. 하물며 인문적 영역이며 또 정신과 주체성의 세계이겠습니까?

오늘날의 시대정신처럼 떠받들어지는 '개혁'改革이라는 말의 고칠 改자는 자기 己와 아비 父의 합성어입니다. 늙은 아비의 세대父만으로 는 개혁이 어렵다는 뜻일 것입니다. 개혁의 바람은 응당 젊은 세대己 로부터 불어오게 마련입니다.

그러나 젊은 세대가 홀로 주도하는 개혁은 온전하지 못할 뿐 아니라 위험스러울 수도 있습니다. 경험도 역사의식도 없이 그저 의욕만 앞 세운 개혁의 열정은 자칫 공동체를 갈가리 찢어 상처투성이로 만들 우려가 너무 큽니다.

이스라엘을 가장 번성한 나라로 이끈 솔로몬 왕이 죽자 그 아들 르 호보암이 왕위에 올랐는데, 그는 아버지의 늙은 신하들을 궁에서 내 쫓고 제 또래인 젊은 세대의 말에만 귀를 기울였습니다. 결과는 왕국 의 분열이었습니다.역대하10 : 6~17

성숙한 아비 세대가 이어받아온 역사의 법통法統과 보편성의 경험 을 깡그리 부정하는 것은 혁명이나 개벽은 몰라도 올바른 개혁은 아 닙니다. 그렇다고 지나간 세대의 전통에 매달려 수구守舊의 퇴행退行 을 거듭할 수도 없는 일입니다.

아비의 세대와 아들의 세대가 함께 주체가 되는 개혁, 아비는 아들 을 앞세우고 아들은 아비에게 등을 기대고……. 곧 역사와 대화하고 역사에서 새로운 지혜를 배우며 역사와 함께 앞으로 앞으로 나아가는 것이 자기 己와 아비 父가 합쳐진 改자에 담겨 있는 개혁의 의미가 아 닐까 합니다.

우리의 아버지 어머니, 할머니 할아버지들의 아날로그는 디지털에 패배한 구닥다리가 아닙니다. 그 아날로그는 시대를 훌쩍 앞서가는 새로운 모습으로 다시금 우리 앞에 다가와 있습니다.

"지금 있는 것이 옛적에도 있었고 장래에 있을 것도 옛적에 이미 있었으니, 하나님은 이미 지나간 것들을 다시 찾으신다."전도서 3 : 15

구약성서의 가르침입니다.

역사는 '정신과 실태實態의 결합체' 입니다. 민족혼이 민족사의 정신이라면, 민중의 현실적 삶은 민족사의 몸뚱이요 그 실태입니다. 어느 것도 다른 것보다 더 고상하지 않습니다. 정신과 몸이 서로를 미워하면 분열증적 인격파탄에 이르고 맙니다.

민족혼에 불타던 순국열사들만이 역사의 주인공이 아닙니다. 침략자의 칼날 앞에 허리를 펴지 못했던 민중들, 불의에 당당하게 저항할 줄 몰랐던 저 비겁하고(?) 초라한 민초들도 엄연한 역사의 주체들입니다.

민충정공, 유관순 열사, 안중근 의사가 겨레의 넋을 싯푸르게 이어왔다면, 창씨개명으로 자기의 이름마저 갈고 성姓까지 바꾼 저 줏대 없는(?) 백성들은 죽는 것보다 사는 것이 더 괴로운 형극의 세월을 빈주먹 맨몸뚱이로 천덕스럽게, 그러나 끈질기게 살아낸 민족사의 실태요 뿌리입니다. 그 잡초 같은 민중의 삶이 없었더라면 순국의 민족혼도 이 땅의 역사에 튼실하게 뿌리내릴 수 없었을 것입니다.

빼앗긴 땅에서도 자식 낳아 어렵사리 키워가며 숟가락 젓가락조차 침략자들의 무기공장 용광로에 던져넣으면서 모진 목숨을 이어온 그 민중, 우리의 아버지 어머니, 할머니 할아버지들의 삶이야말로 이 나라를 지켜온 역사의 실태입니다.

그때 모두가 열사들이요 너도나도 다 장렬하게 순국만 했더라면 정신은 살아남아도 그 정신을 이어갈 몸뚱이는 흔적조차 없어졌을 터이고, 모두가 줏대 없고 너나없이 다 비굴하기만 했더라면 욕된 육신은 살아남았을망정 얼빠지고 정신없는 시체나 다름없었을 것입니다.

21세기를 사는 우리는 저 이름 없는 선조들의 삶을 지금껏 이어오고 있습니다. 그것이 역사입니다. 우리는 수백 년 전의 퇴계退溪와 수천 년 전의 노장사상, 그리고 2, 3천 년 전에 씌어진 성서로부터 퍼올리고 퍼올려도 다함이 없는 지혜의 맑은 샘물을 끊임없이 길어 올리고 있습니다.

잃어버린 역사성, 오래 묵혀진 옛것들, 그 근원적인 삶의 바탕자리를 되찾는 일이야말로 오늘 우리에게 주어진 역사적, 인간적인 과제일 것입니다.

탈자연, 환경으로 전락한 자연

다섯 번째, 탈자연은 한 마디로 '절제를 모르는 반환경적 개발욕구'를 가리킵니다. 법원에서 근무할 때 환경법연구회장으로 일한 경험이 있는 저는 정작 '환경'이라는 말 쓰기를 퍽 꺼립니다.

환경을 뜻하는 environment는 무엇인가를 둘러싸고 있는 주변의 것을 의미합니다. 자연과 생태계가 인간을 둘러싸고 있는 변두리의 것이라는 인식이 깔려 있습니다. 인간과 자연의 관계를 '환경'이라는 단어로 매개하려는 것부터가 또 다른 반자연적 태도라는 것이 제 설익은 생각입니다.

누구를 위한, 누구를 둘러싼 환경을 말하는 것인가? 어디까지나 인간이 중심이고 자연은 다만 그 '주변적 상황'에 불과하다는 오만한 인식이 환경이라는 단어 속에 숨어 있습니다. 한마디로, 자연 앞에 겸손하지 않은 것입니다.

인간과 자연을 하나로 보지 않고 주체와 객체로, 중심과 주변으로 구별하는 이런 생각 속에는, '자연과의 공생'의 관념보다는 '자연에 대한 지배와 정복의 욕구'가 더 깊이 배어 있는 듯합니다.

자연이 '인간을 위한 주변환경' 쯤으로 전락해버린 오늘의 현실이야말로 자연 앞에 오만하기 짝이 없는 반생명적 태도의 산물입니다. 인간이 자연에게, 자연이 인간에게, 그렇게 서로가 서로에게 다가가서 서로의 삶에 '하나의 호흡'으로 참여할 때만 자연의 생명력은 우리들 삶 속에서 제 빛을 빛낼 수 있을 것입니다.

스피노자는 명저 『에티카』*Ethica in Ordine Geometrico Demonstrata*에서 자연을 '생성된 자연' Naturata과 '생성되어가는 자연' Naturanda으로 구별했습니다. 나는 앞엣것을 '인간의 역사 속에서 도구로 이용되는 객체', 뒤엣것을 '인간과 함께 역사에 참여하는 주체'로 이해합니다.

자연은 역사의 실재이고 역사는 자연의 존재방식입니다. 자연은 그 '순환의 과정적 실재'를 통해서 다양성 창조성 상호의존성 관계성이라는 생명의 원리를 스스로 구현해가고 있습니다.

자연 없이 역사 없고, 역사 없이 자연 없습니다. 지난 세월의 문명이 인간에 의한 '자연의 역사화'였다면, 앞으로의 문화는 '역사의 자연화'가 새로운 목표로 설정되어야 합니다.

'5탈'을 극복하는 사랑에의 의지

무제한의 속도를 더욱 가속화해가는 21세기 기술문명사회 속에서 탈윤리 탈문화 탈문자 탈역사 탈자연적인 비인간화의 길을 벗어나

보다 자유롭고 윤리적이며 주체적인 인격으로 바로 서기 위해서는, 갓 구워낸 피자 맛에 잔뜩 길들여진 우리의 혀를 다시금 저 오래 묵혀진 된장독에 파묻는 수밖에 없습니다.

나는 그 된장독에 '정신없는 향락'과 '정신조차 남지 않은 도덕'의 공허를 메울 수 있는 역사적 진실이 배어 있음을 단단히 믿기로 하고 있습니다.

지금 우리 사회는 정치 경제 문화의 모든 부면에서 갈등과 분열의 중병을 앓고 있는 중입니다. 이 병에 대해서 여러 가지의 진단과 처방을 내놓을 수 있겠지만, 저는 17세기 신학자 루퍼투스 멜데니우스가 지녔던 신념 곧 "본질적인 것에는 일치를, 비본질적인 것에는 자유를, 그리고 모든 것에서 사랑을!"이라는 믿음을 내 나름의 작은 처방으로 제시하고자 합니다.

이 사랑은 탈윤리 탈문화 탈문자 탈역사 탈자연의 '5탈' 현상을 극복하는 '5애'五愛, 다섯 가지의 사랑 – 윤리 사랑, 문화 사랑, 문자 사랑, 역사 사랑, 그리고 자연 사랑, 바로 그것일 것입니다.

지난 2천 년 동안 세 사람의 유대인이 인류역사의 흐름을 바꿔놓았습니다. 노동계급의 척박한 삶을 애틋하게 여긴 마르크스는 유물론으로 사물과 경제의 세계를 '성 안에서 성 밖으로' 옮겨놓았고, 분열증에 얽매인 인간심리를 연민한 프로이트는 '신성불가침의 정신적 주체를 분석과 치유가 가능한 탐구의 객체로' 바꿔놓았습니다.

그리고 인간의 영혼과 전 인격을 사랑한 예수 그리스도는 하늘의 종교를 지상의 신앙으로, 제도종교의 율법과 교리들을 마음과 영혼 속에 파고드는 삶의 지혜로 심화시켜 '신과 인간이 직접적 관계성 안에서 만나는' 새로운 길을 열었습니다.

이들의 사상과 믿음은 모두 인간과 민중에 대한 사랑에서 출발한 것이지만, 그 후 권력과 결탁하면서 타락의 길을 걸었습니다. 유물론은 공산독재로, 정신분석은 인격의 물화物化로, 신앙은 왕권신수설王權神授說과 중세 이후의 종교권력으로 변모되고 말았습니다.

이 모든 타락의 길은 오직 '권력욕구'의 산물이요 그 폐해입니다. 니체는 '권력에의 의지'Wille zur Macht를 말했지만, 나는 이제 '사랑에의 의지'Wille zur Liebe를 말하고자 합니다. 사랑이야말로 탈윤리 탈문화 탈문자 탈역사 탈자연의 '5탈' 현상을 극복하고 '본질적인 것에는 일치를, 비본질적인 것에는 자유를, 그리고 모든 것에서 사랑을' 이뤄가는 유일한 길이라 믿기 때문입니다.

오랜 시간, 경청해주셔서 고맙습니다.

* 이 글은 2006년 10월 프레스센터에서 열린 문화포럼강연회에서 발표한 원고를 토대로 작성한 것입니다.

현대문명의 특질과 전망

미네르바의 부엉이가 하루의 삶이 끝나가는 황혼녘에야 비로소 지혜와 이성의 날
개를 펴기 시작하는 것은 그날 하루로만 보면 매우 안타까운 일이지만, 내일을 생
각한다면 퍽 희망적인 징조일지도 모릅니다.

황혼녘의 고뇌와 잠 못 이루는 밤의 고독한 성찰은 내일 또다시 찾아올 새로운 한
낮의 삶을 감성과 이해관계에 휘둘리지 않는 명징한 역사의식, 그 로고스의 눈으로
맞을 수 있도록 이끌어줄 것이기 때문입니다.

5부

역사의 흔적

지혜의 여신 미네르바의 상징동물인 부엉이는 대낮에는 사물을 보지 못하고 해가 진 뒤에야 세상을 볼 수 있는 주맹증환자인데다, 군집생활을 하지 않고 홀로 밤의 세계를 날아다니는 야행성 동물입니다. 부엉이의 주맹증은 역사적 사건들의 폭풍이 몰아치고 지나간 다음에야 뒤늦게 역사의 참의미를 깨닫곤 하는 우리의 아둔한 역사의식과 꽤 흡사한 데가 있습니다.

미네르바의 부엉이는
황혼녘에 날개를 편다

대중의 감성
고독한 이성

"미네르바의 부엉이는 황혼녘에 날개를 편다." Die Eule der Minerva beginnt erst mit der einbrechenden Dämmerung ihren Flug.

헤겔이 『법철학강요』 서문에 쓴 말입니다. 진리에 대한 이성적 인식은 사실이나 현상이 끝난 뒤에야 비로소 떠오르게 된다는 의미로 새겨지고 있습니다.

지혜의 여신 미네르바아테나의 상징동물인 부엉이는 대낮에는 사물을 보지 못하고 해가 진 뒤에야 세상을 볼 수 있는 주맹증晝盲症 환자인데다, 군집생활을 하지 않고 홀로 밤의 세계를 날아다니는 야행성 동물입니다.

부엉이의 주맹증은 역사적 사건들의 폭풍이 몰아치고 지나간 다음에야 뒤늦게 역사의 참의미를 깨닫곤 하는 우리의 아둔한 역사의식과 꽤 흡사한 데가 있습니다.

인간의 정신활동은 독사Doxa와 에피스테메Episteme의 두 영역을 오가며 이뤄지는데, 독사는 본능과 감성의 영역인 파토스의 세계를, 에피스테메는 이성과 의지의 영역인 로고스의 세계를 가리킵니다.

뇌 속에서 본능을 좌우하는 신피질新皮質이 독사를, 지성에 관계되는 변연계邊緣系가 에피스테메를 관장한다고 보는 것이 뇌의학의 입장입니다.

역사의 현장 속에서는 정작 역사의식이 맥을 추지 못합니다. 우리들 일상의 대부분은 본능과 감성의 영역인 독사에 의해 지배되고 있기 때문입니다. 이성의 에피스테메는 경험적 사건들과 역사의 회오리가 지나간 뒤에야 비로소 눈을 뜨게 됩니다. 황혼 무렵에야 고독한 날개를 펴기 시작하는 미네르바의 부엉이처럼.

롤랑 바르트는 독사를 가리켜 "자명한 것으로 여겨져 전혀 의심의 대상이 되지 않는 것, 예컨대 대중의 여론이나 다수의 편견처럼 합리적 이성을 그르치는 고착된 의식 또는 반문화적 감성"이라고 정의했습니다. 그에 의하면 독사는 '대중의 감성'에, 에피스테메는 '고독한 이성'에 뿌리박고 있는 셈인데, 이성의 에피스테메는 미네르바의 부엉이처럼 밤이 되어서야 홀로 지혜의 날개를 폅니다.

그래서인지 토머스 칼라일은 "대중이란 하늘에서 번개가 내려와 불살라주기를 기다리고 있는 마른 장작더미와 같다"고 빈정거렸습니다.

반면에 미국의 저명한 경영 칼럼니스트인 제임스 서로위키는 『대중의 지혜』라는 책에서 "평범한 다수가 탁월한 소수보다 더 현명하다. 전문가의 지식보다 대중의 지혜를 신뢰하라"고 충고합니다. 이른바 현인 그룹이나 전문가들이 지닌 지식의 범위는 놀랄 만큼 좁다는 것이 그 이유입니다.

그러나 서로워키가 말하는 대중은 단순한 집단이나 군중이 아닙니다. 의견의 다양성과 의사결정의 독립성이 보장되고 에너지의 분산과 통합기능이 구비된 '집단지성을 지닌 공동체'를 말합니다.

대중의 의사결정 과정에서 다양성과 독립성, 분산과 통합의 기능이 결여되면 대중 그 자체를 신격화하는 '공동체숭배'의 우상으로 전락하고 맙니다. 히틀러의 아리아니즘 같은 민족지상의 배타적 자민족우월주의가 그 대표적인 예이겠습니다.

시민대중사회가 확립되기 전에는 공동체의 운명이 소수 엘리트들에게 맡겨져왔습니다. 대중은 한 사회의 생산과 분배를 담당하는 주체이자 사회의 기층基層임에도 불구하고 그에 걸맞은 대접을 받지 못했습니다. 권력을 거머쥔 소수 특권층의 오만이 주된 이유였지만, 대중이 집단지성을 구비하지 못한 탓도 없지 않았습니다.

고독한 영혼,
대중을 반역하다

『대중의 반역』이라는 책을 쓴 '스페인의 고독한 영혼' 오르테가 이 가세트는 "인류사회는 본질상 귀족적이며, 귀족적 성격을 버리는 것은 사회이기를 포기하는 것"이라고 주장했습니다. 그가 말하는 귀족은 서민과 노예에 대응하는 세습적 특권층의 '계급적' 개념이 아닙니다. '문화와 가치와 질서를 수호하는 고독한 이성'을 지칭하는 '문화적' 개념입니다.

중국 홍위병의 문화혁명이나 독일 나치즘의 광기조차도 당시의 민중으로부터는 열렬한 지지를 받았습니다. 아, 메시아의 처형 때도 그

랬습니다. 예수의 예루살렘 입성을 "호산나 우리를 구하소서!"의 함성으로 환영했던 민중은 불과 며칠 뒤 로마총독에게 "예수를 십자가에 못박으라"고 윽박질렀습니다. 누가복음 23:21

이성이 눈을 감으면 권리에는 투철해도 책임에는 둔감해지고, 역사의식이 깨어 있지 않으면 분노와 증오에는 익숙해도 절제나 관용에는 인색해지게 마련입니다.

"대중은 스스로가 탁월하지 않고 평범하다는 사실을 잘 알고 있지만 법질서를 무시하고 직접적 물리적인 행동으로 자신들의 욕망을 실현시키려 든다."

오르테가가 '반역' 이라고 부르는 현대 대중사회의 비문명적 모습입니다. 오늘날처럼 대중이 막강한 힘을 행사하는 대중시대에 대중의 행태를 감히 '반역' 이라고 몰아치는 오르테가의 용기야말로 '대중을 반역' 하는 일대 모험이 아닐 수 없습니다.

'평범한 대중' 은 민주사회의 기초입니다. '대중의 평범성' 을 무시하는 '소수의 우월성' 은 그 자체가 비이성적인 독선이요 비민주적인 오만일 따름입니다.

그러나 집단지성을 미처 갖추지 못한 대중으로 하여금 냉철한 이성과 고독한 영혼의 지혜들을 핍박하면서 절대적 가치판단의 주체로 나서도록 충동질하는 사회는 반문화적 우중사회 愚衆社會로 전락하고 만다는 것이 오르테가의 엄중한 경고입니다.

미네르바의 부엉이가 하루의 삶이 끝나가는 황혼녘에야 비로소 지혜와 이성의 날개를 펴기 시작하는 것은 그날 하루로만 보면 매우 안타까운 일이지만, 내일을 생각한다면 퍽 희망적인 징조일지도 모릅니다.

황혼녘의 고뇌와 잠 못 이루는 밤의 고독한 성찰은 내일 또다시 찾아올 새로운 한낮의 삶을 감성과 이해관계에 휘둘리지 않는 명징한 역사의식, 그 로고스의 눈으로 맞을 수 있도록 이끌어줄 것이기 때문입니다.

오늘의 대중사회. 비록 황혼녘에나마 미네르바의 부엉이는 고독한 이성의 날개를 펴야 합니다. 독사와 감성의 광풍이 우리들 삶의 자리를 거세게 휩쓸고 지나간 뒤에라도 냉철한 역사의식은 기어이 에피스테메의 눈을 떠야 합니다.

저녁이 오고 밤이 깊어가도 좀처럼 펴질 줄 모르는 이성의 날개, 주맹증에다 야맹증까지 겹친 합병증의 부엉이보다 더 슬픈 존재는 없을 터이기에.

미네르바의 부엉이는 황혼녘에 날개를 편다

한 걸음 물러서서

이 시대의 화두
개혁과 변화

'개혁'의 바람이 거셉니다. 변화와 개혁은 이 시대를 장악한 강력한 화두話頭로 등장했습니다. 이 화두를 통과하지 않고는 시대정신을 공유하거나 역사적 의미에 참여할 수 없을 것처럼 보입니다. 매우 낯익고 또 그래서 무척 어색(?)하기도 한 이 변화의 공안公案 앞에서 지금 모두가 전전긍긍하고 있습니다. "개혁이 왜 이리 더디냐? 빨리 새것을 내놓으라"고 보채는 날카로운 목소리나 "무엇을 어떻게 바꾸자는 것이냐? 새것이라고 다 좋으란 법 있느냐?"고 투덜거리는 볼멘소리나 좌불안석이기는 마찬가지인 듯합니다.

변화란 무엇인가? 새로움이란 과연 어떤 것인가? 무엇이든 새것은 신선한 상쾌함과 산뜻한 만족감을 주는 것이 사실이지만, 옛것의 은근함과 진득이 묻어나오는 친숙함에 훨씬 못 미치는 새것들도 많습니다. 같은 앵글로 색슨이라도 미국인들은 새롭고 모던한 것을 좋아하지만 영국인들은 낡고 손때 묻은 앤티크를 더 사랑합니다.

1세기의 복음사가 누가는 당대의 시대정신을 대표하던 아테네인들이 늘 새로운 것을 추구하는 모습을 보고 "가장 새로운 것만을 말하고 듣는 이외에는 달리 시간을 쓰지 않는다"고 탄식했습니다.사도행전 17:21 새것들 중에는 가끔 묵직하지 못하고 새털처럼 가볍기만 한 경박함이 섞여 있게 마련이기에 나온 탄식일 겝니다.

새로운 지식과 정보들이 우리의 생활환경을 하루가 다르게 큰 폭으로 향상시키고 있습니다. 인터넷 기술IT과 생명공학BT쪽의 진보가 특히 두드러집니다. 그렇지만 그 진보가 과연 우리의 인격과 마음까지도 새롭게 바꿀 수 있을까? 문명과 감성의 새로워짐이 인간성과 사회적 관계를 참으로 새롭게 변화시킬 수 있을까?

새로운 지식과 정보를 가지고도 사람들은 여전히 욕심을 부리고 서로 미워하며, 새로운 문화와 감성의 아우라 속에서도 인간들은 변함없이 이웃을 속이며 남몰래 나쁜 짓들을 계속할 것입니다. 인류역사가 기록되어온 이래 수많은 세기들이 바뀌고 이루 헤아릴 수 없이 많은 신지식과 신문명들이 찾아왔다 지나갔음에도 인간들의 사회에는 늘 어두움이 짙게 드리워져 있었고 세월이 흐를수록 점점 더 어두워져가고 있음을 부인하기 어렵습니다. '인간성 상실의 시대' — 이것이 불행하게도 과학과 지식과 정보의 첨단을 달리는 오늘의 사회에 대한 정밀진단입니다.

빵장수 야곱은 조용히 말합니다.

"동물원의 호랑이를 가두고 있는 것은 여러 개의 쇠창살이 아니라 그 창살들 사이의 틈이다."

노아 벤샤의 전혀 새로운 시각입니다.

호랑이의 몸을 물리적으로 가두고 있는 것은 동물원 우리의 쇠창살이지만, 호랑이로 하여금 갇혀 있다는 진실을 뼈저리게 느끼게 만드는 것은 창살 안의 자기와 창살 틈 사이로 보이는 밖의 세계가 서로 차단되어 있음을 깨닫는 순간입니다. 그 깨달음은 쇠창살이 아니라 창살 틈을 통해서 옵니다. 그 '열린 틈'을 통해서 '닫힌 공간'은 심리적 현실성을 지니게 됩니다.

쇠창살과 그 사이의 틈을 함께 볼 줄 아는 노아 벤샤는 갇힌 호랑이의 객관적 현실에만 시선을 고정하지 않고 호랑이의 내면과 그 진실까지 꿰뚫어보고 있습니다.

똑같이 햇볕을 쬐어도 아이스크림은 부드럽게 녹아 흐르지만 진흙 덩이는 더 굳어질 뿐입니다. 소는 그저 풀만 뜯고도 우유와 고기와 뼈와 값진 가죽을 다 내놓지만 온갖 것을 죄다 먹어치우는 돼지는 기름 덩어리 삼겹살 밖에 더 내놓을 것이 없습니다.

얼마 전 줄기세포 배양의 성공으로 세계적 명성을 얻은 과학자에게서 들은 이야기인데, 맨처음 돼지의 배를 가르고 나서 깜짝 놀랐다고 합니다. 장기나 기관들의 모양과 배치가 어쩌면 그렇게 인간의 것과 똑같을 수 있는지 믿어지지 않을 정도였다고 합니다. 생명공학의 연구가 주로 돼지의 장기에 집착하는 이유입니다.

그 말을 받아 내가 객쩍은 소리 한 마디를 덧붙였습니다.

"돼지와 인간은 장기만 닮은 것이 아니지요. 게걸스런 탐욕까지도 똑같지요."

우리 둘은 크게 웃으면서 함께 씁쓸해 했습니다.

밖에서 무엇이 들어오는가 하는 것이 문제가 아니라, 내 안에 무엇이 있는가 하는 것이 문제이겠습니다. 외부적 환경의 새로워짐만으로

우리의 내면까지, 우리의 인격과 영혼까지 저절로 새로워지거나 쇄신
되는 것은 결코 아닙니다.

세상의 변화
자신의 변화

제도의 개혁, 개념의 변화, 절차
의 개선 등은 사회발전의 필수적
요소이며 거부할 수 없는 시대적 과제임에 틀림없습니다. 다만 그것
들은 필요조건일 뿐, 충분조건은 되지 못한다는 점을 인식하지 않으
면 안 됩니다. 개혁의 이념만 있고 행동이 없다는 일부의 비판을 단지
수구守舊의 고까운 넋두리쯤으로 치부할 일만은 아닌 듯합니다. 변화
의 방향, 개혁의 콘텐츠 그 내면의 에너지 자체가 바뀌지 않는 한, 아
마도 새로운 시대의 탄생은 불가능할 것이기에.

　표피적인 감각과 무절제한 쾌락으로 정신의 긴장을 한껏 풀어헤친
호모 루덴스유희적 인간상의 우상들, 인기 있는 연예인이나 종교인 또
는 정치인들의 가벼운 몸짓 하나하나에, 그 교묘한 말 추임새 한 마디
앞에 무엇과도 바꿀 수 없는 자신과 공동체의 오늘과 내일을, 그 꿈과
소망을 쉽사리 내맡겨버리는 이 시대의 참을 수 없는 가벼움을 확인
할 때마다 빵장수 야곱의 혜안이 늘 아쉬워지곤 합니다.

　자신과 세계의 겉만을 훑어보는 외눈을 버리고 그 내면까지 꿰뚫어
보는 투시透視, 현실의 배후에 감추어진 삶의 실체를 통찰하고자 애쓰
는 안광眼光, 이 균형 잡힌 눈길이야말로 어두운 바다 저 편의 등대처
럼, 거친 파도를 뚫고 나아가는 외로운 돛처럼 미지의 세계를 밝히 비
추며 역사의 새 지평地平을 열어가는 새 시대의 등불이요 소망의 돛이

될 수 있을 것입니다. 그 새로운 눈빛은 밖에서가 아니라 오직 안에서만 비춰 나옵니다.

　인종과 종교의 벽을 넘어 뭇 세계인들의 존경을 받아오는 마하트마 간디는 세상을 변화시키려는 열정으로 펄펄 끓어오르는 사람들에게 "세상을 변화시키기보다 먼저 자신을 변화시키라"고 타일렀습니다. 간디만큼 인류 역사와 정신계를 개혁한 인물도 없습니다. 그는 이 말을 일반적 교훈쯤으로 던진 것이 아닙니다. 모진 투쟁의 길목에서 피땀 어린 손으로 주워 올린 소중한 체험의 열매를 내어놓고 있는 것입니다.

　눈이 왜 두 개씩이나 필요할까? 인간과 사물의 한 면에만, 그 겉모습에만 집착하는 외눈박이는 세상도 자신도 변화시킬 수 없기 때문이겠습니다.

　"무릇 삶에는 양면이 있습니다. 때로는 삶으로부터 한 걸음 뒤로 물러서서 바라보는 것이 더 가까이 볼 수 있는 길입니다."

　빵장수 야곱이 지녔던 달관의 비밀입니다.

　급할수록 돌아가라고, 한 걸음 뒤로 물러서서 보면 개혁과 변화의 새로운 눈이 번쩍 뜨일지도 모릅니다. 변화의 요구가 절실할수록, 개혁의 기대가 크면 클수록 더욱 그럴 것이라는 믿음이 깊어집니다.

볼세비키는 지키고
홍위병은 부수고

아름답기 그지없는 러시아정교회의 성 바실리 성당이 모스크바 붉은 광장 한켠에 웅장하게 서 있는 모습은 마치 무슨 기적인 듯싶었습니다. 다른 곳도 아닌 무신론 정치의 본산 크렘린 옆 붉은 광장에서, 볼세비키혁명 이래 70년 동안 유일신 종교의 성당이 어떻게 그처럼 고이 보존될 수 있었을까?

바실리 성당만이 아닙니다. 크렘린 안에는 역대 황제들의 유해를 보관한 아르항엘스키 성당과 성모승천교회 등 여러 교회당이 아직도 당당히 솟아 있습니다.

볼세비키혁명에 불을 댕긴 '피의 일요일 사건'이 일어난 상트 페테르부르크의 데카브리스트 광장에는 단일성당으로 세계 최대라는 이삭 성당이 우뚝 서 있습니다.

마르크스에 의하면 '민중에게 아편이나 먹이던' 러시아정교회, 레

닌의 말대로라면 '저질의 독주毒酒'에 불과한 외래종교의 사원들이 폭풍처럼 일렁이는 민중혁명의 피바람을, 근본주의적 마르크시즘 무신론 정권의 탄압을 어떻게 70년이나 헤쳐나올 수 있었을까?

"네 가지 낡은 것을 타파하고 네 가지 새것을 세운다."破四舊, 立四新

1966년부터 10년 동안 지속된 중국 문화혁명 당시 홍위병들이 외쳤던 구호입니다. 네 가지 낡은 것은 옛 사상, 옛 문화, 옛 풍습, 옛 습관입니다.

류사오치와 덩샤오핑의 유화적 노선을 수정주의라고 비난하며 젊은이들을 마오이즘毛思想의 근본주의로 무장시켜 거리로 내몰던 문화혁명 당시, 장칭江靑 등 4인방의 포퓰리즘에 놀아난 홍위병들은 중화사상의 중심축인 유가儒家마저도 '지주계급의 착취도구로 전락한 봉건잔재의 옛 사상'으로 단죄하고 혹독한 테러를 가했습니다. 지린시에 있던 공자의 문묘가 파헤쳐지고, 산둥성 취푸의 공자 사당은 복원이 힘들 정도로 난도질을 당했습니다.

"파괴의 당면과제 안에 건설이 있다."破字當頭, 立在其中고 선동하면서 역사와 문화의 흔적을 닥치는 대로 때려부수며 광분했던 홍위병들이 과연 무슨 새것들을 건설했는지 몰라도, 문화혁명은 중국을 20년 이상 후퇴시켰다는 반성이 일반적입니다. 홍위병들이 축출했던 덩샤오핑의 개방정책이 정치적으로 부활하여 오늘의 중국을 이끌어갈 수 있게 된 것은 이 반성 때문입니다.

홍위병들에게 시련을 받은 것은 공자님만이 아닙니다. 동양사상의 최고봉으로 추앙받는 노자가 도덕경을 강론한 산시성 저우즈현의 누관대가 무너졌고, 전국 각지의 사찰과 불상들이 불타는 가운데 수백 명의 신구교 성직자들이 반혁명분자로 몰려 즉결처형을 당했습니다.

민족문화는 그 자체가 역사이자 민족의 정신이며 얼입니다. 홍위병들의 광기가 때려부순 것은 사상과 종교의 가시적 상징물들이었지만 파괴된 것은 역사와 민족문화, 곧 중국인들의 정신이었습니다.

유네스코가 인류문화유산으로 지정한 아프가니스탄의 바미얀 석불은 세계 최대의 마애석불로 1500년 전 간다라 미술의 대표적 문화재였습니다. 이슬람 근본주의에 취한 탈레반 민병대는 우상숭배를 타파한다는 이유로 유서 깊은 바미얀 석불을 로케트 포격 두 발로 단숨에 날려버렸습니다.

세계의 지성들은 이 충격적인 반달리즘vandalism 앞에 경악했습니다. 폭파된 것은 바위덩어리였지만, 사라진 것은 역사요 날아가버린 것은 문화였기에.

"종교비판은 모든 비판의 전제이다"라는 명제를 내놓은 마르크스는 "모든 종교는 인간이 만들어낸 환상에 불과하다"고 으르렁거렸습니다.

레닌은 볼셰비키혁명에 성공하자 즉각 '반교회 포고령'을 발표하고 대대적인 종교탄압에 나서, 사제들을 체포하고 교회건물과 수도원 등 교회재산을 강제로 몰수했습니다. 교회들은 러시아의 땅에서 곧 사라질 운명이었습니다.

혼란기에는 으레 있는 일이지만, 극렬분자들은 정교회의 성당들을 모두 때려부숴야 한다고 길길이 날뛰며 일부 교회건물을 폭파하기도 했습니다. 그러나 러시아의 민중과 혁명지도자들은 정교회의 사적들을 외래종교의 유적이 아니라 이미 러시아 역사의 일부가 된 민족문화로 여겨 그대로 보존키로 결정했습니다.

포퓰리즘의 구호에 열광하게 마련인 민중, 차르를 광장에 끌어내 공

개처형하자며 흥분했던 민중, 그러나 과거의 역사와 문화를 아낄 줄
알았던 러시아의 민중은 근본주의의 선동에 넘어가지 않고 역사와 문
화유산을 훌륭히 보존해냈습니다.

역사와 문화는
자연처럼 그 자리에

외래종교가 아니라 자기네의 고
유사상인 유가와 도가마저도 지
워버리려 했던 중국 공산당, 노자의 누관대와 공자의 사당을 아낌없
이 때려부쉈던 홍위병들, 십수 세기에 걸쳐 꽃피워온 간다라 유적을
포탄 두 발로 날려버린 탈레반. 이들 20세기 후반의 근본주의자들은
저 반세기 전의 러시아 민중과 얼마나 다른가?

폴란드 국민들은 생각하기에도 끔찍한 아우슈비츠 수용소를 나치
때의 모습 그대로 보존하고 있습니다. 조국의 역사에서 가장 고통스
럽고 가장 수치스러웠던 기억을 지워버리지 않고 진실 그대로 생생하
게 이어가기 위해서입니다. 수용소 입구에 적혀 있는 산타야나의 경
구가 그것을 말해줍니다.

"과거를 기억하지 못하는 사람은 그 과거를 다시 살게 된다."

일제식민통치의 잔재인 조선총독부옛 중앙청 건물을 철거할 때도 찬
반의 말들이 많았고, 해체해서 다른 곳에 세우자는 절충안도 있었습
니다.

무엄하게도 경복궁 근정전 앞을 턱 가로막은 위치라든가 일日 자 모
양의 건물형태가 우리의 민족정기를 말살하려는 일제의 악의를 뚜렷
이 드러낸 건축물이었기에 철거가 불가피했다고 봅니다. 그렇기는 해

도 '수치의 기억, 역사의 흔적을 애써 지워버리려는 단견'이라는 우려가 없지 않았음을 기억해 둡니다.

인천 자유공원 안에 있는 유엔군사령관의 동상을 두고 보존파와 철거파 사이의 다툼이 오래인데, 맥아더의 유엔연합군이 인천에 상륙한 9월 15일이 다가오자 그 대결양상이 더욱 거세지고 있습니다.

유엔군의 인천상륙이 "공산적화세력의 궤멸이었는가, 미제국주의 강점 60년의 시작이었는가" 하는 역사의식의 싸움인데, 앞의 생각에서는 대한민국의 정통성에 대한 '국가주의적' 확신이 읽히고 뒤의 생각에서는 민족지상의 '민족주의적' 정서와 더불어 낯선 피식민의식이 뜨악하게 묻어납니다.

단순히 외국군인 한 사람의 동상 문제가 아닙니다. 나라의 정체성에까지 닿을 수 있는 갈등의 소재요 역사인식의 문제입니다.

경험주의철학과 마르크시즘을 두루 섭렵한 카를 포퍼는 이런 물음을 제기한 적이 있습니다.

"나는 옳고 너는 틀렸다는 비이성적 태도인가, 네가 옳고 내가 틀릴 수 있으니 함께 노력해서 진리에 접근해가자는 이성적 자세인가?"

포퍼는 이성과 비이성으로 물었지만, 달리 말하면 겸손과 오만, 이해와 독선, 화합과 분열의 차이입니다.

근본주의적 확신에 가득 차서 일방적으로 결정을 내리고 힘으로 밀어붙인 뒤에는 달리 선택의 여지가 없습니다. 뒤늦게 근시안적 오만이었음을 깨닫고 후회한들 별 도리가 없습니다. 차라리 진득이 참으며 공동의 합의를 기다리느니만 못합니다.

역사와 문화는 지운다고 지워지는 것이 아니고 복원한다고 되살아나는 것도 아닙니다. 역사와 문화는 자연처럼 그 자리에 그대로 있어

야 합니다. 스스로의 에너지로 연면히 이어져가는 역사와 문화 그 자
체의 생명력을 믿기 때문입니다.

모스크바 붉은 광장의 바실리 사원 앞에서 공산주의 무신론자들은
뜻밖에도 이성의 겸손을 선택할 줄 알았고, 홍위병과 탈레반의 근본
주의자들은 불행히도 비이성적 오만을 떨쳐버리지 못했습니다. 우리
의 선택은 과연 어떠해야 할지.

내가 틀렸다!
알베르 카뮈의 양심

오류의 청산
부조리에 대한 저항

노벨문학상을 받은 '부조리와 반항'의 작가 알베르 카뮈는 2차대전 때 독일이 프랑스를 점령한 4년 동안 나치에 저항하지 않고 도리어 협조했던 일부 프랑스 지식인들의 '부조리한 행태'를 참을 수 없었습니다. 그의 저항정신은 불같은 양심의 소리를 토해냈습니다.

"나치부역자들을 처단해야 한다."

"오류의 청산에 실패하는 것은 스스로를 쇄신할 준비에 실패하는 것"이라는 카뮈의 웅변은 전후 프랑스 지식인사회를 크게 뒤흔들었습니다. 작가 사르트르, 신학자 마르셀 등 저명인사와 참여지식인들이 카뮈의 부역청산론을 적극 지지하고 나섰고, 드골파와 레지스탕스 그룹의 부역청산 작업에는 힘이 실렸습니다.

또 다른 노벨상 수상작가 모리악은 "악인들의 불안한 영혼도 '순수하고 신성한 사랑'에 목말라 있다"는 믿음을 바탕으로 나치부역자들에 대한 관용과 용서를 제안했습니다.

나치부역자들의 반국가적 반사회적 비윤리적인 과오를 몰랐을 리 없는 모리악이 그들에 대한 관용론을 들고 나온 것은 "인간은 누구나 오류를 범할 수 있음을 인정해야 한다"는 통찰 때문이었습니다.

모리악의 통찰은 단순한 인간애 그 이상의 것이었습니다. 한계상황에 처한 나약한 인간들이 생존을 위해 저지르는 그릇된 행동은 비록 '부도덕' 하더라도 인간과 세계 사이의 '불가피한 부조리' 로서 어느 정도까지는 관용해야 한다는, 냉철하면서도 따뜻한 '실존이해' 에 뿌리박은 것이었습니다.

모리악이 관용론을 주장한 또 다른 이유는, 프랑스 국민을 애국자와 반역자로 나누는 이분법이 결국은 사회를 분열시키고 억울한 희생자를 낳을 것이라는 현실적 우려 때문이었지만, 들려온 것은 '성 프란체스코 같은 헛소리' 라는 비아냥뿐이었습니다. 카뮈가 양심적이었다면, 모리악은 아마 비양심적으로 비쳐졌을지도 모릅니다.

여론의 힘을 얻은 부역청산 작업은 간략한 조사, 재빠른 기소를 거쳐 거의 인민재판 수준인 약식의 심판절차와 형집행에 이르기까지 일사천리로 진행되었습니다. 그러나 그 과정에서 청산작업의 형평성과 공정성에 대한 의문, 처벌의 잔혹성에 대한 불만들이 속속 터져나오면서 프랑스사회를 극심한 분열상태로 몰아갔습니다.

정적政敵에 대한 모함, 경쟁기업에 대한 음해, 개인적 원한에 의한 무고와 보복성 위증이 판을 치는가 하면, 생계를 위해 독일군과 성관계를 가졌던 직업여성들은 삭발을 당한 채 시내 곳곳을 이리저리 끌려다니는 야만적 인권유린마저 감수해야 했습니다. 예술과 자유의 향기 그윽한 문화의 도시 파리에서.

총살형으로 처형된 사람이 약 1만 명, 르노자동차의 회장을 비롯하여 조사과정이나 투옥중에 목숨을 잃은 사람이 4만여 명, 징역이나 공민권 박탈 등 중형을 받은 사람이 약 10만 명, 처벌을 받은 전체 인원이 50여만 명. 이 살벌한 수치들이 불과 4년 간의 나치점령기에 대한 청산작업의 결과물입니다.

무엇보다도 도덕적이고 공정해야 할 부역청산 과업이 불행하게도 폭력의 광기를 띠며 공포분위기를 형성해가자 비로소 자성의 목소리가 나타나기 시작했는데, 그 선두에는 뜻밖에도 청산론의 주창자였던 카뮈가 서 있었습니다.

가혹한 과거청산
집단의식의 부조리

객관성과 공정성을 잃고 과격한 처단 위주로 흘러가던 피상적인 청산작업에 의혹과 환멸을 느낀 카뮈는 마침내 이렇게 내뱉고 말았습니다.

"모리악이 옳았다!"

모리악이 옳았다는 말은 "내가 틀렸다!"는 카뮈의 또 다른 양심선언이었습니다. "프랑스의 청산작업은 실패했고 신뢰를 잃었다"는 카뮈의 탄식에 공감한 프랑스인들은 그제야 모리악의 통찰에 귀를 기울이기 시작했고, 서슬 퍼렇던 청산작업은 심한 국론분열과 혹독한 인권유린의 아픔을 남긴 채 점차 시들해져갔습니다.

독일에 대한 프랑스인들의 해묵은 민족감정이 아니더라도, 나치부역자들에 대한 프랑스의 청산작업은 매우 정당한 역사적 과업이었습

니다. 제 조국을 침략하고 제 민족을 압제하는 외세에는 언제 어디서
든지 목숨을 걸고라도 저항하는 것이 당연한 일이며, 침략자에게 빌
붙어 민족을 배신한 행위는 응징되어 마땅합니다.

카뮈가 절망한 대상은 청산작업 자체가 아니었습니다. 그 엄숙한 청
산과업이 '인간성의 내면에 대한 성찰'을 결여한 채 감성적 비이성적
인 집단적 카타르시스로 전락하여, 모리악이 당초부터 우려했던 대로
심각한 사회분열과 인권유린을 위험수위에까지 이르게 한 '집단의식
의 부조리' 그것이었습니다.

카뮈 문학의 핵심은 '인간이 처해 있는 상황의 부조리와 그에 대한
저항'으로 이해되고 있습니다. 바로 소설 「이방인」의 뫼르소가 보여
주는 인간실존의 모습입니다.

무릇 올바른 인간이라면, 어머니의 죽음 앞에서 경건한 추모의 마음
을 지녀야 하고, 자신의 과오를 눈물 흘리며 뉘우치는 것이 마땅한 도
리요 사회윤리이겠습니다.

그러나 뫼르소는 양로원에서 혼자 쓸쓸히 죽은 어머니의 장례식 다
음날, 희극영화를 보며 킬킬거리다가 사랑하지도 않는 여자와 정사를
나누고, 뚜렷한 이유도 없이 사람을 총으로 쏴 죽이는가 하면, 법정에
서는 자신의 살인행위를 뉘우침이 없이 "햇빛 때문이었다"고 퉁명스
레 내뱉고는, 신부의 참회기도마저 거부한 채 "과거에도 행복했고 지
금도 행복하다"고 중얼거리며 무덤덤히 형장으로 끌려갑니다.

자신에게 부과된 재판 판결 사형집행 등 일체를 마치 남의 일인 듯
무심히 바라보는 뫼르소는 사회 속의 이방인이며 동시에 자기 자신에
대해서조차 방관자였습니다. 사회가 윤리적 당위로서 요구하는 '정식
定式의 틀'에 대한 철저한 무관심. 이것이 부조리의 상황에 대한 이방

인 뫼르소의 실존적 저항이었습니다.

그러나 나치부역 청산이라는 윤리적 당위의 실천과정에서 필연적으로 나타나게 될 '집단의식의 부조리'를 정작 '부조리의 작가' 카뮈는 꿰뚫어볼 줄 몰랐습니다. 카뮈의 양심은 "프랑스 지식인이라면 마땅히 불이익을 감수하고라도 나치에 대한 협력을 거부했어야 한다"는 정의감과 그 도덕적 정당성만을 보았을 뿐, 정의와 인간애 사이에서 고뇌하게 될 또 다른 부조리상황은 미처 보지 못했던 것입니다.

그 부조리를 미리 읽어낸 것은 카뮈가 아니라 모리악이었습니다. '감성에 휘둘리는 표피적인 집단의식, 인간성의 내면을 통찰하지 못하는 피상적인 역사의식'을 불안스럽게 바라보았던 모리악의 예견대로, 정의로워야 할 청산작업이 전율할 공포상황으로 변모해가자 카뮈는 "모리악이 옳았다!"는 뼈아픈 고백을 토로한 채, 그 집단의식의 부조리에 대한 '실존적 저항'의 자리로 돌아와야 했습니다.

누구나 하기 싫은 말, 특히 좀 배웠다는 지식인들이 가장 하기 어려운 말이 "내가 잘못했다"는 말이라고 합니다. 인간과 사회의 많은 불행들이 "내가 잘못했다"는 고백을 하지 못하여 초래되곤 합니다. 그래서 "모리악이 옳았다. 내가 틀렸다"는 카뮈의 자성은 모리악의 통찰보다 더 위대하고 고결한 양심선언이었습니다.

이렇게 카뮈의 양심은 프랑스사회를 두 번의 부조리에서 구해냈습니다. 한번은 나치부역이라는 반국가적 반민족적 비윤리성의 부조리에서, 또 한 번은 부역청산에 뒤따르는 비이성적 집단의식의 부조리에서. 처음에는 "내가 옳다"는 정의의 양심으로, 나중에는 "내가 틀렸다"는 실존적 저항의 양심으로.

광기의 역사

철학에 감금당한
선각자의 광기　　　　미셸 푸코가 쓴 『광기狂氣의 역
　　　　　　　　　사』는 인간의 광기가 모든 사람에
게 내재해 있는 또 다른 자아임을 밝혀주고 있습니다. 푸코는 어떤 사
회나 문명체계가 자신에게 위협적이라고 여겨지는 이질적인 요소들
을 배제시켜가는 권력의 행사과정을 '광기의 발현'으로 파악하고, 광
기는 비이성에 대하여 작용하는 이성의 힘이라고 말합니다. 여기의
이성은 다수에 의해 장악된 시대정신으로, 소수 비이성에 대한 소외
와 추방을 주도하는 광기서린 권력입니다.

　프랑스어로 광기를 뜻하는 d'raison은 이성을 뜻하는 raison 앞에
부정의 접두사 d를 붙인 것이므로 그 의미는 이성의 결핍 즉 비이성이
되겠는데, 푸코는 거꾸로 다수인의 시대정신을 이성이요 광기라고 풀
이하고 있는 것입니다. 17세기 유럽의 고전주의 시대에 광인들을 붙
잡아 구빈원救貧院이라는 수용시설에 감금하여 광기를 사회에서 배제

시키는 일이 대대적으로 벌어졌는데, 이때 정상인과 비정상인광인을 구별하는 기준이 소위 사회다수가 점유한 '이성'이었습니다.

광기는 원래 사회와 문명의 주류에서 배제된 소수의 비정상 계층, 예컨대 낭인浪人과 집시들, 시대사조에 뒤떨어지거나 혹은 너무 앞서 나간 예술가들, 가난과 억압으로부터의 탈출을 획책하는 불온세력들, 장밋빛 이상사회를 꿈꾸는 예언자나 혁명가들이 지닌 '현실성 없는 삶의 태도'를 통틀어 일컫는 말이었습니다.

이성적 사유의 영역에서 꿈과 상상의 광기들을 몽땅 배제시킨 르네 데카르트의 '성찰'을 둘러싸고 자크 데리다의 만만치 않은 반론에 부딪치기도 했지만, 푸코는 17세기 이후 소수의 광기가 데카르트식의 합리적 이성에 의해 '철학적으로 감금' 당했고, 그 광기가 거꾸로 문명사회의 이성적 주류로 전이轉移되면서 지배권력의 속성이 되었다는 독특한 주장을 내놓았습니다.

중세 이전의 각종 민담이나 전설 속에서 당대 사회를 조롱하고 문명의 위선을 풍자하는 낭인들을 만날 수 있고, 성서에서도 국가와 종교의 타락한 권력체계에 항거하는 진실의 목소리를 들을 수 있습니다. 이들은 모두 당시의 지배계층으로부터 광인 취급을 받고 배척을 당한 소수의 무리였습니다.

이런 현상은 우리 조선시대의 마당극과 탈춤에서도 쉽게 발견되는데, 이들 소수의 광기야말로 당대 사회의 오류와 진실을 가늠하는 소중한 사료로 여겨지고 있습니다.

근세 이전의 전통 마당놀이를 현대적으로 이어받아 우리 고유의 연극 양식으로 자리잡은 마당극은 백성들의 생생한 삶의 현장에서 유래한 민중예술입니다. 마당극은 주로 서민대중에게 익숙한 일상적인 소재들을 다룹니다. 대부분의 마당극들이 정치와 사회의 현실에 적극적인 관심을 나타내는 것은 이 때문입니다.

주로 하층민으로 등장하는 주인공들은 서민적 애환과 풍자와 해학을 구비한 지혜의 인물로 그려지며, 표준말이 아닌 토속적 방언으로 당대의 권력자나 세도가들을 신랄하게 비판하기 일쑤입니다.

문화의 제도권 밖에 내동댕이쳐진 채 공연장도 제대로 갖추지 못한 이들 놀이패는 겨우 시장바닥이나 동네 어귀에다 진을 치고 관중들을 끌어모아야 했습니다. 땅바닥이 무대요 둘러선 관중이 극장 울타리를 대신합니다. 무대가 객석이고 객석이 무대 구실을 합니다.

객석 한가운데 펼쳐진 마당판이 관중의 자발적인 참여로 열기를 뿜어내면서, 관중은 배우를 보고 웃고 배우는 관객이 웃는 모습을 보고 따라 웃는 동안 서로가 가슴 깊이 묻어둔 애환을 페이소스 짙게 밴 한 편의 해학으로 엮어냅니다. 이 해학이 억눌리고 옥죄었던 저들의 자유혼을 그나마 대기 속에서 숨쉬게 만들어왔습니다.

이들의 광기는 역사의 현장 뒤꼍에 멀찌감치 비켜 서 있는 듯하지만, 실은 불꽃 같은 영혼으로 삶의 오류를 고발하며 역사의 무거운 진실을 외치는 예언들이었습니다. 저들의 광기(?)는 다수 정상인들이 지닌 소위 이성(?)보다 더 고상하고 자유로운 영성이 아니었을까?

양녕대군과 흥선대원군의 예도 있지만, 깊이 병든 다수의 시대정신으로 사유의 정체성을 고뇌해야 했던 이 광인들의 양광佯狂이야말로 그 시대 속에서 유일하게 정상적이고 이성적이었던 삶의 열정이 아니었을까 의심해봅니다.

이 자유로운 영혼의 광인들이 문명의 주류를 형성한 다수에게 위협적인 존재로 부각될 수밖에 없었을 것은 불문가지입니다. 그래서 지배계층으로서는 저들이 지닌 진실에의 열정을 무력화시킬 필요가 매우 컸을 터이고, 여기서 저들의 거침없는 자유혼을 '광기'로 몰아붙여 사회로부터 배척하는 다수의 '이성적 폭력'이 시작되었습니다.

다수는 자신들의 불완전한 이성을 스스로 정당하다고 선언함으로써 소수와 비이성을 소외시킨 나머지 결과적으로 창조적 자유의 정신으로 충만한 소수의 불꽃 같은 영혼을 핍박하는 비이성적 광기의 오류를 저지르고 만 것입니다.

소수의 영혼
그 진실의 목소리

중세시대까지도 신탁神託의 한 표징으로 신성시되었던 광기는 르네상스 시대에 이르러 창조적 상상력과 초월적 환상의 원천으로까지 칭송되기도 했지만, 고전주의 시대로 넘어오면서 데카르트식 합리주의의 영향을 받아 공동체의 생산력과 효율성을 저하시키는 비윤리적 반사회적인 쓰레기 취급을 받게 되었습니다. 지동설을 주장하다가 화형에 처해진 고집불통 사제 조르다노 부르노의 경우가 그 대표적인 예라 할 수 있습니다.

중세 가톨릭의 세계관을 송두리째 뒤엎는 지동설을 주장하다가 종교재판으로 화형을 당한 가톨릭 사제 브루노에게서, 우리는 창조적 지식에 보다 가까이 다가가려는 한 자유로운 영혼이 어떻게 제도와 권력으로부터 철저히 억압당하는지를 발견할 수 있습니다.

지구가 둥글든 평평하든 그 때문에 사람이 불 속에 던져져야 할 아무런 이유가 없을 터이건만, 당시의 위압적인 시대정신이었던 가톨릭

신학은 지구가 둥글다고 외치는 브루노의 '미친 짓'을 가만히 내버려 두지 못했습니다. 어제까지 당당한 사제였던 이 광인은 7년 동안을 감옥에 갇혀 지내다가 드디어 17세기를 맞는 서기 1600년 2월 17일, 지구는 평평하다고 믿는 이성적 다수에 의해 이글거리는 장작더미에 던져졌습니다. 이것이 성서에 오른손에 얹고 선언한 종교재판관들의 '거룩한' 위용입니다. 20세기 끝에 이르러 교황 바오로 II세는 저들 종교재판의 신성성이 과오였음을 뒤늦게 인정했는데, 그 과오야말로 종교적 광기 외에 다른 아무것도 아니었습니다.

『광기예찬』이라는 책을 쓴 에라스무스는 "광기가 인간의 환상과 이성의 불확실성을 폭로하고, 논리와 교리에 밝은 학자나 사제들의 위선을 조롱하는 감성적 진실"이라고 극찬했는데, 푸코의 광기가 소수 비이성에 대한 다수의 이성적 폭력 즉 '이성의 광기화'라고 한다면, 에라스무스의 광기는 다수의 이성과 대화하며 그들을 이끌어가는 비판적 의식 즉 '광기의 이성화'라고 할 수 있겠습니다.

푸코가 지적해낸 소수 선각자들의 '영적 광기'는 주류계층의 '이성적 광기'에 의해 일시 침묵을 강요받았지만 뒤에 고흐나 고야, 니체 등의 예술 속에서 화려하게 부활했고, 에라스무스가 예찬한 '비판적 의식의 광기'는 과학의 합리적 정신을 한 걸음 앞서 이끌며 오늘과 내일에 연면히 이어져가고 있습니다. 이성이란 것이 만인 공통의 보편적인 것이 아니며, 시대와 상황의 변화에 관계없이 만고불변의 철칙으로 적용될 수 있는 완전한 것도 아님을 말해주는 역사의 증거입니다.

지동설과 천동설의 싸움처럼 어제의 이성이 오늘의 반이성으로 드러나고, 오늘의 소수가 내일의 다수로 역사를 주도해 나갈지도 모르는 것이 이성의 속성입니다. 다수결의 원리를 숭배하는 민주주의적

이성이 소수의 진실 앞에 보다 겸손해져야 하는 이유입니다.

다수가 주도하는 역사와 이성에 의해 억눌리고 은폐되어온 소수의 영혼이야말로 삶의 고뇌와 열정을, 그리고 개인과 사회의 괴리乖離를 가감 없이 반추해주는 거울이며, 인간관계의 모순과 사회적 갈등의 부조리들 속에서 인격과 이성의 진실을 밝혀주는 해맑은 영혼의 빛일 수 있습니다.

좁은 문으로 들어가는 소수의 남은 자들이 편하고 넓은 길을 걷는 다수에 의해 광인 취급을 받는 세상이지만, 기실 진짜 광인은 저들 부유한 다수였다는 것이 『광기의 역사』가 제시하는 진실입니다.

그 자신이 '소수의 남은 자'들 가운데 한 사람이었던 이스라엘의 선지자 스바냐는 이들 소수에 대한 하나님의 신뢰를 이렇게 대변하고 있습니다.

"이스라엘에 살아남은 자들은 악한 일을 하지 않고 간사한 혀로 입을 놀리지도 않는다."스바냐 3:13

성서가 '소수의 남은 자'들을 하나님의 택한 백성이라고 부르는 까닭도 이와 같을 것입니다.

열린 입, 쉬지 않는 혀,
꺼질 줄 모르는 불길

이스라엘이여
들어라

중고등학생 시절, 월요일 아침이면 운동장에서 전교생 조회가 열리곤 했는데, 교장선생님의 훈화가 어찌나 길던지 도중에 현기증으로 쓰러지는 친구들이 종종 있었습니다. 어느 초여름날 아침, 마침내 나도 쓰러지고 말았습니다.

기다리고 기다려도 끝날 줄 모르던 훈화 시간은 어린 제자들의 체력 검정시간이나 다름없었습니다. 그래도 교장선생님의 훈화는 스승의 고뇌가 담긴 값진 교훈이기에 꾹 참고 경청할 만한 가치가 있었습니다.

그런가 하면, 훈화도 아닌 말을 끝도 없이 지껄이는 사람들을 가끔 만납니다. 무슨 주제든 어떤 자리든, 언제 어디서나 저 혼자 떠들어대는 수다쟁이 말입니다. 대화를 하자, 토론을 하자며 불러놓고는 늘 저만 혼자 주절맵니다. 대단한 말재주인 것 같지만, 실은 단단히 고장난 사람입니다. 혀에 무슨 탈이 나지 않고서야 그렇게 줄곧 지껄여댈 수가 없습니다. 정신이 온전한 사람이라면.

수다쟁이는 남의 말을 듣지 않습니다. 아니, 들을 줄 모릅니다. 혀만이 아니라 귀에도 심각한 탈이 있는 게 분명합니다. 남이 어쩌다 기회를 잡아 겨우 입을 열어도 금방 그 말을 끊고 다시 제 말을 쏟아냅니다. 이런 사람과 대화(?)를 하고 나면 머리가 벙벙하고 입맛이 씁니다. 좋은 말도 세 번 들으면 싫증나는 법이거늘.

혀는 천 냥 빚을 갚기도 하지만, 촌철살인의 무기로 변하기도 합니다. 칼로 입은 상처는 치료할 수 있어도 혀로 입은 상처는 치유가 매우 어렵습니다.

자식에게 늘 무언가를 가르치려는 친구 하나를 알고 있습니다. 자식에 대한 교훈이야 아비의 마땅한 도리이지만, 어떤 상황에서도 꼭 교훈거리를 찾아내서 자녀의 머리에 주입시키려는 그 친구의 아이들은 언제 보아도 피곤한 기색이 역력합니다.

혀에는 뼈가 없습니다. 뼈는 몸의 균형을 유지해주는데, 뼈가 없는 혀는 마치 '뼈대 없는 집안'의 막 자란 아이 같아서 품격을 지켜내기가 여간 어렵지 않습니다.

"발을 잘못 디디면 곧 가다듬을 수 있지만, 혀를 잘못 놀리면 화를 면키 어렵다."

벤자민 프랭클린의 경고입니다.

강아지가 예쁘고 귀여운 이유는 혓바닥을 흔들지 않고 꼬리를 흔들기 때문입니다. 강아지가 꼬리를 흔드는 대신 혓바닥을 놀려대면 발길질을 당하거나 보신탕감이 되기 십상입니다. "도둑이 들려면 개도 짖지 않는다"지만, 도둑맞고 난 뒤의 허튼 핑계에 불과합니다. 방범의 책임은 사람에게 있지 개에게 있지 않습니다.

"선자불변 변자불선"善者不辯 辯者不善 노자 도덕경 마지막 장의 명구입니다. 올곧은 이는 말이 없고, 말이 많으면 바르지 않습니다. "대변불언"大辯不言이라는 장자의 지적처럼 높고 큰 가르침은 입술의 말에 있지 않습니다.

"물고기가 입으로 낚이듯 사람도 입 때문에 걸려든다."

탈무드의 지혜입니다. 그래서 "혀에게는 '모른다'는 말을 열심히 가르쳐야 한다"고 충고합니다. 심지어 유대의 옛 현인은 "죽고 사는 것이 혀끝에 달렸다"고 경고했습니다.잠언 18:21

입을 열기는 쉬워도 입을 다물기는 쉽지 않습니다. 거룩할 성聖 자는 귀耳를 입口보다 먼저 씁니다. 예부터 백성의 소리에 귀를 기울일 줄 아는 임금이 성군이었습니다.

구약성서는 "쉐마 이스라엘이스라엘이여, 들어라"라는 선지자들의 호소로 가득합니다.이사야 44:1, 예레미야 2:4, 에스겔 6:4, 호세아 4:1, 아모스 3:1 지혜라는 뜻의 히브리어 슈메아열왕기상 3:9는 '듣는다'는 의미입니다. "믿음은 들음에서 난다."로마서 10:17 결국 신앙의 핵심은 '듣는'데에 있습니다.

이집트의 압제에서 유대민족을 해방시킨 모세는 말이 몹시 어눌했습니다. 모세 자신도 "나는 입이 뻣뻣하고 혀가 둔하다"고 탄식했을 정도입니다.출애굽기 4:10 그 혀가 둔한 모세를 하나님은 유대민족의 지도자로 세웠습니다. 웅변가인 형 아론은 그 대변인에 불과했습니다. 입이 가벼운 지도자는 하나님도 싫어하시나 봅니다. 책임이 무거울수록 입도 무거워야 합니다.

아니, 차라리 어눌한 편이 낫습니다.

입보다
귀를 연다

재판심리를 영어로 'hearing' 청문이라고 합니다. 현명한 재판의 요체는 소송당사자들의 호소를 잘 '듣는' 데에 있습니다. 명판결은 그 다음의 일입니다.

"훌륭한 재판장일수록 귀를 열고 말을 아낀다."

30년 법정 경험의 결론입니다. "법관은 판결로만 말한다"는 법언은 그냥 생겨난 것이 아니며, 옛날에나 통하던 구닥다리 교훈도 아닙니다. 판결 외에 또 다른 말이 필요하다면 판결이 미흡하거나 바르지 않다는 뜻입니다. 올곧은 판결은 구차한 사족을 달지 않습니다.

정작 말이 필요한 쪽은 법관이 아니라 소송당사자인 피고인과 검사, 원고 피고와 그 변호인들입니다. 이들의 주장과 변론과 입증에 의해 소송절차가 진행되는 것이 민주적 재판제도의 대원칙인 '당사자주의' 요 '공판중심주의' 입니다.

법관이 법조3륜 가운데 가장 우월하다거나 법조3륜의 공조관계를 부정할 만한 권위가 있다는 생각은 공판중심주의와 당사자주의에 어긋나는, 전근대적이고 비민주적인 권위주의의 발로입니다.

다변多辯 끝에 요설饒舌이라, 말이 많으면 천박해지기 십상입니다. 소진과 장의처럼 '세 치 썩지 않은 혀'三寸不爛之舌로 나라를 구한 인물이 있는가 하면, 양수처럼 입이 가벼워 목숨을 잃은 사람도 있습니다. 설화舌禍의 원조 격인 '계륵 사건' 때문입니다. 얼마 전 어느 신문에 '계륵' 운운의 기사가 실려 말썽이 났었습니다. 예나 지금이나 계륵은 설화와 뗄 수 없는 운명인 듯합니다.

말이 많으면 믿기도 어렵습니다. '많은 말' 은 대부분 '거짓말' 입니

열린 입, 쉬지 않는 혀, 꺼질 줄 모르는 불길

다. 사랑의 고백을 아무리 많이 토해내도, 희생과 헌신의 수고가 따르지 않으면 거짓 사랑일 뿐입니다. "말과 혀로만 사랑하지 말고 오직 진실한 실천으로 하라."요한1서 3:18

"웅변은 은이요 침묵은 금"이라고들 하지만 '필요한 때, 꼭 필요한 한 마디 말' 이야말로 다이아몬드입니다. 해야 할 말을 하지 않는 것은 큰 잘못입니다. 그러나 하지 말아야 할 말을 굳이 내뱉는 경망함은 그보다 훨씬 더 큰 잘못입니다.

이즈음 나라와 사회의 지도적 위치에 있는 인사들이 하지 못할 말, 하지 않아도 될 말을 굳이 입 밖에 내서 혼란과 갈등을 야기하는 경우가 적지 않습니다. 본인은 유명해져서 좋아할는지 몰라도, 공동체로서는 여간 불행한 일이 아닙니다.

"보라. 얼마나 작은 불이 얼마나 많은 나무를 태우는가. 혀는 쉬지 않는 악이요 치명적인 독이 가득하다."야고보서 3:5,8

열린 입, 쉬지 않는 혀. 아아, 거기서 나오는 작은 불씨 하나가 얼마나 많은 나무들을 태우는지. 그 다물 줄 모르는 입술에서 그치지 않고 쏟아져 나오는 불길이 얼마나 정성스레 가꿔온 우리 모두의 숲을 깡그리 살라버리는지.

민족애, 저항인가 참여인가

동아시아 3국의
영토분쟁, 역사논쟁

역사논쟁의 태풍이 동아시아에 몰아치고 있습니다. 일본의 총리가 새해 첫날 예고도 없이 야스쿠니 신사를 전격 참배하여 한국과 중국은 물론 일본의 야당으로부터도 격렬한 비난을 받더니, 한국이 독도우표 발행계획을 발표하자 일본정부는 느닷없이 독도그네들이 부르는 바로는 다케시마에 대한 영유권을 주장하면서 우리의 독도우표 발행 중지를 요구하고 나서는 바람에 속이 썩 편치 않은 참이었습니다.

그런데 이번에는 엉뚱하게도 중국이 읽기도 힘든 '동북변강사여현상계열연구공정'東北邊疆史與現狀系列研究工程이라는 긴 이름의 소위 '동북공정'이란 것을 들고 나오면서 고구려 역사를 중국사에 편입시키려는 엉큼한 속내를 드러내는 통에 가뜩이나 언짢은 민족감정이 불에 덴 듯 부글부글 끓어오르는 판입니다. 틈만 나면 우리 영토를 넘보는 남쪽 섬나라와 통도 크게 우리 역사 자체를 노략질하려는 북쪽 대륙국가 사이에서 한반도는 지금 머리끝까지 잔뜩 열을 받고 있는 중입니다.

　개방화 이전에는 먹고살기에도 허겁지겁하던 중국이 21세기에 들어서면서 급속한 경제성장과 전 세계적으로 불어닥치는 리오리엔트 Re-Orient의 바람을 타고 신중화주의의 패권을 세워가느라 매우 바쁜 모습입니다. 일본이 점유하고 있는 센가쿠열도를 둘러싸고 일본과 영유권 분쟁을 일으키면서 대륙에서 해양으로 힘을 뻗치려 하자, 일본은 이에 맞서 센가쿠를 자기네가 현실적으로 지배하고 있다는 실질적 영유권을 내세워 센가쿠에 닻을 내리려는 중국 어선에다 해상자위대 군함의 물대포를 쏘아댔습니다. 그러면서도 우리가 실질적으로 영유권을 행사하고 있는 독도는 도리어 자기네 섬이라고 우기는 양면성을 드러내고 있습니다.

　바야흐로 동아시아의 한 · 중 · 일 3국이 서로 물고 물리는 영토와 역사싸움을 벌여나가는 판입니다. 중국과 일본이 비교적 단순한 영토 분쟁을 벌이고 있다면, 우리는 일본의 '영토패권주의'와 중국의 '역사패권주의'를 동시에 상대해야 하는 힘겨운 양면전을 펼쳐야 할 형편입니다.

　독도논쟁이 격화되자 급기야 대통령이 나서서 "내 아내를 보고 굳이 내 아내, 내 아내라고 할 필요가 있겠는가? 어차피 내 아내인데"라며 쟁점화에 제동을 걸었지만, 한 야당대표는 "내 아내를 남이 자꾸만 자기 아내라고 주장하는데 어떻게 가만히 있을 수 있는가?"라며 정부의 소극적 대응을 비판하고 나섰습니다. 학계도 비분강개하는 쪽과 무시하자는 쪽으로 나뉘어 있는 듯합니다. 독도에 우리의 영토주권이 현실적으로 발동되고 있어 「독도는 우리 땅」이라는 노랫말에 아무 이상이 없는 터이므로 일본의 허튼 주장일랑 백주의 잠꼬대쯤으로 치부해버리는 것도 하나의 대응책이 될 수 있겠지만, 중국의 역사장난은 그냥 무시한다고 될 일만은 아닌 듯합니다.

요동과 만주지역에 수천 년 동안 깊숙이 뿌리내려온 고구려의 뚜렷한 자취를 슬그머니 한족漢族의 역사에 편입시키려는 중국 측의 논거가 간단치는 않는데, 우선 "수隋와 당唐의 고구려 침입이 한족의 통일정책이었던 반면에 고구려는 중국으로부터의 독립을 시도한 적이 전혀 없었다, 나당羅唐의 연합에 패망한 고구려인들 대부분이 중국에 동화되어 주周나라 이후에는 중국이 줄곧 요동과 만주를 지배해왔다, 고려의 왕건도 사실은 낙랑 한족의 후예였다, 기자조선箕子朝鮮은 주나라 때 지방 제후 중의 하나인 기자가 세운 정권이므로 이성계의 조선도 중국의 역사를 차용한 것에 불과하다"는 것 등입니다.

한국사 학자들은 중국 측의 논거가 학문적 가치를 인정받을 수 없는 황당한 궤변이라는 데 별 이의가 없습니다. 중국의 정사인 '송사'宋史와 '명사'明史조차도 기자조선부터 고구려를 거쳐 고려까지를 분명한 조선역사로 기술하고 있을 뿐 아니라 2003년에 발간된 중국의 역사교과서는 아예 고구려 신라 백제를 한반도의 3국으로 뚜렷이 못박아두고 있는 형편이니 말입니다.

사마천의 『사기』가 한족의 시조로 본 황제헌원씨, 삼황기三皇記에 나오는 염제신농씨에다 우리 고서인 『환단고기』桓檀古記의 영웅 치우천왕까지를 모두 자기네 조상으로 끌어들여 중화삼조中華三祖라고 주장하면서 '염황치자손론'炎黃蚩子孫論이란 픽션을 만들 때부터 중국은 요동과 만주를 경영했던 고구려와 발해의 역사에 군침을 흘리고 있었던 모양입니다.

연전에 중국 지린성 퉁거우의 광개토대왕비와 지안의 장군총 앞에 이르러 1,600여 년의 세월을 뛰어넘은 위대한 고구려 역사의 결정들이 잡초더미 속에 방치되어 있는 것을 보고 매우 가슴 아팠던 적이 있는데, 이처럼 고구려사를 중국 변방의 역사로 격하시키려는 중국의 의도는 아마도 한반도의 통일을 염두에 둔 억지가 아닌가 여겨집니다.

가까운 장래에 남북한이 통일되어 남한의 경제력과 북한의 군사력이 결합하면 중국은 황해와 만주 요동지역에서 적지 않은 위협적 변화를 경험해야 할지도 모릅니다. 이런 변화에 대비해서 북한 지역에 대한 중국의 역사적 연고권을 미리 확보해두기 위한 사전 포석으로 '역사편입'이라는 신종 패권주의를 들고 나왔다는 견해가 지배적입니다. 중국의 동북공정이 단순한 역사학의 문제가 아니라 동아시아에서의 정치 경제 문화의 패권을 움켜쥐려는 복잡한 국제정치의 술책을 깔고 있다는 분석입니다.

열린 민족주의
세계민주주의

앵글로색슨이 주도하는 '세계화'의 물결이 세차게 넘실거리는 21세기의 벽두부터 유럽과 아시아를 중심으로 거센 '민족주의'의 바람이 일어나는 것은 단순한 시대의 모순이 아닙니다. 역사전개의 필연적 과정이라는 느낌입니다. 유럽과 서아시아를 통일한 로마제국의 창칼 아래서도 지중해 연안의 약소민족들은 그 어느 때보다 맹렬한 민족혼의 불길을 활활 태우고 있었습니다. 불과 900여 명의 남녀노소가 로마의 철기갑군단을 상대로 혈투를 벌이다 전원이 몰살한 서기 73년

유대의 마사다 전투는 그 대표적인 예입니다. 말이 로마의 평화Pax Romana였지, 제국의 패권주의와 약소국의 민족주의는 결코 평화로운 관계를 유지할 수 없었습니다.

거대 영토를 가진 중국의 동북공정을 대하는 우리의 민족혼이 열을 받는 것은 너무도 당연한 일입니다. 차제에 만주에 대한 우리의 역사적 연고권까지 주장해야 한다는 애국지사도 등장하고 있습니다. 폐쇄적 쇼비니즘에 빠지지만 않는다면, 상대적으로 단일민족 혈통을 꿋꿋이 이어온 한국이 민족주의를 버려야 할 이유는 없습니다.

그런데 앵글로색슨의 세계화와는 다른 이유에서 민족주의의 바람을 경계하는 우려의 시선들이 있습니다. 참담한 질곡의 세월을 견뎌내며 중국 내의 소수민족으로 어렵사리 뿌리내려온 조선족이 과연 한국인인가 중국인인가 하는 것은 매우 미묘한 외교문제로까지 대두되고 있습니다. 그들을 소수민족인 중국인이 아니라 당당한 한국인으로 인정하고 싶지만, 그렇지 않아도 티베트의 독립운동에 골머리를 앓고 있는 중국으로서는 조선족의 독립요구라는 새로운 위협을 걱정하지 않을 수 없을 것이고, 그때는 조선족이 힘겹게 얻어낸 연변자치주를 잃게 될 뿐 아니라 잔혹한 인종탄압의 비극에 직면하게 될지도 모를 일입니다. 물론 기우이겠지만, 우리 정부가 조선족에게 섣불리 한국국적을 허용해주지 못하는 데는 그럴 만한 정치적 외교적인 이유들이 있습니다.

우리의 시각을 '혈통적 폐쇄성'에만 고정시켜서는 온 인류가 서로 얽히고설킨 21세기 지구촌의 모듬살이에 능동적으로 참여하기 어렵습니다. 혈통적 친화력 못지않게 지리적 특성이라든가 역사적 관계성 등을 긍정할 수 있는 넓은 시야가 필요합니다. 국사냐 한국사냐 또는 동아시아사냐 하는 역사인식의 문제가 제기되는 것도 바로 이런 까닭이 아닐까 합니다.

자민족 우월주의에 깊이 물든 열혈 민족주의자들이 들으면 곧장 칼침을 놓으려 할지도 모르겠는데, 일부 사학자들은 이제 민족이라는 역사기원歷史起源의 도그마에서 벗어나 "전근대는 동아시아사의 관점에서, 근대는 세계사의 관점에서 한국사를 새롭게 조명해야 한다"는 탈민족주의를 내놓고 있습니다. 고구려사는 한국사도 아니고 중국사도 아니며 세계사의 일부로서의 동아시아 역사라는 시각입니다.

선뜻 동의하기 쉽지 않은 역사학의 좌파라고 볼 수 있겠는데, 정치이념과 경제체제의 벽을 뛰어넘는 무조건적인 민족통일을 지상과제로 여기는 정치적 좌파 급진적 민족주의자들과는 정반대로 우파적 좌표를 지향하는 아이러니를 드러내고 있습니다. 우려되는 것은, 스스로 '열린 역사의식' 이라고 주장하는 탈민족주의가 엉뚱하게도 다민족국가인 미국 주도의 세계화정책에 이용될 우려가 있지 않으냐는 점입니다.

근대의 민족주의가 식민제국주의로부터 민족의 자긍심을 지켜내며 서구열강의 패권에 저항하는 대항역사의 순기능을 수행했다면, 탈민족주의는 민족의 주체성을 긍정하되 '민족민주주의' 라는 역사적 제한성을 아울러 직시하면서 역사발전과 민주화의 주체를 민족에 한정하지 않고 보다 다원적인 역사주체들에 의한 '세계민주주의' 를 지향하는 입장이라고 할 수 있겠습니다.

근세의 식민열강에 대항하여 한·중·일 3국은 각기 동도서기론東道西器論, 중체서용론中體西用論, 화혼양재론和魂洋才論이라는 무기를 꺼내들었는데, 표현은 달라도 민족정신의 고취라는 핵심에는 큰 차이가 없었습니다. 죽창을 든 민초들이 대거 참여한 독립운동, 그 대항역사의 전개과정은 민족국가의 확립과 함께 민주주의의 심화라는 값진 열매를 가져왔지만, 민주주의가 민족의 울타리 안에 머물러 있는 동안은 '절반의 가치' 밖에 실현할 수 없다는 것이 탈민족주의 역사학자들의 염려인 듯합니다.

민족애는 아름답습니다. 예수님도 제자들에게 "이방 사람의 길로도 가지 말고 사마리아 사람의 도시에도 들어가지 말고, 이스라엘 집의 잃은 양 떼에게로 가라"고 말씀했습니다.마태복음 10: 5~6 심지어 도움을 청하는 이방 여인에게 "나는 오직 이스라엘의 길 잃은 양들에게 보내심을 받았을 따름이다. 내 집 아이들이 먹을 빵을 개들에게 던져주는 것은 옳지 않다"는 극언까지 던졌을 정도입니다.마태복음 15:26

이방인을 미워해서일 리가 없습니다. 폐쇄적 민족주의의 토로였을 턱도 없습니다. 예수님만큼 민족의 울타리를 훌쩍 뛰어넘은 분도 없습니다. 그의 극언이 단순한 민족애의 발로는 아니었을 것입니다. 그렇다고 예수에게 민족애가 전혀 없었다고 단언할 수도 없습니다. 신학적인 해석은 잘 모르겠습니다.

그러나 민족애라는 것이 '나'로부터 출발해서 내 가족, 내 친족, 내 직장, 내 나라, 내 민족으로 곧장 이어지는 '확장된 자기애'에 그치는 한, 아직은 이기적 쇼비니즘에 머무를 수밖에 없습니다. 민족주의가 근대의 저항코드를 벗어나지 못한다면 21세기의 진취적인 가치로 자리잡기 어렵지 않을까?

민족주의를 희석시키고 그 대신 국가주의를 전면에 내세워 동아시아의 역사를 통합해보려는 중국의 동북공정 프로그램 속에는 기실 교묘한 한족의 민족주의가 숨어 있다고 보이는데, 그에 대항하여 우리가 국가보다 민족을 앞세우는 고전적 저항민족주의의 방패를 다시 들고 나선다면 그것 역시 시대착오적이라는 부정적 평가를 면하기 어렵습니다. 민족주의는 이제 '저항의 코드'가 아니라 '참여의 코드'로서 창조적인 승화를 이뤄가야 합니다.

인류문명사는 '민족'이라는 단 하나의 개념으로 구성된 단순한 대항의 역사가 아닙니다. 국가 지역 계급 혈통 언어 그리고 자유 평화 인권 번영 평등과 같은 여러 요소와 가치들이 복합적으로 아우르며 전개되어온 통합의 역사입니다. 역사의 주체는 왕과 귀족, 군대 그리고 남성들의 시대적 엘리트들만이 아니었습니다. 서민과 백성, 농부와 여인들, 그리고 심지어 어린아이와 노예들까지 모두 함께 어울려 만들어온 것이 인류역사입니다. 어차피 남성중심의 혈통문화를 탈피할 수 없는 근대민족주의만으로는 이런 통합의 인류역사를 다 설명할 수도 없고 또 미래의 역사를 이끌어갈 수도 없습니다.

자주만을 외치며 유아독존할 수 없게 된 21세기의 지구촌 안에서 민족의 정체성을 연면히 이어가는 길은 자아의 확립과 아울러 공동체성의 인식을 균형감 있게 갖추는 것뿐입니다. 민족주의자이며 동시에 세계주의자가 되지 않으면 안 됩니다. 물론 고구려를 중국에 빼앗길 수 없습니다. 만주벌판을 치달리던 광개토왕의 말발굽소리를 우리의 귓전에서 사라지게 할 수 없습니다. 살수를 침략자들의 피로 붉게 물들인 을지문덕을, 안시성 성루에 우뚝 서 있는 양만춘을 우리 후세들의 역사교과서에서 결코 지워버릴 수 없습니다.

다른 한편, 고구려를 언제까지나 민족혈통의 족보 안에만 꼭꼭 가두어 둘 수도 없는 일입니다. 고구려가 세계역사의 한 장을 누빈 동아시아의 주역으로 인류공동체 앞에 당당히 나설 때 동북공정이라는 중국의 '닫힌 민족주의'는 우리의 '열린 민족의식' 앞에서 아무 힘도 쓰지 못한 채 스러져가고 말 것입니다.

고구려사는 우리의 역사인 동시에 동아시아의 역사이며 그래서 인류역사의 찬란했던 한 시대사라고 자부하기에, 역사학을 모르는 문외한의 처지에서 감히 만용을 부려보았습니다. 무식하면 용감하다 했으니, 역사학도들의 용서를 구할 따름입니다.

민족애, 저항인가 참여인가

복수심에 불타는 정신은 서늘하고, 복수를 끝낸 영혼은 허탈합니다. 복수는 가해자가 진 빚을 탕감해버릴 뿐, 피해자의 어두운 영혼을 위로하지는 못합니다. 그러나 용서는 가해자에게 빚을 두 번 떠안깁니다. 피해자에게 상처를 입힌 빚 하나, 피해자로부터 용서를 받은 빚 또 하나. 그만큼 피해자의 영혼도 풍성해질 것입니다.

'용서받지 못한 죄'의 슬픔은 깊고 무겁습니다. 죽어가면서 용서를 애원했으나 끝내 버림받은 나치 친위대원처럼.

'용서하지 못한 죄'의 슬픔은 그보다 더 깊고 마음의 짐도 더 무거울지 모릅니다. 친위대원의 손을 중내 뿌리치고 만 비젠탈처럼, 그 갈등하는 영혼처럼.

참회하며 내미는 사형수의 손, 뿌리칠 것인가, 가슴에 끌어안을 것인가?

6부

용서받지 못한 죄,
용서하지 못한 죄

두 눈을 감은 채 오른손에는 칼을, 왼손에는 저울을 들고 있는 이 여인은 그리스신화에서 법과 예언의 신으로 불리는 테미스입니다. 저울은 법의 불편부당한 공정성을 의미하고, 두 눈을 감은 것은 법의 해석과 적용에 주관이나 정실이 개입될 수 없다는 뜻을 품고 있습니다. 칼은 엄정한 심판의 권능을 상징합니다.

오른손에는 법전
왼손에는 저울

사법부의 로고에 한 여인이 등장합니다. 두 눈을 감은 채 오른손에는 법전을, 왼손에는 저울을 들고 있는 이 여인은 그리스신화에서 법과 예언의 신으로 불리는 테미스입니다.

법전은 자의적인 법운용을 배제하고 오직 법률에 따라 정의를 선포한다는 뜻이며, 저울은 법의 불편부당한 공정성을 의미하고, 두 눈을 감은 것은 법의 해석과 적용에 주관이나 정실情實이 개입될 수 없다는 뜻을 품고 있습니다.

테미스의 원래 모습은 오른손에 법전이 아니라 칼을 쥐고 있습니다. 칼은 엄정한 심판의 권능을 상징합니다.

테미스는 제우스와의 사이에서 호라이, 모이라, 에우노미아, 디케, 에이레네라는 이름의 딸들을 낳았는데, 호라이는 계절의 신, 모이라는 운명의 신, 에우노미아는 질서의 신, 디케는 정의의 신, 에이레네는 평화의 신입니다. 정의의 여신을 혹은 아스트레아라고도 하는데, 로마신화에서는 아이키타스로 불립니다.

아스트레아는 철기문명 시대의 인간들이 살상무기로 서로 싸우고 죽이는 타락의 길을 걷자 더 이상 인간들의 땅에 머무를 수 없어, 손에 저울을 든 채 하늘로 올라가 처녀자리라는 별자리가 됩니다. '인간들 속에서'가 아니라 '인간들 위에서' 정의를 선포하기 위해서입니다. 법이 사람의 손에 쥐어진 '지상의 규범'이 아니라 신의 손에 맡겨진 '하늘의 계명'이 되는 순간입니다. 아스트레아가 가지고 올라간 저울은 처녀자리 옆의 천칭자리가 되었습니다.

이집트 신화에서는 태양신 라의 딸인 마아트가 정의의 여신으로 나타납니다. 마아트는 죽은 사람의 영혼을 저울에 달아 심판하는 죽음과 부활의 신 오시리스의 시녀이기도 한데, 오시리스가 죽은 사람의 영혼을 저울의 한쪽 접시에 올려놓으면 마아트가 반대쪽 접시에 올라앉아 그 영혼이 진실의 무게를 지녔는지 아닌지를 가릴 수 있도록 도와주는 일을 합니다.

법과 정의에 관해서 그리스신화와 이집트신화에 공통적으로 등장하는 것은 여성과 저울입니다. 여성이 남성보다 더 공정하다는 뜻이라고 보면, 여성법관이 점점 많아지는 오늘의 추세를 긍정적으로 볼 수 있겠습니다.

반대로, 정의는 여성처럼 연약하고 흔들리기 쉽다는 뜻으로 읽으면 매우 우울해집니다. 여성이 결코 남성보다 연약하거나 쉬 흔들리는 존재는 아니지만.

마아트는 정의의 신이자 권리의 신입니다. 권리right는 '옳다, 바르다'는 도덕적 의미를 지니고 있습니다. 정의는 법적 정당성과 함께 도덕성을 갖춰야 합니다.

　성서에서 공의Righteousness로 번역되는 히브리어 미슈파트mishpat 창세기 18:25, 미가 6:8는 법적 개념인 '정의'와 도덕적 개념인 '옳음'을 모두 포함하며, 나아가 정의와 사랑을 하나로 엮어내는 하나님의 '완전선'으로 이해되고 있습니다. 정의의 본질은 선이고 도덕이며, 그 밑뿌리는 사랑입니다.

낮은 곳, 빈 곳을 찾아 흐르는 법

정의의 본질이 도덕이라면, 그 표현은 법입니다. 그러나 표현이 본질을 완전무결하게 나타낼 수는 없습니다. 헬라어 디케$\delta\iota\kappa\varepsilon$관습나 노모스 $\nu o\mu o\varsigma$ 분배, 라틴어 유스Ius규범와 렉스 Lex수집, 독일어 레히트 Recht와 프랑스어 드로아 droit정의, 영어의 로 Law놓인 것, 그리고 유대교의 율법인 토라torah교훈 와 이슬람 율법인 샤리아 Shari'a 까지도 하나님의 완전선인 공의를 완벽하게 표현해내지는 못합니다. 율법지상주의가 결국 실패할 수밖에 없는 이유입니다.

　한자의 '法'은 인도의 산스크리트어 다르마達磨 Dharma를 번역한 것인데, 힌두교의 율법서를 다르마-수트라Dharma-sutra라 부르고, 불교에서는 불타의 높은 가르침인 삼보三寶의 하나를 다르마라 합니다. 모두 '본체, 실체' 또는 '유지, 보존'이라는 의미를 지니고 있습니다. 종교의 가르침이나 법규범은 성질상 보편적이고 또 보수적일 수밖에 없다는 함의含意입니다.

　원래 물 수水, 해태 치廌 , 갈 거去 세 글자가 합쳐진 '법'자가 세월이 지나면서 氵와 去의 약자인 '法'으로 변했다고 합니다. 높은 데서 낮은 데로 흘러가며 去 언제나 평형상태를 이루는 물은 법의 공평함을 나타내고, 불을 삼킨다는 전설의 동물 해태는 사리를 분별하여 뜨거운 분쟁을 가라앉히는 법의 판단기능을 상징합니다.

그러나 낮은 데로 낮은 데로 흐르는 물의 속성에서 나는 법의 또 다른 얼굴 하나를 봅니다. '낮은 곳과 빈자리를 찾아가 넉넉히 채워주는 사랑' 곧 소외계층, 빈곤층을 향한 연민입니다. 법과 정의의 신이 왜 꼭 여성이어야 하는지를 이제 알겠습니다.

그러나 물은 낮은 곳, 빈자리만을 채우는 것이 아닙니다. 높은 곳과 넉넉한 자리도 미워하지 않습니다. 높은 곳도 낮은 곳도, 넉넉한 자리도 모자라는 자리도, 모든 삶의 자리를 아무 구별 없이 고르게 채워줍니다. 아마도 그래서 "법 앞에는 만인이 평등하다"는 격언이 나왔나 봅니다.

이 격언이 옳다면, 만인을 위해 질서를 유지 보존해야 하는 법이 보수성을 지니는 것은 매우 타당하겠습니다. 법의 본질이 보편적 정의이기에 더욱 그렇습니다.

아, 그러나 정의의 밑뿌리가 사랑임을 기억한다면, 부조리의 현실을 뜯어고치는 '변혁'의 의지가 없고서야 법이 법다울 리 없습니다. '낮은 자리를 찾아가는 사랑의 수고'를 모르는 법은 수구守舊일 뿐. 법의 보수성은 정의와 사랑의 일치점을 지향해가는 자기 혁신의 길 안에서만 정당하다는 것이 나의 믿음입니다.

테미스의 손에 들린 칼은 위로 치솟지 않고 밑으로 내려져 있습니다. 금방이라도 칼을 들어 누군가를 치려는 '성난 용사'의 모습이 아닙니다. 어쩌면 슬그머니 칼을 놓아버릴지도 모르는 '부드러운 여성'

의 자세입니다. 반면에 저울은 높이 들려 있습니다. 법의 주된 기능이 칼보다는 저울에, 응징보다는 형평에 있다는 뜻이 아닐까?

만약 그렇지 않다면, 아마 파스칼이 옳을는지도 모릅니다. 「팡세」에서 "피레네 산맥 이쪽의 정의가 산맥 저쪽에서는 불의다"라고 꼬집은 저 파스칼이.

정의의 여신

고발과 변호 사이

시인은 이념을 위해
투사는 승리를 위해

"기교는 시구를 만들 뿐…… 마음 만이 시인이다."

프랑스혁명 직후 서른둘의 나이로 단두대에서 처형된 시인 앙드레 셰니에가 남긴 말입니다.

시는 글재주가 아니라 시혼詩魂에서 솟아나야 한다고 믿었던 셰니에는 민중혁명의 당위성에 깊이 공감한 나머지 오랜 친구이자 귀족의 하인인 제라르와 함께 왕정王政의 앙상 레짐Ancient Regime 타도에 앞장선 혁명투사였습니다.

마라, 당통과 함께 혁명정부를 이끌던 로베스피에르는 왕당파와 정적들을 소탕한 뒤에 동지인 당통파마저 무자비하게 숙청하고는 1인독재체제를 수립합니다.

로베스피에르의 공포정치가 절정으로 치달으며 '자유 평등 박애'의 혁명이념과는 달리 '새로운 부자유, 불평등 그리고 증오의 사회'

를 만들어내자, 이념과 현실의 괴리에 절망한 셰니에는 영롱한 시인의 영혼을 일깨워 혁명정부를 비판하는 글을 씁니다.

"혁명이념의 변질, 왕정시대보다 더 가혹한 혁명정부의 독재."

신랄한 비판이 혁명동지인 셰니에로부터 제기되자 혁명의 실세가 된 제라르는 분노를 누르지 못하고 친구 셰니에를 '혁명의 배신자, 조국의 적'으로 혁명재판소에 고발합니다. 제라르는 친구보다 민중을, 혁명의 이념보다 혁명의 승리를 더 갈망했습니다. 그리고 그보다 더 뜨겁게 셰니에의 연인인 백작의 딸 맛달레나를 짝사랑하고 있었습니다.

하인의 손에 어머니가 무참히 살해되는 모습을 지켜보아야 했던 영락한 귀족 맛달레나는 혁명재판소의 체포령을 피해 도피한 연인 셰니에를 애타게 그리워하는데, 혁명의 승리를 위해 혁명의 이념을 내팽개친 제라르는 마치 사랑의 승리를 위해서는 사랑의 순수성도 버릴 수 있다는 듯이 권력을 이용해 그녀에게 접근해옵니다.

지하에 숨어 있던 셰니에는 이름을 밝히지 않은 여인으로부터 보호를 요청하는 전갈을 받자 직감적으로 그녀가 맛달레나임을 알아차리고는, 외국으로 도피할 수 있는 기회를 포기하고 연인을 만나기 위해 저 위험한 혁명의 광장으로 달려갑니다.

혁명대의 타도대상이 되어 온갖 고초를 겪은 맛달레나는 셰니에의 품에서 모처럼 위안을 얻지만, 두 연인 앞에 나타난 것은 희망이 아니라 고발자인 제라르였습니다.

마침내 두 친구는 칼을 뽑습니다. 셰니에는 사랑을 지키기 위해, 제라르는 사랑을 빼앗기 위해. 아니, 시인은 혁명의 이념을 위해, 투사는 혁명의 승리를 위해.

결투의 패배자는 제라르였음에도 감옥에 끌려간 것은 '혁명의 배신자'인 셰니에였습니다. 맛달레나는 셰니에의 칼에 찔려 피 흘리는 몸으로 애타게 사랑을 호소하는 제라르에게 냉담하지만, 결국 연인 셰니에를 살려내기 위해 제라르를 받아들이기로 합니다.

연적戀敵을 감옥에 처넣고 사랑을 쟁취한 제라르는 그러나 그 승리의 순간, 깊은 회의에 빠져듭니다. 자유 평등 박애의 기치를 내걸고 수많은 사람의 피를 흘린 공포정치의 앞잡이, 고결한 혁명이념을 지키려는 친구 셰니에를 고발한 우정의 배신자, 옥에 갇힌 친구의 연인을 빼앗은 비겁자. 고결했던 혁명투사에서 권력의 기생충으로 전락해버린 자신의 추한 모습에 제라르는 새삼스레 몸서리를 칩니다.

혁명재판소의 법정에 선 셰니에는 재판관들과 군중에게 진정한 혁명정신을 설파하지만, 껍질만 남은 이념에 휘둘리는 저들의 귀에 진실의 목소리가 들릴 리 없습니다. 셰니에는 비열한 삶을 구걸하는 대신에 명예와 진실을 지키며 죽음을 선택합니다. 그때 '사형'을 외치는 군중 틈에서 한 사람의 변호인이 등장합니다.

뜻밖에도 그 변호인은 제라르였습니다. 자기가 고발한 피고인을 변호하는 혁명투사 제라르는 혁명정부의 도덕적 오만과 위선, 이념의 도그마로 민중을 기만하는 술책 등을 준열히 질타합니다. 그러나 허울뿐인 이념의 노예들은 끝내 셰니에에게 사형을 선고하고, 낙담한 맛달레나는 여자사형수로 위장한 뒤 감옥에 들어가 꿈결 같은 옥중의 사랑을 잠시 나누던 끝에 연인과 함께 단두대에 오릅니다.

이탈리아 작곡가 죠르다노가 프랑스혁명 당시의 실화를 바탕으로 작곡한 오페라 「안드레아 셰니에」의 간략한 줄거리입니다.

비극적 사랑이야기인 이 오페라는 그 속에 민중과 혁명, 계급투쟁과 이념갈등, 권력과 저항 등 현대사회의 현안이기도 한 현실의 주제들을 사실적으로 표현하고 있는 베리즈모Verismo 오페라인데, 영화 「필라델피아」에서 에이즈 환자인 변호사의 탄식 장면에 배경음악으로 흐르며 영상의 감동을 크게 증폭시켰습니다.

호산나와 십자가,
승리와 패배의 진실

> "한 사람을 속이는 것보다 대중을
> 속이는 것이 훨씬 쉽다."

역사가 헤로도토스의 통찰입니다. 숭고한 혁명이념으로 수많은 대중을 기만한 로베스피에르는 시인 셰니에 한 사람을 속이지 못했습니다. 무릇 포퓰리즘의 선동에 놀아나는 대중의 표피적 감성은 시인의 영혼이 공유할 수 없는 시대적 광기에 지나지 않기에.

'가치의 실현'과 '현실의 승리'를 동시에 거머쥘 수 있다는 믿음은 환상이거나 새빨간 거짓말일는지 모릅니다. 가치와 승리 중에서 운명적 선택을 해야 하는 상황은 늘 우리에게 다가옵니다. 그러나 역사의 현실에서는 영원한 승리도, 항구적인 패배도 없습니다. 셰니에를 파리 콩코르드 광장의 단두대로 보낸 로베스피에르는 불과 사흘 뒤에 실각하고 결국 같은 단두대에서 처형당하고 맙니다.

먼 옛 이야기가 아닙니다. 혁명의 이념은 혁명이 성공하자마자 화학작용을 일으키듯 변질되어 또 다른 혁명을 부르곤 했습니다. 프랑스혁명의 베리즈모는 모든 변혁의 현장마다 어김없이 등장해온 '지금 여기의 베리즈모'였습니다.

"승리자들로 가득 찬 세상보다 더 끔찍한 것은 없다. 그나마 삶을 견딜 만하게 만드는 것은 패배자들이다."

볼프 슈나이더가 『위대한 패배자』라는 책에 쓴 말입니다.

"호산나!"를 외치며 열광하던 그 많은 추종자들이 삽시간에 대제사장의 선동에 놀아난 꼭두각시로 돌변하여 "십자가에 매달라!"며 부르짖고 골육 같은 제자들마저 도망치듯 다 떠나버린 뒤 "하나님, 왜 나를 버리십니까?"마태복음 27:46라고 절규하며 십자가에서 쓸쓸히 죽어간 예수만큼 철저한 패배자도 없습니다. 그러나 신앙의 진실은 그 패배자를 승리의 메시아로 고백합니다.요한복음 20:28

법정에 고발인석을 따로 둔다면 아마 검사석이나 그 옆쯤이 되지 않을까? 변호인석과 마주보는 불과 7~8미터의 짧은 거리가 때로는 삶의 방향과 실존의 의미 자체를 뒤바꿀 수도 있습니다. 변혁기나 혁명의 현장에서는 특히 그렇습니다.

우리 현대사도 별반 다르지 않았습니다. 권력비판자를 고발하는 자리를 떠나 그 변호인의 자리에 선다는 것은 웬만한 신념과 용기로는 꿈도 꾸지 못할 일이었습니다.

고발인에서 변호인으로 삶의 자리를 바꾼 제라르의 곡절 많은 선택이 셰니에의 순수하고 단순명료한 결단보다 더 진하게 가슴을 저며오는 것은 아마도 '승리자들로 가득 찬 세상의 끔찍함'에 대한 뒤늦은 공감 때문이 아닐까? 마치 주인공인 셰니에의 테너 음성보다 조역인 제라르가 바리톤으로 부르는 아리아 「조국의 적!」이 훨씬 더 깊이 있는 울림으로 다가오듯이.

그놈의 헌법

우리 헌정사는
피와 눈물의 역정　　　　어찌 생각하면 모든 게 다 '그놈의
　　　　　　　　　　　　헌법' 때문입니다. 책상을 '탁'
치니 '억' 하고 죽었다던 서울대 박종철 군의 수난도 '그놈의 헌법'
한번 제대로 바꿔보려는 애끓는 소원 때문이었고, 경찰의 최루탄에 맞
아 사망한 연세대생 이한열 군의 희생도 그놈의 헌법이 잘못 되었기 때
문입니다. 전 국토를 울린 교회와 사찰들의 추모의 타종도, 분노한 국
민들의 반독재 항거도, 검은 리본을 달고 '호헌철폐'를 소리 높여 외친
민초들의 6월항쟁도 다 그놈의 헌법 때문이었습니다.

　무슨 주체국민회의라는 데에서 자기들끼리 체육관 대통령을 뚝딱
뽑도록 만든 것도 그놈의 헌법이었고, 건국 이후 4·19를 거쳐 오늘
에 이르는 민주화 역정이 피로 얼룩지고 분신과 옥사獄事가 줄을 이어
온 것도 결국은 그놈의 헌법을 바르게 고쳐야 한다는 간절한 염원 때
문이었습니다. 아니, 나라의 최고규범인 헌법을 '그놈의 헌법' 쯤으

로 가벼이 여기는 권력이 아니라 명실공히 헌법을 존중하고 수호하려
고 애쓰는 반듯한 정부를 갖기 위한 소원 때문이었습니다.

우리 헌법은 건국 이후 40년 사이에 무려 아홉 번이나 바뀌었습니
다. 그 대부분이 독재권력에 맛을 들인 반민주적 대통령과 그 정파들
에 의해 이루어진 것입니다. 10년을 제대로 지탱한 헌법이 없습니다.
1987년 6월항쟁으로 태어난 현재의 헌법만이 유일하게 20년의 세월
을 버티어오고 있습니다. 국민들의 간절한 염원에 부합하는 헌법이었
기 때문입니다.

4·19 직후 제2공화국의 3차 개헌과 1987년의 9차 개헌을 제외하
고는 모든 헌법개정이 국민을 위한 개정改正이 아니라 독재권력을 위
한 개악改惡이었으며, 국민들에게는 반민주적 억압장치인 그놈의 헌
법이 요사스런 변신을 거듭해온 과정에 불과했을 뿐입니다.

우리 국민은 독재권력의 창과 방패가 되어 대통령에게 초헌법적 권
력을 쥐어주는 그놈의 헌법이 아니라, 헌법정신과 나라의 법질서를
존중하며 스스로 준법의 모범이 되는 권력을 선택할 수 있는 민주헌
법을 위해 피 흘리며 투쟁해왔습니다. 그 결과 지금의 헌법을 갖게 된
것입니다.

"헌법을 준수하고 국가를 보위하며 조국의 평화적 통일과 국민의
자유, 복리의 증진 및 민족문화의 창달에 노력"하겠다는 헌법 제69조
의 취임선서를 고이 지켜내려는 대통령이 아니라면 현재의 민주헌법
이 예정하고 있는 대통령은 아닐 것입니다.

"야당이 정권을 잡으면 끔찍하다"고 생각하는 한쪽의 걱정도 선거
에 의한 정권교체를 보장하는 그놈의 헌법 때문이고, "아직 남은 반년
이 끔찍하게만 여겨진다"는 다른 한쪽의 염려도 대통령의 임기를 보

장하고 있는 그놈의 헌법 때문입니다.

사사건건 발목만 잡는 얄미운 야당과 언론을 따끔하게 손보지 못하는 것도 정당정치와 언론의 자유를 보장하는 그놈의 헌법 때문이며, 우리 조국을 "정의가 실패하고 기회주의가 득세한 나라"로 폄하하면서 조국의 역사를 "기득권세력에 의한 반칙과 특권의 역사"라고 깎아내리는(?) 권력의 입을 막을 수 없는 것도 그놈의 헌법이 규정하고 있는 면책특권 때문입니다.

독재자의 자식이 대통령이 되는 것은 부끄러운 일이라고 소리칠지언정 독재자의 아들이 대를 이어 새로운 독재자가 되고 그 아들의 아들을 또다시 독재의 후계자로 만들려는 수십 년 세습독재체제에 대해서는 입도 벙긋하지 못하는 기막힌 모순마저도 평화통일을 지향하는 그놈의 헌법을 존중해서 진득이 참아내고 있는 중입니다.

코드인사니 회전문인사니 낙하산인사니 하는 식으로 적재적소의 원칙에 의심이 드는 인사를 할 때마다 '헌법상 고유권한'이라는 변명거리를 만들어준 것도 그놈의 헌법임은 두말할 나위도 없습니다.

헌법정신은
노예도 주인도 거부

"마취하지 않은 채로 식용동물을 도살해서는 안 된다"는 스위스헌법 제25조처럼 예외적인 경우가 없지는 않지만 헌법은 조직, 구조 Constitution, Verfassung라는 어원에서 보듯이 한 나라의 통치제제와 국민의 기본권 보장, 국정의 기본이념 등을 규정한 기본법이자 실질적 최고규범입니다.

주권자요 헌법제정권력인 국민만이 헌법 이전의 존재일 뿐, 대통령도 국회도 사법부도 모두 헌법에 의해 비로소 존재가 가능해진 헌법의존적 국가기관입니다. 아니, 주권자인 국민도 헌법의 지배를 받습니다. 입헌민주주국가에서 헌법을 '그놈의 헌법'이라고 비하할 수 있는 초헌법적 권위를 가진 존재는 어디에도 없습니다.

스스로 '세계적인 대통령'이라 자부하며 남은 임기 동안 헌법이 수여한 권한을 '짱짱하게' 행사하고 싶은 대통령일수록 헌법을 아끼고 존중할 줄 알아야 합니다. 그놈의 헌법 때문에 하고 싶은 일을 하지 못해 아쉬워하는 일은 결코 없어야 하지 않을까?

헌법이 무슨 일을 하지 못하게 한다면, 그 일이 잘못되었기 때문이지 헌법이 잘못되었기 때문이 아닙니다. 헌법에다 일을 맞춰야지 일에다 헌법을 맞출 수는 없는 노릇입니다. 적어도 헌법이 개정되기 전에는 그렇습니다. 그것이 입헌민주정치의 기본입니다. 이런 기본적인 이해마저도 없다면, 헌법의 수호를 기대한다는 것은 애초부터 꿈도 꾸지 못할 일입니다.

우리 헌법은 아홉 차례의 개정과정을 거치면서 국민의 공복公僕이 무슨 일을 어떻게 해야 하는지, 권력자가 무슨 일을 왜 하지 말아야 하는지를 역사적 정치적으로 절실하게 경험해왔습니다. 그 모진 경험들이 지금의 헌법규정으로 구현된 것입니다.

그 헌법이 무슨 일을 하지 말라고 규정하고 있다면, 거기에는 피와 땀과 눈물로 써내려온 뼈아픈 경험이 녹아 있음을 알아야 합니다. "그놈의 헌법 때문에"라고 넋두리를 할 일이 아닙니다.

"나는 노예가 되고 싶지 않은 것처럼 주인도 되고 싶지 않다. 이것이 민주주의에 대한 나의 생각이다."

링컨의 신념입니다. 정말로 링컨을 존경하며 링컨을 닮고 싶은 정치인이라면 링컨의 이 신념에도 공감할 것이 분명합니다. 나라의 주인이 되고 싶지 않은 정치인이라면, 나라의 기본법인 헌법을 그놈의 헌법이라고 폄하하지도 않을 것은 명백한 일입니다.

헌법에 따라 공직을 맡은 사람이 헌법을 '그놈의'라는 모욕적 언사로 조롱해도 아무 끄떡도 없는 사실이야말로 바로 그놈의 헌법이 임기를 단단히 보장해주고 있는 덕분일 터인즉, 헌법의 수호자로부터 "그놈의 헌법"이라 불린다 한들 별로 할 말은 없어 보입니다. 그놈의 헌법이 하냥 불쌍하게 느껴지는 이유입니다.

용서받지 못한 죄, 용서하지 못한 죄

사형수를 생각한다 1

용서하자,
그러나 잊지 말자

"나는 죽어가는 사람의 마지막 소원조차 들어주지 못했다!"

가족과 친척 89명이 나치수용소에서 모두 학살당한 뒤 홀로 극적으로 살아남은 유대인 시몬 비젠탈이 자신의 책 『해바라기』*The Sunflower* 에서 토로한 고백입니다.

비젠탈은 제2차 세계대전 후 50년 동안의 끈질긴 추적으로 약 1,100명의 나치 전범들을 법정에 끌어다 세운 '나치 사냥꾼' 이자 이스라엘의 영웅이었습니다.

나치 패망을 바로 눈앞에 둔 어느 날, 수용소에 갇힌 비젠탈은 중상을 입은 어느 나치 친위대원의 병상 앞으로 불려갑니다. 얼굴 전체를 흰 붕대로 감싼 친위대원은 죽기 직전의 상태였습니다.

거친 숨을 몰아쉬던 그는 비젠탈의 손을 덥석 붙잡으며 무고한 유대인들을 학살한 자신의 범죄를 고백하고 참회합니다.

"제발 마음 편히 죽을 수 있도록 저를 용서해주십시오."

당황한 비젠탈은 한동안 망설이던 끝에 결국 아무 대답도 하지 못한 채 친위대원의 손을 뿌리치고 그 자리를 떠납니다. 죽어가는 사람에게 차마 매정하게 대하기는 어려웠지만, 그렇다고 나치의 흉악무도한 범죄를 용서할 수는 없는 일이었습니다. 참회와 용서 사이에서 방황한 이 특이한 경험은 전후의 비젠탈에게 깊은 갈등으로 남게 됩니다.

이스라엘 비밀정보국 모사드가 살인마 아돌프 아이히만을 아르헨티나에서 체포했을 때 비젠탈은 이렇게 호소했습니다.

"용서하자. 그러나 잊지는 말자."

유대인들은 격분했습니다.

"나치의 희생자들 중 어느 누구도 비젠탈에게 나치를 용서할 수 있는 권한을 위임한 적이 없다. 나치가 참회한다고 해도 용서해서는 안 된다. 그것은 희생자들에 대한 배신행위요 또 다른 불의의 폭력일 뿐이다."

참회는 가능해도 용서는 정녕 불가능한 것인가?

폴란드의 아우슈비츠에서는 매년 1월 26일에 '죽음의 행진'이 펼쳐집니다. 수용소의 가스실로 끌려가던 유대인들의 발걸음을 재현하는 추모행사입니다.

유대인들은 죽음의 행진을 하면서 이렇게 기도한다고 합니다.

"자비로우신 야훼여, 유대의 어린이들을 학살한 자들에게 자비를 베풀지 마소서. 저들이 참회하더라도 결코 용서하지 마소서."

아우슈비츠 수용소에서 온갖 고생 끝에 겨우 살아나온 어느 유대인 여성에게 누군가 물었습니다.

"독일인들에게 복수하고 싶지 않습니까?"

그러자 그 유대인 여성은 엷게 웃음 지으며 이렇게 대답했습니다.

"복수심으로 내 삶을 파멸시키고 싶지 않습니다. 그렇게 파멸해버리기엔 내 인생은 너무나 소중하고 아름다운 것이랍니다."

흑인 갱 두목이자 사형수인 스탠리 투키 윌리엄스는 감옥 안에서 불우청소년들을 위한 저술과 인터넷사이트 운영 등 활발한 선도활동을 벌여온 '감옥 속의 비폭력운동가'로, 다섯 차례나 노벨평화상 후보에 오른 인물입니다. 숱한 사면청원에도 불구하고 아놀드 슈워제네거 캘리포니아 주지사는 과연 터미네이터답게(?) 사형집행을 명령합니다. 갱 두목은 용서 '받지' 못한 채 독극물 주사로 처형되었고, 미국사회도 성실한 비폭력운동가 한 명을 끝내 용서 '하지' 못했습니다.

조국 독립운동을 벌이다가 18년 동안 중국 감옥에 갇혀 있던 한 티베트 승려에게 달라이라마가 물었습니다.

"감옥 안에서 무엇이 가장 큰 걱정이었습니까?"

뜻밖의 대답이 돌아왔습니다.

"걱정은 단 한 가지, 중국인들에 대한 용서의 마음을 잃게 되지 않을까 하는 것이었습니다."

승려는 감옥 안에서 이미 자유를 누리고 있었습니다. 가해자 중국인들을 향해 열린 그 넉넉한 용서의 마음으로.

돌이킨 양심, 사랑과 정의의 진실

백인정권 하에서 27년 동안 감옥에 갇혔던 남아공의 넬슨 만델라 대통령은 백인들에게 보복정책을 쓰지 않고 '진실과 화해위원회'를 만들어 만행에 대한 참회와 관용의 기회를 허락했습니다.

불세출의 작가 도스토예프스키는 국사범國事犯에 연루되어 사형을 선고받고 처형을 기다리던 중, 극적으로 특사를 받아 시베리아에 유형되었던 경험이 있습니다. 이 위대한 철인작가哲人作家는 자신의 생생한 체험에서 솟아오른 깨달음을 소설 「백치」에서 이렇게 밝히고 있습니다.

"사람이 사람을 죽였다고 그 사람을 또 죽인다고? 그럴 수는 없다. 사형은 영혼에 대한 모독이다."

예수님의 기도문에는 용서의 간구보다 용서의 의무가 먼저 나옵니다.

"우리가 우리에게 죄지은 사람을 용서해준 것 같이, 우리의 죄를 용서해 주십시오."마태복음 6:12

남을 용서 '하지' 않으면 자신도 용서 '받지' 못합니다.

중관中觀의 깨달음으로 대승불교의 토대를 닦은 나가르쥬나龍樹는 "극악무도한 자일수록 특별한 자비를 베풀어주어야 한다"고 말했습니다.

동해보복同害報復의 탈리오 법칙에 철저한 이슬람도 "피해자가 대가를 받고 가해자를 용서하면, 가해자를 처벌해서는 안 된다"고 가르칩니다.쿠란 4:92

복수의 정의 속에는 사랑이 없고, 헤픈 용서에는 사랑은 있어도 정의가 없습니다. 정의 없는 사랑은 진실을 왜곡하고, 사랑 없는 정의는 진실의 가치를 절하합니다. 정의와 사랑은 서로를 만나지 않는 한 어느 것도 아직 진실은 아닙니다.

참회가 가해자의 양심이라면, 용서는 피해자의 양심입니다. 참회는 범죄의 돌이킴, 용서는 복수심의 돌이킴입니다. 신학자 에밀 브루너는 "돌이킨 양심은 정의와 사랑이 하나로 만나는 자리"라고 지적했습니다. 정의와 사랑이 하나로 만나는 자리, 곧 진실의 자리입니다.

복수심에 불타는 정신은 서늘하고, 복수를 끝낸 영혼은 허탈합니다. 복수는 가해자가 진 빚을 탕감해버릴 뿐, 피해자의 어두운 영혼을 위로하지는 못합니다. 그러나 용서는 가해자에게 빚을 두 번 떠안깁니다. 피해자에게 상처를 입힌 빚 하나, 피해자로부터 용서를 받은 빚 또 하나. 그만큼 피해자의 영혼도 풍성해질 것입니다.

'용서받지 못한 죄'의 슬픔은 깊고 무겁습니다. 죽어가면서 용서를 애원했으나 끝내 버림받은 나치 친위대원처럼.

'용서하지 못한 죄'의 슬픔은 그보다 더 깊고 마음의 짐도 더 무거울지 모릅니다. 친위대원의 손을 종내 뿌리치고 만 비젠탈처럼, 그 갈등하는 영혼처럼.

참회하며 내미는 사형수의 손. 뿌리칠 것인가, 가슴에 끌어안을 것인가?

매일 죽는 사람들

사형수를 생각한다 2

아침마다 경험하는
죽음의 발자국 소리

"일요일인데도, 그는 죽으러 나
가려고 구두끈을 매고 있었다."

분명 밤새 뒤척이며 자살을 기획한 사나이가 마침내 죽음을 찾아 집을 나서는 비감한 모습입니다.

그런데 왜 일요일에 자살하는 것을 이상하다는 듯이 말하는가? 어차피 죽을 처지에, 일요일에 죽든 월요일에 죽든 그게 무슨 상관인가? 구두끈은 또 왜 동여매고 있는가? 슬리퍼나 끌든지 구두 뒤축을 질끈 밟아 신든지 대충 발에 꿰고 휭하니 나가버릴 일이지, 무슨 미련이 아직 남아 있어 한가롭게 구두끈을 매고 있단 말인가?

자살하려는 사람의 모습이 아닙니다. 유력 일간지의 1970년 신춘문예 당선작인 작가 조해일의 단편소설 「매일 죽는 사람」의 첫 구절입니다.

무술영화의 엑스트라인 이 남자는 허구한 날 주인공에게 맞아 죽고 칼에 찔려 죽는 장면의 단골연기자입니다. 연기라고는 해도 각본에 따라 멋지게 쓰러지면서 죽는 배역 딱 하나뿐이니, 영화배우라고 부르기도 민망한 들러리일 따름입니다.

이 불행한 사나이는 임신한 아내가 있는 가장이지만, 가진 재산이 아무것도 없는 빈털터리입니다. 죽지 못해 살아가는 이 단역배우는 비록 각박한 삶일망정 어떻게든 '살기' 위해서 매일 '죽으러' 나갑니다. 두 번 죽으면 출연료가 곱절이 되니, 하루에 서너 번 죽으면 횡재를 하는 날입니다. 죽으러 나가는 그가 구두끈을 정성껏 매는 이유입니다. 매일 죽는 그에게 구두끈은 유일한 삶의 흔적입니다.

소설 속의 이야기만이 아닙니다. 누구나 살아가면서 실은 또 죽어갑니다. 죽음은 우리들 바로 곁에서 우리를 늘 주시하고 있습니다. Memento mori! 죽음을 기억하라!

어느 생명체도 제 운명을 주체적으로 선택할 수 없습니다. 구두끈을 동여맨다고 운명을 거스를 수는 없는 노릇. 우리 모두는 살아가면서 또 매일 죽어갑니다.

여기, 매일 죽는 사람이 또 하나 있습니다.

"형제자매들이여, 내가 그리스도 안에 있는 자랑을 두고 단언하건대, 나는 날마다 죽습니다."

'부활의 장'이라고 불리는 신약성서 고린도전서 15장에서 사도 바울이 토로하는 죽음의 고백입니다. 그러나 이 죽음은 처절하지 않고 도리어 자랑스럽습니다.

사도는 무술영화의 엑스트라처럼 죽지 못해 살아가는 삶의 방편으로 날마다 죽는 것이 아닙니다. 그의 죽음은 '연기의 경험'이 아니라 '부활의 영적 선험先驗'입니다. 사도는 매일의 죽음을 통하여 날마다 영혼의 부활을 체험합니다.

"죽음아, 너의 승리가 어디에 있느냐, 너의 독침이 어디에 있느냐?"
고린도전서 15:55

죽음과 부활을 온 인격으로 체험하는 실존의 목소리입니다.

그리고, 세 번째의 매일 죽는 사람.

"그들은 매일 아침, 발자국 소리가 들릴 때마다 죽음을 경험합니다."

이 죽음은 단역배우의 연기도 아니고, 사도의 영적 선험도 아닙니다. 그야말로 목숨이 끊어지는 육체의 죽음입니다. 아침 점호를 하기 위해 감방 복도로 들어서는 교도관의 묵직한 발소리가 들려올 때마다 죽음의 숨을 꿀꺽 삼키곤 하는 사형수들의 가련한 모습입니다. 사형은 보통 이른 새벽이나 아침 일찍 집행되기 때문입니다.

사형은 정의가 아니라 복수심의 충족

"눈에는 눈으로, 이에는 이로! 살인자에게는 죽음을!"

모든 고등종교의 경전들이 '정의의 이름으로' 명령하는 탈리오 법칙입니다.

함무라비 법전에 규정된 이 동해보복형은 구약성서출애굽기 21:24, 레위기 24:20, 신명기 19:21와 이슬람의 쿠란 키사스qisas, 28장에 모두 기록되어 있는 신적 규범입니다. 불교에서도 인과응보의 업장業障을 말합니다. 응보로서의 사형은 단순한 복수가 아니라 '불멸의 보편적 정의'인 셈입니다.

여기, 의미심장한 증언 하나가 있습니다.

"내가 정의의 이름으로 바랐던 사형은 사실은 정의가 아니라 복수였다."

맏아들이 강도에게 살해당한 뒤 절망의 나날을 보내던 중 불현듯 깨달음을 얻어 살해범의 구명운동을 벌이며 열렬한 사형폐지론자로 변신한 미국의 모어필드Dorothea B. Morefield 여사의 회고입니다.

응보는 분명히 정의의 한 축을 이루지만, 정의는 가해자의 처형으로 충족되는 것이 아닙니다. 가해자가 죽은 뒤 피해자의 복수감정을 대신하는 것은 '정의감의 만족'이 아니라 '허무감의 그늘'인 것이 인간 심리의 현실입니다. 죽은 아들이 되살아오지 않는 한, 그 허무의 그늘을 거둘 길은 없습니다. 사형의 정의는 불완전한 정의입니다.

"생명을 죽이지 않고서는 정의를 세울 방법이 없다는 응보론은 인류와 문화에 대한 모독이다."

일본의 저명한 작가인 아베 도모지의 지적입니다.

294

그러나 내 생각에, 사형은 인류와 문화에 대한 모독일 뿐 아니라 정의에 대한 모독이기도 합니다. 흉악범죄의 예방책으로도 사형은 반드시 필요하다고들 주장하지만, 그 자체가 '목적'인 생명을 어떤 정책의 '수단'으로 쓰는 것은 또 다른 부정의不正義일 수 있습니다.

아니, 어쩌면 신에 대한 모독일는지도 모르겠습니다. 친동생을 죽인 인류 최초의 살인자 가인에게 신은 뜻밖에도 사형을 면제합니다. "살인자 가인을 죽이는 자는 일곱 배로 벌을 받을 것이다."창세기 4:15 복수는 신의 것이기에.신명기 32:35

"눈에는 눈으로, 이에는 이로 갚으라고 율법은 명하였으나, 너희는 악한 사람을 적대하지 말라. 네 오른쪽 뺨을 치면 왼쪽 뺨마저 돌려대라."마태복음 5:39

저 숭엄한 산상수훈입니다. 율법상 반드시 처형해야 할 간음의 현행
범에게 예수는 형벌을 선고하지 않습니다.

"죄 없는 사람이 먼저 이 여인에게 돌을 던져라."요한복음 8:7

죄인이 아니라 오히려 죄인에게 돌을 던지려는 사람들에 대하여, 용
서를 모르는 그 완고한 마음에 대하여 유죄를 선고한 셈입니다.

매일 죽는 엑스트라는 구두끈을 동여매며 삶의 호흡을 확인합니다.
날마다 죽음을 고백하는 사도는 부활의 선험으로 영원한 삶을 소유합
니다. 그러나 점호관의 발자국소리마다 숨을 죽이는 사형수는 매일
아침 끔찍한 죽음을 경험하곤 합니다.

사형수의 슬픈 아침을 전하는 교도관의 증언에는 회의懷疑가 가득
실려 있습니다.

"사형수들은 매일 아침 죽습니다. 그런데 '또 다시' 죽일 필요가 있
을까요?"

이 물음에는 하나의 아이러니가 숨어 있습니다. 사형제도를 없애면
날마다 죽음을 경험하는 가련한 사형수들도 없어질 테니, 그때는 아
마 흉악범을 죽여야 할 응보의 필요가 새삼 생겨날지도 모르겠습니
다. 그러나 사형제도가 없는데 어떻게 죽인단 말인가?

사형은 집행되고 나면 그뿐, 정의는 더 이상 요구되지 않습니다. 죽
을 때까지 그 허구한 날을 '죽지 못해 살아가는' 종신형 속에는 정의
의 법이 늘 시퍼렇게 살아서 숨쉴 텐데 말입니다.

교도관의 물음을 나는 이렇게 고쳐 묻습니다.

"그래도 '기어코' 죽여야만 하는가?"

오만과 편견

사형수를 생각한다 3

프랑스의 치욕,
드레퓌스 재판

"수염 깎을 동안만 잠시 기다려다오. 수염은 대역죄를 저지른 일이 없으니까."

헨리 8세의 결혼문제로 왕과 대립하다가 어이없게도 사형을 선고받은 토머스 모어가 단두대 위에서 내뱉은 어이없는(?) 익살입니다. 토머스 모어는 엉터리 재판의 '의도적인 오판' 으로 희생된 전형적인 정치범이었습니다.

사형은 종종 흉악범보다 정치범의 목숨을 더 노립니다. 구소련의 형법은 살인죄에도 규정하지 않았던 사형을 유독 정치범인 반혁명죄에는 두고 있었습니다.

증거법의 내용과 피고인의 방어를 위한 소송절차가 크게 강화된 이즈음에는 오판의 우려가 예전 같지 않습니다. 특히 사형에 해당하는 중범죄의 경우에는 1, 2, 3심의 전 재판부가 눈에 불을 켜고 모든 주장과 증거들을 더욱 꼼꼼히 살필 수밖에 없기 때문에, 어지간해서는 오판으로 처형당하는 경우를 보기 어렵게 되었습니다.

그래도 재판은 어차피 사람이 하는 일이라 완전무결할 수는 없습니다. 법관은 '미지未知의 진실' 앞에 늘 겸손하지 않으면 안 됩니다. 오판이 없다는 자신감은 오만이거나 편견일 뿐. 오만과 편견이야말로 모든 오류의 뿌리입니다.

"사람은 본성적으로 오만해지기 쉽다. 허영은 남들이 우리를 어떻게 생각하는가에 관련되지만, 오만은 우리 자신이 스스로를 어떻게 생각하느냐에 관련되는 것이기 때문에."

영국인들이 셰익스피어에 버금가는 작가로 사랑하는 제인 오스틴의 소설 「오만과 편견」에 나오는 대사입니다.

「오만과 편견」은 상류계층의 오만한 청년 다아시와 편견의 사시斜視로 사람을 대하는 처녀 엘리자베스의 사랑과 갈등의 심리과정을 묘사한 연애심리소설입니다.

다아시를 오만한 사람으로 보는 엘리자베스의 편견이 실은 그녀의 오만에서 비롯된 것이고, 그녀의 편견을 마뜩찮게 여기는 다아시의 오만도 실은 그 자신의 편견 때문이었음을 깨닫는 순간, 두 사람은 성격과 신분의 벽을 넘어 사랑으로 결합합니다.

허영은 남의 평가에 의존하지만 오만은 스스로의 자기평가, 즉 자의식의 본성에 뿌리박고 있는 것이기에 그 성질상 편견의 범주를 벗어나기 어렵습니다. 편견 없는 오만도, 오만 없는 편견도 없습니다. 오만과 편견은 결국 하나입니다.

프랑스의 치욕으로 불리는 '드레퓌스 재판'은 오만과 편견이 빚어낸 대표적 오판이었습니다. 반역죄로 종신형을 선고받은 유대계 육군

대위 알프레드 드레퓌스는 셈족을 경멸하는 오만한 백인 장교들의 음모와 광기서린 반유대주의의 편견에 휩쓸린 여론의 희생물이었습니다.

소설 「목로주점」의 작가 에밀 졸라는 「나는 고발한다」는 공개서한을 발표하고 전 프랑스 사회를 상대로 힘겨운 무죄투쟁을 벌여나갔지만, 무려 12년의 세월이 흘러 시대가 바뀌고 정권이 교체된 다음에야 비로소 재심을 통해 드레퓌스의 무죄가 밝혀졌습니다.

만약 드레퓌스가 사형선고를 받고 처형되었더라면, 시대가 바뀌었어도 자유를 되찾을 수 있는 기회는 오지 않았을 터. 먼 훗날에라도 오판의 여부를 가려 진실을 밝혀내려면 최소한 목숨만은 살려둬야 합니다. 사형폐지의 논거 중 하나입니다.

아울러 사형확정 판결이 난 다음날 새벽, 여덟 명의 피고인이 전격 처형당한 지 30년 만에 열리게 된 인혁당人革黨 사건의 재심에 주목하는 이유이기도 합니다.

정의 뒤에 숨은
오만과 편견

이념적 오만, 정치적 편견보다 더 무서운 것이 종교적 오만이요 신앙적 편견입니다. 인류역사를 자신의 이전BC과 이후AD로 나눈 예수에게 독신죄瀆神罪와 반역혐의가 씌워졌을 때, 최고 심판관인 로마 총독 빌라도조차 그의 무죄를 확신했지만누가복음 23:4 오만한 대제사장과 유대교의 지도자들, 그리고 종교적 편견에 사로잡힌 민중들은 결국 예수를 십자가의 처형수로 만들고 말았습니다.

요염한 공주 살로메의 뇌쇄적인 춤 한판에 목이 잘린 세례요한도 혜롯 왕가의 의도적인 오판에 희생된 정치범이자 순교자였습니다._{마태복음 14:1~11}

24세에 순교한 한국천주교 최초의 사제 김대건, '조선의 양심' 다산 정약용의 영향으로 천주교도가 되어 27세에 참수된 백서帛書 사건의 주인공 황사영. 저 숱한 순교자들이 모두 오판의 희생제물이었습니다. 전통적 종교권력의 오만, 천박한 세속권력의 정치적 편견, 그 둘이 결탁하여 벌인 의도적 오판의.

가톨릭이나 기독교만이 아닙니다. 다른 모든 종교들도 거의 예외가 아니었습니다.

연전에 불교의 조계종총무원이 사형제폐지 입장을 공식 천명했습니다. 가톨릭은 이미 오래 전부터 사형제폐지운동에 나섰고, 개신교에서도 한국기독교교회협의회KNCC와 대한예수교장로회 총회의 인권위원회가 뜻을 같이하고 있습니다.

다만 보수적인 한국기독교총연합회한기총는 여전히 사형제도의 존속을 주장하고 있는데, 구약성서가 사형을 모세의 율법으로 제도화했다는 것이 그 이유입니다.

신학논쟁을 벌일 뜻은 없지만, 모세의 율법을 사형제도의 근거로 삼는 것에 동의하지 못하는 나로서는 "원수를 사랑하라"마태복음 5:44, "선으로 악을 이기라"로마서 12:19는 신약의 가르침이 구약의 모든 율법들보다 우선하는 신앙의 핵심가치라 믿기에, 법학자 모리츠 리프만의 신랄한 지적 하나만 인용해두기로 합니다.

"성서에서 사형제도의 기초를 찾으려는 것처럼 비성서적인 것은 없다."

마지막 길을 떠나는 사형수들 대부분이 깊이 참회하면서 숨을 거둔다고 합니다. 형장에 끌려와서까지도 거짓말로 유언을 하는 경우란 거의 없기에, 끝내 무죄를 호소하는 사형수라면 진정 어떤 억울함을 품고 있을지도 모를 일입니다.

이 절박한 마지막 호소에마저도 귀를 막아버린다는 것은 법과 정의를 떠나서 너무도 비인간적입니다. 곧 목에 밧줄이 걸릴 연약한 인간으로서는 차마 견딜 수 없는 '법치국가의 오만'이요, 수긍하기 어려운 '정의사회의 편견'일 수도 있겠습니다.

제인 오스틴은 '다른 사람을 오만하다고 여기는 편견과 그 속에 깃든 오만'을, 그리고 '남의 생각을 편견으로 치부하는 오만과 그 안에 숨은 편견'을 함께 말했습니다.

이제 우리는 '법치국가를 오만한 전체주의 사회로 증오하면서 숨을 거둘지도 모를 사형수의 편견과 그 속에 깃든 자기중심의 오만'을, 그리고 '사형수의 호소를 반사회적 편견으로 치부해버리는 정의사회의 오만과 그 안에 감춰진 다수인의 편견'을 함께 말해야 하지 않을까? 정의의 깃발 뒤에 숨은 오만과 편견을, 법의 이름 아래 웅크린 그 무서운 오류의 뿌리를.

죄와 벌, 풀리지 않는 갈등의 테마

사형수를 생각한다 4

죄는 날것
벌은 익힌 것

"무기징역이라니, 억장이 무너진다."

어린 초등학생을 성폭행하려다 살해한 뒤 그 시신을 불에 태운 엽기적인 살인범에게 무기징역형이 선고되자, 사형을 고대했던 피해자의 아버지는 재판부에 격렬히 항의하며 절규를 토해냈습니다.

범인을 처형한다고 죽은 딸이 살아오는 것도 아니련만, 부모의 찢어지는 가슴이야 범인을 죽여서라도 억울하게 죽은 딸의 넋을 조금이나마 달래보고 싶은 소원이 간절했을 것입니다. 범죄의 응징과 복수감정은 인간의 자연스러운 본성입니다.

• 보복 : 법의 신전을 짓는 데 기초가 된 자연석.

비틀고 비꼬기로 유명한 비어스Ambrose G. Bierce의 『악마의 사전』 *The Devil's Dictionary* 이 내린 보복의 정의입니다. 응보형에 대한 신랄한 야유임이 분명합니다.

신전을 짓는 데 자연석을 '날것' 그대로 쓰는 일은 없습니다. 정성껏 깎고 다듬는 예술혼과 문화적 노고의 손길로 '익힌 것'이어야 신전의 석재로 쓰일 만합니다. 투박한 자연석을 좋아하는 신은 "다듬지 않은 돌로 제단을 쌓으라"고 명령한 야훼 하나님 밖에 없을 것입니다. 신명기 27:6 야훼는 '문화 이전의 존재'이기에.

개인적 복수심이 자연석이라면, 법의 응징은 다듬은 석재입니다. 보복감정이 인간본성의 '날것'이라면, 형벌은 그 본성을 이성의 제단에서 문화의 불로 '익힌 것'입니다. 이성적 고뇌의 불길에 그을리지 않은 법제도는 문화가 아닙니다.

법이 분명코 이성과 문화의 산물일진대, 복수본능을 '날것' 그대로 제도화하여 법의 기둥으로 삼는 것은 문화의 일탈, 이성의 타락이 아닌지 모르겠습니다. 보복은 '문화 이전의 존재'인 신의 몫이기에.

"복수는 야훼의 것이다."신명기 32:35

범죄는 정의와 생명을 부정하고 인간과 사회의 합리적 정신을 거스르는 '몰가치한 사실'입니다. 법률이 정의와 생명과 합리성을 대표하는 '가치의 규범'인 것과 대조됩니다. 가치와 몰가치, 규범과 사실은 함께 어우를 수 없습니다.

죄사실 와 벌규범 은 그 차원이 같을 수 없고 또 같아서도 안 됩니다. 죄와 벌은 마치 '날것'과 '익힌 것'처럼 서로 긴장관계를 이루며 갈등하게 마련입니다.

살인범이 '피해자의 죽음'이라는 반생명反生命의 몰가치를 만들어냈다 하여, 법률이 범죄와 동등한 차원으로 내려가 '살인범의 죽음'사형이라는 또 다른 반생명의 몰가치를 만들어내는 것은 가치의 자기부정, 규범의 자기모순이 아닐까?

응보는 정의의 한 축임에 틀림없지만 그 본질에 있어서 보복의 범주를 벗어날 수 없는 것이기에, 법의 합리성이나 문화성과는 조화되기 어렵습니다. 모든 전체주의 사회가 예외 없이 응보형을 체제유지 수단으로 쓰고 있는 것이 그 좋은 예입니다.

예수 그리스도 역시 전체주의의 희생자였습니다. 메시아의 처형에 앞장선 대제사장 가야바는 최고 재판기구인 산헤드린 공의회에서 자신도 깨닫지 못한 '예언' 한 마디를 불쑥 내뱉습니다.

"한 사람이 온 백성을 위해 죽는 것이 온 민족이 다 함께 망하는 것보다 낫다."요한복음 11:50

예수에게 죄가 있느냐 없느냐는 관심 밖이었습니다. 그가 죽어서 민족 전체에 도움이 된다면 얼마든지 죽여도 좋다는 뜻입니다. 전형적인 전체주의자의 신념입니다. 과연 그 예언(?)대로, 메시아는 온 백성을 위해 십자가에 달렸습니다.

사형제도와 헌법, 생명권 혹은 전체주의

'인간의 존엄과 가치'를 최고의 가치로 삼는 헌법 제10조은 국가의 안전보장, 질서유지, 공공복리를 위하여 법률로써 국민의 기본적 인권을 제한할 수 있지만, 그때에도 자유와 권리의 본질적 내용을 침해할 수 없다고 규정합니다.제 37조 제 2항

'인간으로서의 존엄과 가치'는 개인과 전체사회의 이해관계가 충돌할 때 그 갈등을 조절하는 최후의 기준, 양보할 수 없는 원칙인 셈입니다.

생명권생명을 누릴 권리이야말로 '기본권의 바탕자리'이자 '최후의

기본권'입니다. 생명을 제외한 채 무슨 인간의 존엄과 가치를 말할 수 있을까.

범죄자의 생명을 끊는 사형제도는 기본권의 바탕인 생명권을 침해하는 전체주의의 발현이 아닐까? 미국 최초의 흑인 연방대법관인 더굿 마셜은 "사형제도는 인간의 존엄성을 침해하는 제도로서 미연방 수정헌법 제 8조에 위반된다"는 의견을 제시한 바 있습니다.Gregg v. Georgia

우리 판례는 사형제도를 아직은 합헌으로 보고 있습니다.대법원 1987. 9.8. 선고 87도1458 판결

다만 헌법재판소는 사형의 합헌성을 인정하면서도 "시대상황이 바뀌어 사형에 의한 범죄예방의 필요성이 없게 된다거나 국민의 법감정이 그렇다고 인식하는 시기에 이르게 되면 사형은 곧바로 폐지되어야 한다"고 판시했습니다.헌법재판소 1996. 11. 28. 선고 95헌바 1 결정

법리法理보다 국민의 법감정을 중시하는 헌법재판소의 판시가 아니더라도, 민중의 보편적 법의식은 마땅히 존중되어야 합니다. 사람의 자연스런 본성은 '사회 이전의 것'이기에, 인간본성에 기초한 보통 사람들의 법감정을 전체주의적 소신으로 치부해 버릴 수는 없습니다. 사형폐지론자들도 '생명과 반생명'이라는 선악의 잣대를 들고 일반 국민의 소박한 정의감을 상대로 싸움판을 벌일 일은 아닙니다.

다만, 투박한 자연석이 아니라 이성의 고뇌가 담긴 석재로 법의 신전을 지어야 한다면 본성의 '날것'이 아니라 문화의 혼불로 '익힌 것'을 법의 제단에 올려놓아야 한다면. 일본의 형법학자 히라카와 무네노부 교수의 조심스러운 지적에 경청의 귀를 기울일 만합니다.

"사형의 위헌성 문제는 '생명권'이라는 기본적 인권의 문제이지,

다수결로써 결정할 문제는 아니다.”

　가련하게 죽은 어린 딸을 억장이 무너지는 가슴에 품고 울부짖는 어버이, 사형과 무기형 사이에서 고뇌에 고뇌를 거듭했을 법관들, 이승과 저승을 하루에도 수십 번씩 오락가락하고 있을 살인범. 며칠 전 어느 법정의 모습입니다.

　사형을 둘러싼 죄와 벌의 긴장관계는 아마도 법의 신전에서 끝내 풀리지 않는 갈등의 테마로 남을지도 모르겠습니다.

　법의 신전. 자연석으로 쌓을 것인가, 다듬은 석재로 지어 올릴 것인가?

죄와 벌, 풀리지 않는 갈등의 테마

신도 필요와는 싸우지 않는다

사형수를 생각한다 5

사형수, 그 인격의
어두운 그늘

"필요 앞에는 법도 없다"는 영국 속담이 있습니다. 현실적으로 어떤 필요가 있다면, 그것이 비록 법에 어긋나는 것이라 해도 사람들은 무슨 핑계를 대서든지 그 위법한 필요를 꼭 충족시키고야 만다는 뜻입니다.

위법한 필요만이 아닙니다. 종교나 신앙마저도 필요 앞에서는 무력해지기 일쑤입니다. 「비가」悲歌로 유명한 고대 그리스의 서정시인 시모니데스는 "신도 필요와는 싸우지 않는다"고 익살을 부렸습니다.

"필요하다면 악도 허용될 수 있다."

이른바 '필요악' Necessary Evil의 관념입니다. 정의를 세우고 사회질서를 유지하기 위해서는 범죄자의 생명을 끊는 사형제도도 불가피하다. 사형존치론에서 말하는 필요악의 논거입니다.

적지 않은 법치국가들이 아직도 사형제도를 유지하고 있고, 보수적인 종교인들이 사형제도의 존치를 주장하는 것을 보면, 먼 나라의 속 담이나 옛 시인의 익살이 그저 우스갯소리만은 아닌가 봅니다.

까마득한 옛적 기자箕子 시대의 8조금법八條禁法에 "살인한 자는 사형에 처한다"라는 탈리오 법칙이 제정된 이래, 이 땅의 민초들은 누 천년 동안 "살인자에게는 죽음을!"이라는 동해보복형을 정의로운 법 제도로 인식해왔습니다. 최근의 여론조사 결과도 사형존치 의견이 과 반수로 나타나고 있습니다. 응보는 예로부터 정의의 필요불가결한 한 축이었습니다.

사형제도를 존치하든 폐지하든, 그 어느 것도 완전한 정의는 아닙니 다. 흠 없는 진실은 더욱 아닙니다. 존치론과 폐지론 모두 일면의 타당 성과 부당성을 지닙니다.

사형폐지론자들은 사형존치론을 생명경시의 전체주의적 사고로 폄 하하는 '선악이분법의 오만'에 빠지기 쉽고, 사형존치론자들은 사형 폐지론을 감상적인 이상주의나 반사회적 개인주의로 매도하는 '피상 적 정의관의 편견'에 기울어질 염려가 있습니다.

흉악범죄로 인해 삶이 황폐화되어버린 피해자와 그 가족들의 절규, '살인자에게 사형을' 요구하는 다수 국민의 소박한 정의감. 사형폐지 론자들에게서는 이같은 인간본성에 대한 이해와 겸손을 찾아보기 쉽 지 않습니다.

비록 흉악범일망정 그 성정性情 깊숙한 곳 어딘가에 내재하고 있을 최후의 인간성에 대한 연민, 사형수와 그 가족들의 피폐해진 삶을 안 타까이 여기는 측은지심. 사형존치론자들에게 아쉬운 점입니다.

아니, 사형존치론자에게 아쉬운 것이 하나 더 있습니다. 범죄의 사 회환경적 원인에 대한 자성, 사형수의 불행한 성장과정과 생활환경에 대한 사회적 공동책임의 자각, 한 인격의 어두운 그늘을 살필 줄 아는 따뜻한 눈길 말입니다.

성장의 그늘, 복지의 사각지대. 여기야말로 '햇볕정책'이 가장 필요한 자리가 아닐까? 기회와 재화의 분배과정에서 철저히 소외된 빈곤계층에게 따스한 볕 한 자락 비춰준 일 없이 어찌 그 어두움만을 탓할 수 있으랴!

악은 어떤
모양이든 버려라

그늘이 생기는 것은 햇빛을 가리는 음습한 주변환경 때문입니다. 범죄가 자라는 사회환경적 요인을 그대로 내버려둔 채, 사형의 '위하력'威嚇力, 으름장을 놓아 겁을 주는 힘 이란 채찍을 들고 겁이나 주고 으름장이나 놓아서 범죄를 막아보겠다는 생각이 과연 온당할까?

현대복지국가의 사람다운 모듬살이라면, 좌절한 소외계층에게 겁을 주고 으름장을 놓기보다 먼저 희망을 주고 사랑을 나눌 수 있어야 하지 않을지.

삶의 여건이 어려운 사람들 모두가 죄를 짓는 것은 아니기에 "흉악범죄를 저지르는 것이야 제 본성과 성품 탓이지 어찌 환경 탓이랴"하고 나무랄 수도 있겠지만, 성장기의 혹독한 빈곤이 그 어리고 여린 영혼에 얼마나 쓰린 상처를 깊이 새겨놓는지를 알아챈다면 그리도 무정스레 나무라기만 할 수는 없는 일입니다.

천민자본주의의 이기심에 지독히도 깊이 중독된 우리 사회의 냉혹한 정서야말로 빈곤층의 청소년들을 좌절의 구렁텅이로 몰아넣는 무서운 사회악일 수 있습니다. 이 악은 결코 필요악이 아닙니다.

흉악범죄자를 처형하면 피해자의 복수심이나 사회일반인의 정의감은 어느 정도의 보상과 만족을 얻을 수 있겠지만, 유감스러운 것은 "가해자를 처형했으니 이제 정의는 이루어졌다"는 사회의식이 형성되어 '범죄피해의 사회적 보상책임'도 함께 사라지고 만다는 점입니다.

범죄 발생에 사회환경적 요인이 존재한다면, 그 피해 회복에도 사회의 몫이 분명 있을 터. 사회가 져야 할 책임의 몫마저 범인의 목숨과 맞바꿔서는 안 될 일입니다.

사형은 피해자의 생생한 보복감정과 여론의 공분公憤을 재판에 고스란히 반영하는 셈인데, 불붙는 듯한 피해자의 복수심과 마구 들끓다가 금방 식어버리는 여론은 시간의 경과와 상황의 변화로 진정되거나 약화되는 경우가 많습니다. 더욱이 흉악범 중에도 참회와 교화敎化의 길을 성실히 걷는 사람이 적지 않습니다.

이 모든 희망적인 개연성들을 가해자의 처형으로 한꺼번에 몽땅 끊어버려야 할 만큼 절실한 '필요'란 과연 무엇일까?

미국의 9·11테러로 사랑하는 가족을 잃은 피해자들 중 일부가 테러 관련 혐의로 사형선고를 받게 된 알 카에다 대원의 구명을 호소하고 나섰다고 합니다.

"우리는 모두 죄인이고 상처받은 사람들이다. 테러범을 처형한다고 정의가 세워지는 것은 아니다. 분노와 복수의 소용돌이에 빠져들어서는 안 된다. 앞으로 나아가기 위해서는 서로 용서하려고 노력해야 한다."

물론 이것이 전체 희생자 가족들의 일치된 의견은 아니지만, 복수와 응징이 결코 유일한 정의가 아니라는 것을 피해자들 자신의 입으로 웅변하고 있는 셈입니다.

법철학자 구스타프 라드부르흐는 "사형제도는 초개인적 전체주의적 법률관의 반영"이라고 지적했습니다. 교육을 신앙처럼 여겼던 페스탈로치는 "사형을 교육형敎育刑으로 대체해야 한다"고 역설했습니다.

필요가 있든 없든 악은 분명 악일 터이니 '필요악도 정의'라는 생각은 전체주의자들의 착각이 아닐까? 악이 필요하다면, 선은 보다 더 절실히 필요하지 않을까?

"신도 필요와는 싸우지 않는다"는 익살을 멀리 밀어내고 큰 울림으로 다가오는 권유가 있습니다.

"악은 어떤 모양의 것이라도 버려라."데살로니가전서 5:22

무게와 길이 사이

사형수를 생각한다 6

사형의 위하력,
과연 위하적인가

탈북하다 붙잡힌 북한주민들이 집단공개처형으로 떼죽음을 당하는 동영상이 인터넷에 떠올라 전 세계에 커다란 충격을 던져주었습니다. 탈북자들의 공개처형은 북한주민들에게 일벌백계—罰百戒의 본보기를 보이려는 일반예방—般豫防의 정책적 의도임이 분명해 보입니다.

남몰래 탈북을 꿈꾸던 사람도 공개처형의 처참한 현장을 목격하고는 슬그머니 뜻을 접을 수밖에 없을 것입니다.

끔찍하기는 해도, 일벌백계의 방법으로는 공개처형만한 것이 없습니다. 게다가 처형방법이 잔혹하면 잔혹할수록 일반예방의 효과는 극대화될 터입니다.

피해자에게 응보의 정의감을 충족시켜주고 일반인에게 형벌의 공포감을 불러일으키는 공개처형은 그러나 극히 야만적이고 비인도적이어서 대부분의 나라들이 처형현장을 공개하지 않는 사형밀행제死刑

密行制를 채택하고 있고, 더욱이 문명국가일수록 보다 덜 잔혹한 처형 방법을 꾸준히 찾아가고 있습니다.

처형방법의 잔혹성을 감소하려는 노력이나 사형밀행제 같은 '문화적' 현상들은 사형의 '일반예방' 정책과는 명백히 배치되는 것으로, '사형의 비문명성'을 역설적으로 드러내주고 있습니다. 더욱이 사형으로 일벌백계의 본때를 보이려면 그때마다 새로운 사형수가 적어도 한 명씩은 꼭 필요하곤 할 테니 매우 딱한 노릇입니다.

사형의 위하력이 비록 크기는 해도 그 효과는 일시적입니다. 사형이 집행되고 나면 법의 임무도 종료되고 맙니다. 사형보다 조금 낮은 형인 종신형이나 무기형의 효과는 매우 지속적인데 말입니다.

살인은 대개 우발적인 범행이지만, 치밀한 계획적 범행이거나 확신에 따른 범행인 경우도 있습니다. 우발적 살인은 자제력을 잃은 격정 상태에서 순간적으로 저지르는 것이기 때문에 사형의 으름장이 작동할 시간적 여유가 없습니다.

완전범죄를 꿈꾸는 계획살인범은 자신이 체포될 것조차 예상하지 않기에 역시 사형의 으름장이 별 효과를 발휘하지 못하고, 확신범이 사형을 두려워하지 않을 것은 두말할 나위도 없습니다. 결국 사형의 위하력은 크리 큰 효과가 없다는 뜻입니다.

죽기를 각오하면 사형제도가 있다 해서 범행을 중단하지는 않을 것입니다. 팔레스타인 무장투쟁단체나 탈레반 또는 알 카에다 대원들의 자살폭탄테러에서 보듯이, 죽음을 각오한 확신범의 경우에는 도리어 범행이 더 대담해지고 잔인해질 수 있습니다.

최근의 통계에 의하면, 사형제도가 있는 미국 필리핀 칠레 일본 한국의 살인죄 발생률이 사형을 폐지한 스위스 오스트리아 스웨덴의 그것보다 높습니다. 흉악범과 마약사범을 꾸준히 공개처형하는 중국에서도 동종범죄가 좀처럼 줄어들지 않고 있습니다.

신의 존재, 자유의지, 영혼의 불멸을 '이성의 선험先驗'으로 상정하는 이마누엘 칸트는 "국가가 해체되는 경우에도 사형수는 반드시 처형해야 한다"고 주장했습니다. 범죄는 범인이 자유의지로 저지르는 것이기 때문에 그 결과에 대해 전적인 책임을 지게 하는 것이 보편적 정의에 합치된다는 이유입니다.

'인간에게 과연 자유의지가 있는가' 라는 근본문제는 잠시 접어두고, 범인이 오로지 순수한 자유의지만으로 범행을 결의한다고 단정할 수는 없는 것이 사회의 현실입니다.

무거운 사형인가, 긴 무기형인가

사람은 이성적 존재이지만, 그 이상으로 감성적인 존재입니다. 감성은 외부 환경에 본능적으로 반응하게 마련이고, 그것을 억누를 수 있는 이성의 자제력은 사람마다 같지 않을 뿐 아니라 환경에 따라서도 크게 다릅니다.

무릇 범의犯意는 이성적이기보다는 감성적이어서 사회환경적 여건에 직접적으로 영향을 받습니다. 순수한 자유의지만으로 범행을 꿈꾸는 것은 아니라는 뜻입니다.

미국의 예를 보더라도 백인 사형수보다 흑인과 유색인종의 사형수가 더 많고, 앵글로색슨 계통의 백인 크리스천WASP들의 거주지역인 동북부보다 흑인이 많은 남부의 사형집행률이 높습니다.

어느 시대, 어느 사회든지 결손가정이나 빈곤층에서 범죄가 많이 발생하게 마련입니다. 우리 사회도 별반 다르지 않습니다.

범죄사회학자들은 흉악범의 발생이 사형제도의 유무에 좌우되기보다는 사회적 환경과 생활수준, 교육정도, 문화, 전통, 관습에서 더 큰 영향을 받는 것으로 봅니다.

"자기의 행위를 스스로 보상할 수 있는 권리는 천부적이다. 이것이 부정되면 도덕은 불가능하다."

「이방인」의 작가 알베르 카뮈의 신념입니다.

자기의 행위를 보상한다는 것은 자신의 과오를 뉘우치고 스스로 그 피해회복을 위해 노력하는 것을 말합니다. 법률적으로 보면, 피해보상은 피해자의 권리이지 가해자의 권리가 아닙니다. 가해자에게는 오히려 의무사항일 뿐입니다.

그러나 카뮈는 피해보상을 가해자의 권리로, 그것도 천부적인 권리로 보았습니다. 가해자가 자기의 잘못을 뉘우치고 스스로 피해를 보상하기 위해 노력할 수 있는 기회가 주어지지 않는다면 '자유를 전제로 하는 도덕률'은 성립할 수 없다는 이유에서입니다. 법률적으로는 몰라도, 도덕적 견지에서는 탁견이 아닐 수 없습니다.

자유의지로써 범행을 저지른 것도 아니고 자신의 잘못을 자기 책임 하에 스스로 보상할 수 있는 자유조차 없다면, '자유와 책임'은 그저 환상일 뿐이란 말인가?

"인간정신에 가장 큰 영향을 미치는 형벌의 효과는 그 강함rigidezza 이나 무거움에 있지 않고 길이lunghezza에 있다."

사형폐지론의 선구자 베카리아의 지적입니다. 베카리아는 '가장 강하고 무거운 벌'인 사형보다는 '가장 긴 형벌'인 종신형 또는 무기형이 형벌로서 더 큰 효력을 지닌다고 보았습니다. 우리 형사법에는 종신형이 없지만, 국회에 제출된 사형폐지법안은 '감형, 가석방 없는 종신형'을 사형의 잠정적인 대체형으로 제시하고 있습니다.

형벌의 '무게'와 '길이' 사이에는 죽음과 삶의 간극, 곧 생명과 반생명의 갈등이 자리하고 있습니다.

'무거운 벌'인가 '긴 형벌'인가? 사형수만큼이나 무겁고 강한 고뇌, 종신수보다 더 기나긴 아픔을 안고서라도 우리는 묻고 또 물어야 합니다. 사형은 과연 정의의 규범인지를. 으름장을 놓고 겁을 주어서 범죄를 예방하려는 사형제도가 사회질서의 유지를 위해 정녕 없어서는 안 될 '필요악'인지를.

혹은 법학자 리프만이 지적한 것처럼, 사형은 그저 국가가 법의 이름으로 저지르는 '사법살인'에 불과한 것인지를.